鲁东大学“声速输入法”基金
语言文字研究课题（SSYB202118）

日用而不觉

胶东方言俗语蕴涵的生存发展智慧

兰　玲◎著

中国财经出版传媒集团
中国财政经济出版社
·北京·

图书在版编目（CIP）数据

日用而不觉 ：胶东方言俗语蕴涵的生存发展智慧 / 兰玲著. --北京：中国财政经济出版社，2024. 8

ISBN 978 -7 -5223 -3113 -3

Ⅰ. ①日… Ⅱ. ①兰… Ⅲ. ①北方方言 - 俗语 - 方言研究 - 山东 Ⅳ. ①H172. 1

中国国家版本馆 CIP 数据核字（2024）第 088157 号

责任编辑：苏小珺　　责任校对：胡永立

封面设计：六　元　　责任印制：党　辉

日用而不觉——胶东方言俗语蕴涵的生存发展智慧

RIYONG ER BUJUE —— JIAODONG FANGYAN SUYU YUNHAN DE SHENGCUN FAZHAN ZHIHUI

中国财政经济出版社 出版

URL：http：//www. cfeph. cn

E - mail：cfeph@ cfeph. cn

社址：北京市海淀区阜成路甲 28 号　邮政编码：100142

营销中心电话：010 - 88191522

天猫网店：中国财政经济出版社旗舰店

网址：https：//zgczjjcbs. tmall. com

中煤（北京）印务有限公司印刷　各地新华书店经销

成品尺寸：145mm×210mm　32 开　10. 625 印张　306 000 字

2024 年 8 月第 1 版　2024 年 8 月北京第 1 次印刷

定价：68. 00 元

ISBN 978 -7 -5223 -3113 -3

（图书出现印装问题，本社负责调换，电话：010 - 88190548）

本社质量投诉电话：010 - 88190744

打击盗版举报热线：010 - 88191661　QQ：2242791300

【前　言】

俗语是人们喜闻乐见的民间口头语言形式，人们习惯上使用“俗语”来指称一切民间口头语汇，其涵盖范围非常宽泛。在传统语文学和现代语言学中，迄今没有一种一致的概念来界定俗语，仅是关于俗语的叫法，就有“迩言、俚言、俚语、常言、常语、常谈、方言土语、乡言、乡谚、俗言、俗谈、直语、里语、传言、俗谚、古谚、俗话、野谚、里谚、鄙语、俏皮话，等等。”[①] 其中，最常见的当属“俗语”。“就汉语俗语事实而言，俗语是指包括口语性成语、谚语、格言、歇后语、惯用语、俚语等品类在内的，定型化或趋于定型化的简练习用语汇和短语。”[②]

党的二十大报告中指出：“中华优秀传统文化源远流长、博大精深，是中华文明的智慧结晶……我们必须坚定历史自信、文化自信，坚持古为今用、推陈出新，把马克思主义思想精髓同中华优秀传统文化精华贯通起来、同人民群众日用而不觉的共同价值观念融通起来……”俗语作为一种语言民俗意识形态，表达着民众的情感和价值观，体现着人生哲理和生活道理。

俗语在内容上是民众丰富智慧和普遍经验的规律性总结，富有经验性、哲理性，在使用上具有实用性、俗传性、奉劝性或训诫性。在民众那里，俗语的使用非常广泛，很多俗语经过一代代人口口相传留传下来，有的乡人虽然不识字，但说起话来也一套一套的，甚至不用俗语不说话。俗语与他们的生活密切相连，关联着鲜活的生活场景和使用语境。一方面，俗语本身就是一种民俗文化现象，“总是先有某种民俗，然后才产生与这种习俗相联系的俗语”[③]；另一方面，俗语是语言民俗文化的载体，两方面密不可分地联系在一起。俗语的使用意义经常会超越诞生它的民俗现象本身。无论怎样，俗语和它们所反映出的民俗现象都

---

① 曲彦斌：《中国民俗语言学》，上海文艺出版社，1996，第148页。

② 曲彦斌：《中国民俗语言学》，上海文艺出版社，1996，第149页。

③ 曲彦斌：《中国民俗语言学》，上海文艺出版社，1996，第149页。

是我们民族传统文化的一部分，是劳动人民智慧和经验的结晶。

一、胶东方言俗语与研究现状

这里的“胶东”指胶莱河以东的胶东半岛区域，行政区划上包括烟台、威海全境和青岛的一部分。胶东半岛在地理位置和方言体系上都有着明显的独特性，百姓日常生活中的“老古规儿”“老话儿”具有一定地方性、方言性、口语性。作为来自民间的意义完整的定型化语句，俗语具有自己的特定含义和文化底蕴，是一种典型的民俗语言现象，尤为鲜明地反映着民族民俗文化风貌。

目前，学界以俗语、谚语、歇后语三大类的成果最为令人瞩目，但与胶东方言俗语相关的著作不多见，主要由本土的方言爱好者所著。例如，连疆的《文登话》[①]、宋耀武主编的《蓬莱话》[②]、王东超的《黄县话》[③]，这几本专著以一地一市为采写单位，收录多为方言词汇，俗语只占了其中的一部分；山曼的《齐鲁乡语谭》[④]、兰玲的《乡音不改——胶东乡言村语笔记》[⑤]，所记虽然全为俗语，但是是以笔记体阐释与俗语相关的胶东民俗文化，收录条目少，不够全面。因此，以上著作都不能体现整个胶东俗语的全貌。除此之外，胶东各地的地方志书上都有“方言”一章，近年来一些村庄盛行编修村志，其中也收录了一些俗语、谚语和歇后语，但收录条目过少，大多雷同，并有一些错误。

胶东方言俗语蕴藏丰富，其背后是鲜活的民俗生活。以上成果对胶东方言俗语做了部分记录，在方言俗语整理和研究方面积累了一些经验，这些资料和经验对于调查和研究胶东方言俗语有一定的参考价值，但大多是仅限于局部的语料，缺少对胶东俗语全面系统的整理，在范围和数量上都存在不足。因此，有必要对胶东方言俗语做全面收集整理，结合胶东的地域性、使用情境、生活功能等方面做深入细致的研究。

---

① 连疆：《文登话》，国际炎黄文化出版社，2006。

② 宋耀武：《蓬莱话》，山东大学出版社，2012。

③ 王东超：《黄县话》，中国文史出版社，2018。

④ 山曼：《齐鲁乡语谭》，山东教育出版社，2007。

⑤ 兰玲：《乡音不改——胶东乡言村语笔记》，商务印书馆，2019。

二、胶东方言俗语研究的意义

（一）民间语言是我国优秀传统文化的重要组成部分

2017年1月25日，中共中央办公厅、国务院办公厅发布并实施《关于实施中华优秀传统文化传承发展工程的意见》，指出要“保护传承方言文化、挖掘和保护乡土文化资源”。历经千百年留存到现在的方言俗语文化中积淀了丰富、多样、珍贵的精神营养，是千百年来中国劳动人民在生产生活的辛勤劳作和追求幸福中形成的智慧结晶，是“庙堂之外”的生存发展智慧，是中华优秀传统文化的重要组成部分，具有更为深沉、更为持久、更为顽强的生命力，在中华民族繁荣昌盛的进程中发挥着重要作用，在新时代，理应得到更深入、全面的整理、挖掘、传播。

（二）俗语是语言学和民俗学研究的重要内容

俗语是人们喜闻乐见的民间口头语言形式，历来也是语言学和民俗学、民间文学研究的重要内容。一方面，俗语是汉语语汇的组成部分，体现了语义的凝固性、社会性；另一方面，俗语是民俗文化的载体，俗语与人们的生活密切联系在一起，关联着民俗事象和使用情境，两者密不可分，俗语本身就是一种民俗文化现象，研究俗语也是研究民俗文化。因此，搜集、整理和研究胶东方言俗语，能够推进方言与民俗方面的学术研究。

（三）胶东方言俗语是“语保工程”的一部分

为推广和规范使用国家通用语言文字，科学保护各民族语言文字，我国于2015年启动中国语言资源保护工程，目前已按计划完成53个汉语方言（含濒危方言）调查点和32个语言文化调查点的工作任务，“语保工程”中就包含了方言俗语部分。胶东半岛三面环海，其山地、沿海和平原的生活环境形成了地域特点鲜明的方言俗语，是值得研究的方言区域。

三、胶东方言俗语研究的价值

（一）有助于保存方言语料

以俗语为代表的民间语言，是中华民族智慧和经验的总结，不懂俗语，便不能很好地理解、传承这些经验和智慧。《新华每日电讯》曾以

《年轻人不懂民谚，是民族智慧的失传》为题的文章谈及此问题。目前，方言俗语面临的处境，一是时移世易，离开了俗语产生的时代和语境，年轻人不懂俗语；二是随着一些熟知俗语的老者离世，有些俗语正在消亡。因此，全面搜集、整理胶东方言俗语，有助于反映胶东方言俗语的整体面貌和历史文化，为胶东方言的保存和研究提供宝贵资料，也为现代汉语的研究提供珍贵的方言资料。

（二）有助于展现胶东地域文化

方言是记录地域文化的重要载体，方言俗语最具烟火气，这些民间百姓日常生活中挂在嘴边上的“常言”“俗话”“老话”，最能反映地域文化特色。胶东方言俗语是胶东文化的“活化石”，因此，对胶东方言俗语进行搜集、整理和研究，可以从中观察这些俗语背后的历史文化和民俗风情。

首先，有助于当地人了解自己的方言文化。随着普通话的推广和城镇化步伐的加快，年轻人远离村庄，不会说方言，甚至已经听不懂方言。乡音不在，已成为很常见的现象。因此，保护方言刻不容缓，保护方言就是保护地方文化，也是民族文化自信的一种体现。对胶东方言俗语做全面搜集、整理和研究，对俗语做相对合理准确的解释，可以让胶东人全面地了解自己的方言，发现俗语的魅力，从而热爱自己的方言文化，热爱自己的家乡。

其次，有助于外地人听懂胶东方言。胶东属于沿海开放地区，经济较为发达，人员流动频繁。如果不懂得俗语，会在很大程度上造成言语交流上的障碍。胶东方言俗语的搜集、整理，对语境和语义加以说明和解释，可以让外地人熟悉胶东方言，方便在当地沟通，也有助于外地人入乡随俗，了解胶东文化，促进文化旅游产业发展。

最后，有助于纠正应用中的某些偏误。由于方音问题，方言中的许多字、词会出现音变、音转和合音现象，导致已有文献中对方言的记录出现了一些偏误。加之网络时代，信息驳杂，有些方言视频或段子对方言的呈现过于随意，字幕出现不少错误写法；社会用字混乱，一些商家为了追赶潮流、吸引顾客，故意使用错别字；一些地方志书多随意而写，用一些代字或别字，存在一些明显的错误。以上现象都加剧了方言的偏误，容易对读者产生误导。因此，本书力求严谨，尽量对俗语进行较为正确的解释，为的是正本清源，矫正网络资源、社会用字和志书上错写的音、形、义。对于一些实在找不到准确字形的字会加注方音，予以辨证。

四、胶东方言俗语的研究思路与方法

2017年1月24日，中共中央办公厅、国务院办公厅印发了《关于实施中华优秀文化传承发展工程的意见》（中办、国办〔2017〕5号），对传承发展优秀传统文化作出全面部署。由中国文联负责组织实施的“中国民间文学大系出版工程”被列入重点实施项目，对各种民间文学体裁进行收集整理，这是继1984年全国范围内开展民间故事、民间歌谣、民间谚语（三大集成）大普查、大采录后的又一项伟大工程。本书对胶东方言俗语的收录和释义，主要依据2019年《中国民间文学大系·俗语卷》之“山东卷”的编写标准与体例。

（一）关于收录种类

《中国民间文学大系·俗语卷》之“山东卷”收录的俗语包括五类，分别为歇后语、俗短语、绕口令、口彩语及其他类。本书与“山东卷”不同的是，不收录绕口令和口彩语，因为绕口令多在语言习得方面做练习用，其中并无俗语所揭示的道理，例如，“风吹灰堆灰乱飞，灰飞花上花堆灰。风吹花灰灰飞去，灰在风里灰又飞。”而口彩语本身多为词语形式，不构成句子，即使构成句子，也少见哲理性，例如，祝寿时常说的“福如东海，寿比南山”。在婚礼、祝寿、建房的升梁仪式等各种生产生活场合用的口彩语多是一段话，更适合将其作为歌谣中的仪式歌来归类。因此，本书所收录的胶东方言俗语主要为流传在胶东地域的俗短语、歇后语和谣谚。

第一，俗短语。俗短语指具有民间性、口头性、凝固性的民众在日常生活中创造和长期使用的口头语言。长度超过五个字（含五个字），能够独立表达较为完整的思想，具有文学性和思想性。多数为单句，如“打肿脸充胖子”；也有的是两句，由两个小的分句组成，且多为对句，也就是说只有两句话才能表达完整意思，如“学好三年，学坏三天”“不是驴不走，就是磨不转”等；还有一类俗语的前一句往往只是起兴，为的是引起后一句，如“多年的小渠流成河，多年的媳妇熬成婆”，如果只说前一句，不能表达完整的意思，即语义不完整，这样的对句也收在俗短语中。

其中还有少量对句是有些学者认为的谚语。在俗语所有的名称中，俗语与谚语的区别最难界定。首先，俗语包含了谚语。其次，在表现形式上，俗语更通俗、口语化，如“人敲有的，狗咬丑的”；谚语则更为工整、雅致和书面化，如“单丝不成线，独木不成林”。语言学家吕叔湘说：“俗语，或者俗话，是一种广泛的名称，典型的俗语是所谓谚语。”也就是说，俗语包含谚语，谚语是俗语中比较典型的形式。实际运用中，谚语常常是人们在气象和生产方面经验的总结，只是陈述事实，不具备明显的道理，引申义也并不强。因而，本书对于一些具有普适性、人们太过熟悉和各地通用的俗语收录较少，如“路遥知马力，日久见人心”等不作收录，而是重视表现地域特点，收录一些富含哲理的具有地方特色的谚语，如“能上南山当驴，不上北海打鱼”，可以明显看出其流传在胶东北部沿海一带的特点；对哲理性不强的纯粹的生产谚语和气象谚语不做收录，如认识自然的气象谚语，对常说的“燕子低飞蛇过道，大雨不久就来到”不做收录，而收录“燕子低飞蛇过道，庄稼佬儿拔艾蒿”，栖霞地方的这句谚语加上了看“艾蒿”根的状态，因此予以收录以体现其地域性；总结生产经验的谚语，如“中伏萝卜末伏菜”只是表明种植作物的时间，不做收录，但“地堰开个口，跑了粮一斗”虽为生产谚语，但用来比喻做事情要谨慎，不能有丝毫漏洞，才能保证万无一失，其中蕴含明显的哲理，因而予以收录。

第二，歇后语。又叫俏皮话，是由近似于谜面、谜底的两部分组成的较为定型的趣味性语句，如“王奶奶和玉奶奶——差一点”。歇后语的前后两部分之间的基本关系是引注关系，即前一部分是引子、引言，作用是引出后一部分；后一部分是对前一部分的注释、解释，同时也是说话人的真意所在。歇后语常常是分开使用，只用前一句谜面，因而也具有俗短语的功能。本书所收歇后语，主要视其地域特点和是否蕴含生活道理，例如，“桅杆上插鸡毛——好大的掸（胆）子”，一般说成是

“电线杆子”或“旗杆”，但胶东地方说的是“桅杆上”，海洋文化特征明显。过于地域化的歇后语不在收录之列，如各地都有一些只有当地人熟悉的歇后语，这些歇后语大多与特定地方、特定人物相关，或来自特定事件或典故，因为只流传于某一区域，不具备普遍性，例如，牟平人常世淦有商号名“常大兴”，后演变为其家族名号，当地与之有关的歇后语有“常大兴的闺女——三门不出四户”“常大兴的闺女怕月亮晒——身子娇贵”“常大兴吃桃酥——差点噎死”等，此类俗语由于使用地域较为狭窄，只在当地流传，所以不予收录。

第三，谣谚。我们将不能称为歌谣又具有俗语特点的语句作为谣谚。谣谚虽说字数比俗短语多，但常被拿来做俗短语用。称为“谣”，是因为其大多押韵；称为“谚”，是因为其具有俗语功能，包含一定生活哲理。关于俗短语与谣谚的区别学界也有争议，有学者认为，由两个小句组成，中间有标点的都可作为谣谚而不是俗短语，如“穇子胡秫不是粮，婶子大娘不是娘”等，笔者不甚认同这种观点，因为这一类俗语，前一句只是后一句的比兴，重点在引出后一句，两句话一起说才能表达完整意思。因此，本书将此类条目都放在了俗短语中，而本书所收谣谚，一般为三句以上的短句，如“没吃过穇子粑粑，不知道粗细；没上过高山，不知道平地”。四句以上的谣谚具有故事性或情节性，则应作为歌谣，本书不做收录，如“小孩小孩要听话，你妈在家烀粑粑；黄面粑粑给你爹，你爹推车下西洼；黑面粑粑给你哥，你爹推车你哥拉；红面粑粑给你姐，你姐有劲把鞋底纳；穇子粑粑留给你，‘唰唰、唰唰’会说话”。以上三则都有“穇子”义项的胶东民间语言可以很清楚地阐释什么是俗语、谣谚和歌谣。

对于内容低俗的俗语，政治导向、民族政策、宗教政策等敏感问题上违背出版禁忌的词语，本书均不做收录。

（二）关于俗语释义

对于俗语的释义，笔者赞同中国民间文学大系俗语卷专家组黄涛在《关于山东俗语卷初稿的几点意见和建议》中的观点：“释义是通俗易懂、明白晓畅、生动活泼的，即不追求一般辞书释义那种严肃典雅的文字风格，解释的角度和方式是不拘一格、灵活多样的，可以是语句的字面意思、实际含义和生活中用法用例的解释，也可以用地方知识、民俗生活、民俗事件来解释，也可以主要用当地流传的故事、传说及神话等来解释，也可以用当地民众的看法、观念来解释。”

本书通过对胶东方言俗语的整理，体现胶东方言的特点和方言俗语中的文化。对俗语的释义基本参照黄涛的观点，对每一条俗语里出现的方言字、方言词先进行解释，然后用普通话详细解释整个词条，对其使用地域、语境和文化元素等加以说明，力求对方言俗语的语义阐释和使用语境加以呈现。重点在释义的基础上阐释俗语中所蕴含的道理。同义的俗语放在一起，不做重复解释，例如，“性子急吃不了热豆腐”与“性急喝不了热黏粥”，“吃酒喝茶量家当”与“吃饭穿衣量家当”等，在释义之后用“也说”或“又说”来列举。

编排形式上，按音序排列，以易于查找。

俗语和它们所反映出的民俗事象都是中华优秀传统文化的一部分，是劳动人民智慧和经验的结晶。俗语的使用意义经常会超越它原来所诞生的民俗现象本身，这也正是我们研究俗语，并从中发现民俗事象及方言文化的必要性所在。

【目　录】

【第一部分】

俗短语

A

按下葫芦起来瓢

【释义】 瓢，剖开葫芦做成的舀水、盛物的器具。意思是刚把水里漂着的葫芦按下去，瓢又浮起来了。比喻事情头绪多，顾了这头就顾不了那头，也指要安抚的对象多，说服了这个说服不了那个。

按着胳膊数腿

【释义】 按着胳膊去数腿，肯定错不了。用来说做事情按照一定的顺序，就可以避免重复和遗漏。也有数目固定、不多不少的意思。

B

八百竿子打不到

【释义】 八百，极言多，不确指。形容两者之间关系很远或毫无关联。生活中常有人为了达到某种目的，费尽周折攀附上各种关系。

八抬大轿抬不动

【释义】 轿子是古代的一种交通工具，民间多为二人抬便轿，官员所乘的轿子，有四人抬和八人抬之分，三品以上的官员才有可能坐八人抬大轿。抬轿子的人越多，代表轿子里坐的人级别越高。用来指有的人级别、职务或姿态太高，能摆谱，不容易请到。

八月十五涝了月，管着来年不收麦

【释义】 农民总结的经验，如果八月十五下了雨，明年的麦类作物收成就会不理想。也说“八月十五涝了月，来年不收大小麦”。

八月十五下大雨，正月十五雪打灯

【释义】 指如果八月十五这天有雨，正月十五大概率就会下雪。也说“八月十五涝了月，正月十五雪打灯”。

八字还没有一撇

【释义】“八”字只有一撇一捺两笔，撇都没有，自然说不上是不是个“八”字。比喻事情可能刚刚开始酝酿，还没有眉目，更谈不上什么结果。

巴早不巴晚

【释义】巴，在这里是“巴望、希望”的意思。意思是做什么事情都要尽量往前赶，不要等到最后了才开始发力，有催促人加紧发奋之意。与“赶早不赶晚”同义。

扒皮认得骨头

【释义】形容对某人非常了解、极为熟悉，无论在什么情况下都能辨认出来。可以表达爱之深，也可以表达恨之切。

鲅鱼跳，丈人笑

【释义】鲅鱼，学名蓝点马鲛，刺软，味美，为人们所喜食，红烧、熏制都是美味。胶东沿海的人们喜食鲅鱼，以至于春天下来了新鲜鲅鱼，有晚辈给长辈送鲅鱼的习俗，尤其是女婿要给岳丈家送鲅鱼，以莱州、青岛等地为最盛，成为雷打不动的规矩，非常讲究。如果不送，就会被外人笑话为不孝。

白天串四方，黑天连裤裆

【释义】过去没有电灯的时代，晚上点灯、点蜡烛，光线不好，做针线活自然不如白天。原意是说有的家庭妇女，白天到处串门玩，到了晚上才想起有条裤子裆破了还没有缝补，于是赶紧点灯熬油做，不知情的人看了好像很勤快，实则是懒惰。形容那些把白天大把的时间玩过去、磨蹭过去了，到了晚上才想起来要干活的人。

百刺罐儿掉不出滑溜虫儿来

【释义】胶东多数地方称毛毛虫为“百刺毛”，“百刺罐儿”是说毛毛虫绣成的茧犹如一个罐子，把自己装在里面。毛毛虫身上多有刺毛，因此说不滑溜。这句话的意思是从毛毛虫茧里出来的虽然是蝴蝶，但最终还是繁殖毛毛虫。比喻后一代承袭上一代的基因，多是贬义。

百刺毛碾盘大小，惹不起躲得起

【释义】 有的毛毛虫有毒，会对人造成伤害。毛毛虫不可能有碾盘大，这里是说毛毛虫看似小，但毒性大，因此人们尽量躲避它们。对毛毛虫如此，对容易给人造成伤害的人也如此，最好的办法就是敬而远之。

百货中百客

【释义】 百，泛指多。每个人的需求不同，不管什么货物，都会有人买。用来说某件事、某个人或某种东西你接受不了，总有人能接受。

百事不干，百错不犯

【释义】 意思是如果什么事情都不做，肯定就不会出错。人们在工作中被人批评指责时常会有些抱怨和委屈，说些“不干的人啥错也没有，反而是干的人有错了，干得越多，出错的概率越大”之类的话。甚至赌气不干了，说“干还不如不干”。其实这里还得摆正心态，人非圣贤，孰能无过？做事情难免会出错，出了错别人埋怨几句也在情理之中。虽然工作中有时会出现错误，但更主要的是会有成绩，不能因为怕批评就不工作了，而是要善于吸取教训，尽量避免出现错误。

百责不如一帮

【释义】 再多的责怪也不如帮一下。说的是人都有犯错的时候，事情已经错了，过多的问责百无一用，这个时候不如帮他一把，令其日后吸取教训就是。

拜师不如访友，访友不如经手

【释义】 学手艺需要拜师学习，也需要朋友、同行间相互切磋交流，但无论拜师还是访友，最后还得自己动手做。说的是凡事须踏实肯干，方能练好自己的真本事。

搬一搬，穷三年

【释义】 有些物品不搬动的时候可能还能凑合用，一搬动就破损不能再用，加上人们搬新家的时候，往往还会主动扔掉和更换添置一些生活用品，如家具、家电等。所以说，如果频繁地搬家，一定会耗费财力、物力和人力。

半大小厮壳郎猪

【释义】 小厮，指男孩子。壳郎猪，指尚未长膘的半大猪。形容男孩子长身体时饭量大，如半肥的壳郎猪一样能吃。

半斗麦子没推下面来

【释义】 20 世纪 70 年代以前，胶东农村多用石磨磨面，为了防止空转伤害磨膛里的齿沟，人们在每次推磨结束时，总要留些皮屑在磨膛中，这叫作“压磨底”。下次再推磨，加进粮食，先由磨口淌下的，是上一次留下的“磨底”，“磨底”淌尽，才见本次推下的新粮。“磨底”不会多，一小会儿就淌完了，若是半斗麦子都由磨眼里流下去了，还没见磨口淌面，就成了怪事。人们就用“半斗麦子没推下面来”形容对于费工、费料而不见成效现象的质疑，语气间带有明显的讽刺意味。

帮人帮到底，送佛送到西

【释义】 危难中帮人，一帮到底才算是把好事做好；若半途撒手，不如不帮。说的是做好事要做彻底，可自指也可他指。

包子有肉不在褶上

【释义】 包子馅里有肉才是最重要的，外形漂亮不漂亮在其次，常用来形容那些有才华又不显山不露水的人。也说“包子好吃不在褶上”。若人们说完这句话还会跟一句：“肚里有货不在嘴上”，则是直接讽刺那些华而不实又夸夸其谈、爱出风头的人。

饱汉子不知饿汉子饥

【释义】 不饿的人永远也不知道饥饿的人饿肚子是什么滋味。形容处境好的人不可能理解身处困境中的人的痛苦和难处，即人不可能感同身受。

背着抱着一般大

【释义】背东西、抱东西都一样是负重。引申义有二，一是做某件事两种方法是一样的结果；二是某件事不管怎样做，自己都要承受同样大的责任，遭受同样的罪。也说“背着抱着一样的账”。

背着石头倒上山

【释义】背着石头上山已经很吃力，还要倒着走，会更加艰难费力。用来说有的人算反账，白出些力气。

逼着哑巴说话

【释义】不能说话才叫哑巴，逼着哑巴说话，形容对方欺人太甚。

鼻子不是鼻子，脸不是脸

【释义】形容人若是生气、冲动，脸色难看，五官变形，与平日迥然不同。指人态度恶劣，不给人好脸色看。

鼻子下里长的嘴

【释义】形容碰到不明白的事情要多问。但有的人天生口讷，不爱问话。比如，到了陌生地方不认识路，如果不勤问，往往会走许多冤枉路而误事。遇到这种情况，人们常反问：“你鼻子下面没长嘴吗？”

鞭打的快马，事找的忙人

【释义】体力差的马，即使鞭打它，它也跑不快，而跑得越快的马被役使的频率越高，而且还快马加鞭，想让它跑得更快；能力差的人许多事情做不好，而整天忙的人多是太能干，因此人们都愿意找他做事。这话的意思是干得越好的人活越多，人越忙。这也导致了生活中、工作中会出现有的人闲、有的人忙的现象。

扁担不是草长的，媳妇不是婆养的

【释义】扁担是农村常见的工具，用来挑或抬重物，需要结实且有韧性，材质一般为柳木、桑木、黄杨木等，就是说，不是所有的木头都能做扁担，更不用说草了。封建时代，婆婆在媳妇面前有绝对的威严，大多数媳妇都受婆婆的气。因而用这句俗语说出了媳妇与娘家妈、婆家妈之间关系的亲与疏、远与近。

扁担理了肠子

【释义】肠子被扁担压过，形容肚子里一点食物没有，极端饥饿。人在这种情况下应该是极其需要食物的，因此用来说有的人在极度饥饿时遇见食物的那种饥不择食、极度贪婪，也用来形容人的意志、气节之强、之高，饿死也不吃嗟来之食，如“就是扁担理了肠子，我也不吃你的东西”。

扁担上开花

【释义】树木砍倒，做成了扁担，使用多年，早就死了性子，哪里还能够发芽、长叶、开花。用来说那些不可能的事情。

表壮不如里壮

【释义】“表”“里”指外、内，“壮”指“结实”。意思是只是外表好看没用，不如内在结实。有的人外表看起来很壮实，高大魁梧，仪表不俗，可接触下来才知道，其实是徒有虚表，外强中干，名副其实的“药罐子”。常用来讥讽一种人：外表俊秀，腹中空空，没有半点学识和过人的本事。

别等着人家来送月饼了

【释义】胶东地方，中秋送节礼主要是年轻人孝敬长辈及亲朋好友间互相馈赠、联络感情。但如果既不沾亲也不带故的人给你送月饼，那是因为你欠了人家的钱。过去，大商户与小商户之间常有赊账的现象。从开春二月份算起，到八月正好是半年。中秋是大节，店铺都要放伙计回家过节，因此趁着八月节前，大商户会到欠账户那里结半年账，说是好给伙计发工资回去过中秋节。所以，进了八月门，一些大商户便自做或买了月饼，到欠账的小商户那里送月饼，到了也不用说什么，对方心里就明白，人家这是上门要账了。有道是“当官不打送礼的”，原本就是欠了人家的钱，如今人家带了月饼上门，一般不好意思再拖欠，多少也会偿还一些。因而，每到快中秋了，欠账户的账房先生往往会翻看账册子，对掌柜说：“人家好来送月饼了”，言外之意是“别等着人家来送月饼了”，让掌柜早做准备好给人家结账。这种结半年账的方式，在民间就成了不成文的规矩。

别惯孩子吃咸菜

【释义】 困难年代，没有时令鲜菜的时候，常就咸菜吃饭。咸菜下饭，小孩吃饭又没有节制，吃咸菜就多。吃完若遇风寒或哭闹，会得齁病（哮喘病）。因此，父母常多加叮嘱、严加管束，不能多吃。比喻不可惯某人毛病。

别看手心看手梢

【释义】 相对而言，手心近，手梢远。比喻对人、对事要将眼光放长远，若目光短浅，囿于眼前，不会有发展前途。

别看贼吃啥，要看贼挨打

【释义】 偷窃的人有时候得手后，觉得钱财得来容易，就吃香喝辣，有的人见了会羡慕其生活好，人们就会说“别看贼吃啥，要看贼挨打”。意思是小偷只是一时享受，由于偷盗招人痛恨，被人捉住之后常会挨一顿暴揍。用来说看问题不能片面，不能只看见好处，也得看到坏处。也说“光看见贼吃肉，没看见贼挨打”。

别拿着豆饽饽不当干粮

【释义】 干粮，大略指的是餐饭中可以存放较久的主食，不带馅，如胶东各地的饼子、卷子等。豆饽饽是一种较为精细的面食。煮豇豆至烂软，加糖作馅，和面，揉剂，擀皮，包馅，做成高桩馒头模样，蒸熟食用，香甜可口，最宜小孩与老人。农家能够自制，也有小贩沿街叫卖的，较之一般的干粮，豆饽饽显然高出一筹，几乎可以算是一道点心。若有人对不错的人和不错的事不予重视，而以守住凡人凡事为满足，人家就会讽喻提醒他说：“可别拿着豆饽饽不当干粮！”

拔根汗毛比腰粗

【释义】 汗毛纤细，与腰对比相差悬殊。形容双方贫富或势力差异之大。

饽饽往肉里滚

【释义】 过去，胶东地方，饽饽是年节和礼仪场合才有的食物。肉食更是难得，吃得上肉就是上好生活。这样，以面食上品饽饽，配难得的肉食，十足称得上双美。“饽饽往肉里滚”，说的就是好事归宗，老是跑到一个人的身边。本来有钱又得到了更多的钱，本来有势，更多的好处又加到了他身上。凡此种种，都可以称为“饽饽往肉里滚”。

菠菜种对蒺藜子

【释义】 菠菜（有的品种）和蒺藜的种子都带棱角、有刺。比喻双方都很难惹或脾气嚣张，谁也不服谁，因而碰到一起会经常发生争吵。

不打鸣不下蛋

【释义】 公鸡打鸣，母鸡下蛋。若是既不打鸣也不下蛋，就有些蹊跷。形容某人或某件事情的进程情况不明，不声不响，没有声息。也形容某人性子慢，做事情不知道着急。

不打哪块地里走，不知哪块地儿燉

【释义】 燉，方音，指土地湿度大，一踩就会陷下去。意思是远远看着一块地不会知道它到底是干还是湿，只有走进去才知道。比喻只有亲身经历，到实地去，才能知道真实情况。

不打勤不打懒，专打不长眼的

【释义】 生活中有的人特别会见机行事，就是说眼里有活计，总是把事情干得恰到好处，也深得人心。相反，有的人则一点眼力见儿没有，甚至有人指点了也不知道什么时候该做什么。用来说勤快或懒惰都在其次，要紧的是要会做人、有眼色，才能把活干好，也才能让人满意。

不到河边不脱鞋，不到火候不揭锅

【释义】 到了河边再脱鞋，以免过河湿鞋；到了火候才能打开锅，否则食物容易不熟。意思是事情到了迫不得已的地步才去做，形容一些人做事行动迟缓，过于拖延。

不和凡人接语

【释义】 人是语言动物，有的人天生话多，有的人天生话少；有的人在喜欢的人面前喋喋不休，有说不完的话，在不喜欢的人面前嘴闭得紧紧的，一句话都没有；有的人不笑、不说话，有的人是“自来熟”，见什么人都能很快搭上话；有的人不问不说，甚至问了也是爱答不理，甚至拉了脸、板了脸，一副拒人千里之外的样子，让人下不来台。这最后一种人，人们称之为“不和凡人接语”。凡人，即普通人、平常人、一般人，可能他见了领导，见了他有所求的人，也会说会笑，甚至恨不得把头低到脚面上。因此，人们说这句话是带着讽刺意味的。

不见兔子不撒鹰

【释义】 猎人在打猎的时候，看到猎物才把鹰放出去。比喻心中有数的人，能沉得住气，不见目标不出手。形容遇事要沉着冷静，不打无把握之仗，方能稳操胜券。

不留祸事在世上，死后儿孙自然昌

【释义】 一个人很有本事，得势时呼风唤雨、不可一世，也因此得罪了不少人，有些甚至结下了冤仇。可等他去世后，形势就发生了变化，那些多年受他压制的人，就会借机把怨气发泄在他的儿孙身上。形容人要积德行善，别做坏事祸害人，这样才能造福子孙后代。

不怕不识货，就怕货比货

【释义】 货物的质量好坏，一比较就能显示出来。泛指人或事物通过比较，就能看出差别。买卖中常有以次充好的现象，这句话常常是质量好的一方用来很自信地表示自家货真价实。

不怕干得慢，就怕当腰站

【释义】 当腰，即中间。站，即停。是说干活或走路的时候不要经常中断，那样你干得再快、走得再快也没用；如果你不停歇，持之以恒，虽然慢点儿，但还是不会落后。

不怕亲戚多，就怕亲戚一大窝

【释义】 礼尚往来是正常的交际礼节，因而走亲戚须带礼物，一家的话好打点，多买几样礼品也不觉得怎样，可是七大姑八大姨一多，即使一家只买一样，也会花销很大。用来说亲戚太多，走动起来花费太高。

不怕人不敬，就怕己不正

【释义】 若要得到别人的尊重，自己要走得直、行得正，以自己的品德和行为赢得别人的敬重。一般用来警示为人处事要注意自己的言行。

不怕人不请，就怕艺不精

【释义】 “三百六十行，行行出状元”，一个人若拥有出众的技术或本领，就不愁没人邀请去做事情。形容深入学习和精通一门技艺的重要性，拥有一技之长，总有用武之地。

不怕生儿晚，就怕寿命短

【释义】 有的人晚来得子，怕不能等到儿子长大孝顺自己就离世。意思是若能长寿，同样可以享受天伦之乐。

不怕无能，就怕无恒

【释义】 人不怕能力不强，怕的是没有恒心坚持下去。用来鼓励人做事情要有恒心，贵在坚持。

不怕县官，只怕现管

【释义】 县官对于普通百姓而言就是大官了，因为几乎接触不到县官以上的人物，所以也就没有怕与不怕之说。而现管就不一样了，不管官大官小，管多管少，都是可以掌实权的人物，他们可以利用职权贪污腐败，欺压愚弄百姓，而百姓却敢怒不敢言，只能忍气吞声。用来说现实中直接受人管辖，只得听命于人。

不怕贼偷，就怕贼惦记

【释义】 自己的钱财要收藏好，不能让外人看到，一旦让贼看到了，就会起了歹意，想办法占为己有，所谓“财不露白”，也就是常说的不露富。不光钱财，其他人事也同理。

不是个办事的衙役

【释义】 衙役原本就是当差办事的，可是却不好好办事。说的是有的人在其位不谋其职，做不好本职工作。也用来说有的人不好求他办事。

不是好劈的柴

【释义】 劈柴是力气活，柴好不好劈，与柴的纹理和干湿程度有关。一般顺着木柴的纹理自然好劈。形容某人不太好讲道理，不容易沟通。

不是驴不走，就是磨不转

【释义】 过去民间用石磨加工粮食，经常用驴作为畜力来拉磨。本义是拉磨时可能会出现的状况，驴要是上来驴脾气不听指令便会不走，磨出现了故障也会推不动，但基本都是小概率事件。所以这话常用来说做事情遭遇各种阻挠或不配合，也用来形容有的人找各种理由为自己开脱。

不是仨钱豆腐俩钱火烧

【释义】 豆腐和火烧都是很便宜的普通食品。不是豆腐和火烧，形容不是小事情，或某个东西很贵重。如说某件东西重要时往往会说：“你以为这是仨钱豆腐俩钱火烧呢！”

不是冤家不成两口家

【释义】冤家，这里指夫妻。古代戏文中常用“冤家”来互指夫妻的一方，似嗔似怨又似爱。说的是两口子之间免不了会有些小矛盾，但不影响大局。就如生活中，有的夫妻打了一辈子，也好了一辈子。

不是冤家不碰头

【释义】冤家，可指仇人，也可指爱人，这里的“冤家”泛指似恨实爱、给自己带来苦恼而又舍不得的人。正因为两人之间有着扯不清的联系，所以才常常会有交集。形容有瓜葛的双方越不想碰面，反而总是相遇。

不死也得脱层皮

【释义】一个人得了大病，或者遇到了凶险的事情，即所谓的劫难，常常会在经济、身体、精神上受到很大打击。比喻事情的严重性。

不说过头话，不做过头事

【释义】不说过头话，是指说话不要太绝对，世上没有绝对的事情，不要把话说满，谁也不敢保证自己会怎么样；不做过头事，是指做事情要有度，注意把握分寸，比如开玩笑也可能会导致悲剧。

不听老人言，吃亏在眼前

【释义】老人经验相对丰富，因此，年轻人对老人的好言相告，应当适当接受，否则一意孤行，难免吃亏上当。

不显山不露水

【释义】外表什么也看不出来，指人做事不张扬，说话不露声色。生活中有的人但凡有点成绩就会逢人便炫耀，恨不得全天下的人都知道，而有的人成就再高自己也不会表现出来。所以，往往越没什么水平的人越愿意显摆，越有能力的人越低调做事，不露峥嵘。

不信老雁吃麦苗

【释义】 老雁，即大雁。大雁是候鸟，冬季胶东半岛一带会有大雁栖息越冬，冬天田野里只有冬小麦，大雁喜食麦苗，因而大雁会对冬小麦产生一定的损害。大雁吃麦苗是事实，所以人们在说到面对事实不肯承认的人或事，就会说这句话。

不知自己吃几碗米的干饭

【释义】 有人做事情没数，吃饭也没数，会吃多或者盛多了吃不下。比喻人无自知之明。也说“才吃了几碗高粱米”。

不知道葫芦里卖的什么药

【释义】 葫芦可以用来盛装各种东西，但最常见的还是酒葫芦和药葫芦，以至于有些卖酒和卖药的店铺常用葫芦在门口做标识招幌。为什么说“不知道葫芦卖的什么药”呢？一是因为葫芦本身的密闭性，里面的药的确是看不到的；二是葫芦里卖的一般不是普通的药，而是仙药、丹药。在百姓看来，葫芦里即使装的是普通药也可以解除病苦，更不用说仙丹了。于是，无论葫芦里装的是丹还是药，都被百姓认为具有祛病避灾的神奇功能。这句话在实际语境中可以灵活使用，用来说不知道对方的真实用意。

不撞南墙不回头

【释义】 民间说有的人很犟，或者是做事脑子不转弯，会说他是“不撞南墙不回头”。为什么是南墙，而不是东墙、西墙和北墙？这与建筑民俗有关。胶东地方以四合院、三合院居多，大门在东南角，四合院南面建有倒厅，三合院就只有一堵单墙，无论怎样，出了正屋的门向前直走，不拐弯的话，只会撞上南墙。所以就有了“不撞南墙不回头”“找个南墙撞死算了”或“凡事要想开，不要去撞南墙”等说法。

C

才吃了几碗高粱米

【释义】 一是讽刺没有眼光、没见大世面人；二是说忘本，过上好日子就忘了从前。

才撂要饭棍，就打要饭的

【释义】有一种人刚从某种境遇中走出来，就回头欺负曾经的同类。比喻小人得志。

财宝不露面，见面分一半

【释义】对于意外之财，民间常常有一个不成文的规定，那就是见者有份，平均分配。究其原因，一方见财起意，有妒忌心理，见人发财会艳羡，甚至会引发祸患；一方为破财免灾，求平安为上。同义的俗语还有“财宝不露面，露面起祸端”。

财宝动人心

【释义】意思是钱财能打动人心。贪财是人的本性，哪怕原本觉得不贪财的人，见到钱财也会动心。这就是会出现巨额贪腐的原因，因为钱财能满足人的欲望，而不贪财大多是因为环境或其他客观原因不允许而已，所以自律才显得尤为重要。

财大语高，力大欺人

【释义】有财力的人说话声音高，因为财大气粗，说话有底气；力气大的人往往在气势上就感觉压人一头。这是自然现象，也是社会现象。

䅟子胡秫不是粮，婶子大娘不是娘

【释义】谷类作物里，小麦、大米被人们作为细粮，其他都作为粗粮，䅟子和胡秫（高粱）由于外壳较粗硬，过去的加工又不精细，所以口感不好，可谓粗粮中的粗粮，因而不被人们作为主粮，更不当作美食。没了亲娘疼爱的孩子，日子自然过得孤苦，若是有了后娘，怕更是凄惶难当。似乎除了后娘，大多数女人都有着善良与温柔的天性，富有爱心与热心，尤其是爱孩子。因而，对于那些没了亲娘的孩子，邻居的婶子、大娘们都会显得格外关心，在适当的时间不免会嘘寒问暖，可是再关心，怎么能比得上自己的亲娘体贴周到。这一俗语前后两句形成极恰当的类比，其中包含几多辛酸。

苍蝇不叮无缝的蛋

【释义】 鸡蛋有了裂缝比完整的鸡蛋易坏，苍蝇便随之而来。形容堡垒最容易从内部的弱点攻破，外部力量必须先找准这一切入点，方能成事。

苍蝇蹬一脚，打一山惊一泊

【释义】 苍蝇蹬一脚，指小毛病。形容有的人染了一点小病就惊天动地，恨不得全天下人都知道。比喻虚张声势，有意将事态扩大。

苍蝇见了血了

【释义】 苍蝇有嗜血的本性，见到血会拼命吮吸。比喻人极为贪婪，在利益面前不顾一切，含贬义。

操心不老相

【释义】 一般来说，人若是心事过多、太过操心，面相上会比同龄人显老。讽刺有些人爱管闲事，去管一些不该他操心的事情。

槽里有草，饿不死驴

【释义】 小农生产的年代，骡、马、牛、驴等大牲畜是农家的重要财产，它们体力损耗大，因此喂养需十分用心。除了草料要备齐、备精，在喂草、喂料上还要尽心。“马无夜草不肥”，为了保证牲畜第二天有很好的体力劳动，夜里还要喂三四遍夜草。本义是只要驴槽里有草，驴就饿不死，将就着就行。实际为反义，这种做法是不可取的，对工作要尽心尽力，不能马虎；对人要真诚相待，爱惜人才。

草灰打不得墙，闺女养不了娘

【释义】 打（砌）墙要用石块和砖头，草灰松散，入水即化，根本就不是打墙的材料；闺女长大成人就出嫁了，不得继承父母的遗产，没有赡养父母的义务，自然也就养不了娘。这句话的意思是做事情要量才而用，不能牵强。

差一个时辰不生，差一个时辰不死

【释义】 干支计时的时代，从 23 点起计，每 2 个小时为 1 个时辰，将一天 24 小时分为 12 个时辰。民间有些老人现在仍有按时辰计时的习惯。这句话的意思是生死皆有时，形容不管什么事都会有一个过程、有一个节点，不到一定的时候是不会有结果的。

拆东墙，补西墙

【释义】 拆了东边的墙，去修补西边的墙。比喻临时救急，穷于应付。生活、工作中，这种现象非常常见，虽然暂时可能会蒙混过去，但终不是长久之计，也不是解决问题的根本方法。

长虫吃了疥疤子

【释义】 长虫，胶东对蛇的俗称。在食物链中，蛙类与蛇类是被捕食者与捕食者的关系。蛇身子细长，但能吞食比它大几倍的活物。蛇在刚吃下青蛙没消化的时候，身体会突出一部分，很不协调。多用来形容物体的外形看起来不自然、不匀称、不美观。

长到夏至短到冬

【释义】 白昼的长短以夏至和冬至为界，夏至是白昼时间最长的一天，之后白昼渐短，到冬至节期，白昼最短，之后又渐长，如此循环。比喻事情都有尽头，物极必反是自然规律，常用来警醒人们要珍惜时间。

常穿袍子总能遇着亲家

【释义】 袍子，指长袍，是男子见贵客、待贵客时穿的礼服，有棉、夹之分，统一为右开大襟，清朝时长袍常与马褂搭配，于长袍外加穿马褂，所谓“长袍马褂”。民间一般商人、乡绅等劳心者常着长袍，劳力者则多穿短衣，方便劳动。儿女亲家自然是高客、贵客，所以需要着长袍相见。过去儿女亲家双方除非红事、白事等有重大事情才会碰面，平时一般不走动。这句话是说男人因长年在外奔波，见的人多，很有可能哪一次就会遇见自己的亲家。如果仓促见面，事前没有准备，若穿着不当，会觉得失礼，也会觉得让亲家看了自己的笑话而没面子、掉了身价；若正好穿着长袍，就不会因为着装不当而尴尬。比喻常做违犯法纪、道德败坏的事情，迟早会被人发觉、抓获，受到惩罚。

常磨刀没有不割手的

【释义】 磨刀的人经常摆弄刀，稍不小心就会割了手。说的是人在自己的经营领域受点小挫折、有点小闪失都是正常的。也用来提醒人做事小心。

常说口里顺，常做手不笨

【释义】 经常练习说话，表达起来就会很流畅；经常做某件事，就会干得越来越熟练。说明了一个很普遍的生活道理，那就是无论做什么，只要长期坚持下去，就会熟能生巧，做得又快又好，成为某一方面的行家。

常在河边走，哪能不湿鞋

【释义】 在河边行走，由于近水，如果不注意，就会湿了鞋子；水边湿滑危险，有时不只是湿了鞋子，甚至还有可能落水。引申义有二，一是说在熟悉的环境里待久了会渐渐习惯而不自知，如在某一行业做久了，利用业内的便利条件，为自己谋得一些利益；二是说经常做有风险的事情，总有失足的时候，常用来警示人，不要心存侥幸。

车不动铃铛响

【释义】 从前，一部坚固耐用的大车，是家庭富足的标志。车饰也很讲究，拉车的骡马，项下一枚红缨配大铃，颈间又是成串的小铜铃，行动起来，叮叮当当。大车的辕下，又有一个车铃，与夜行的马灯相并悬挂，车动铃响，好像是行和停的信号。后来，用于形容有些人只宣告，不行动，说得多做得少。

车破骡子老

【释义】 车是旧车，骡子也年老无力。形容人物或事物的老化，境遇艰难，有雪上加霜的意思。

碜人想着吃个俊馃子儿

【释义】 碜，方言丑的意思。馃子，指点心。意思是自身条件与希望达到的目标之间不对等。用来说人要有自知之明，不要期待达不到的理想。

撑死胆大的，饿死胆小的

【释义】 胆子大的会吃撑了，胆子小的人则会饿死。两相对比，说的是两种处世心理与风格。一是说做事情敢于冒险的人，能获取大的利益；胆小怕事、谨小慎微的人，前怕狼后怕虎，往往得不到一点好处。二是说做违背规定甚至违反法律的事情，胆大者往往是脸皮厚、善钻营的人；胆小者反而是遵守规则、维护自尊的人。多为后一种用法。

秤杆不离秤砣，老头不离老婆

【释义】 木杆秤主要由秤杆和秤砣这两部分组成，分开后就没法使用了。在小农经济阶段，夫妻分工明确，通常都是男主外女主内，缺一不可。形容组合的重要性，彼此一定要相互珍惜。多用来比喻夫妻和美。

吃百家饭，穿百家衣

【释义】 过去，婴幼儿的衣服基本不在家庭开支之列，小孩子穿衣用布料少，巧手的妈妈会用制成衣剩下的布料拼接起来做成衣服给孩子穿；婴幼儿还有穿百家衣的习俗，即从各家取一块布片，将不同色彩、质料、形状的布片经过精心选择、折叠、缝合，最后做成一件五彩斑斓的衣服。据说这样可以托众人的福，孩子就会好养活。等长大些，孩子多的人家则一直盛行小的孩子穿大孩子穿剩下的衣服的习惯，所谓“新三年，旧三年，缝缝补补又三年”。这虽然与过去的生活条件有关，但其中也不无道理。小孩子长得很快，衣服很快就会变小，不在小孩子的衣服上多花销，也是勤俭节约的好习惯，生活过于优裕，对于孩子并不见得是好事情。

吃出剩虫来了

【释义】 胶东民间，人们称用面蒸的蛇形饽饽为“神虫”或“圣虫”，民间百姓一般从字音上直接理解为“剩虫”，意思是一切都有剩余。过年时用面蒸成蛇的形状，或爬或盘，口中都含一枚制钱或红枣，大的放在供桌上，小的放在米缸、粮囤里，寄托取之不尽用之不竭之意。所以民间说某物品总也用不完，人们就会说“吃出剩虫来了”；若是很珍惜的东西很快用完，留恋惋惜之时，自己或别人也会戏谑道：“难道你还想吃出剩虫来吗？”圣虫的形象不只在过年时出现，建房上梁和结婚等民俗事象中也常见。

吃肥了，走瘦了

【释义】 走了很长的路去吃了一顿好饭，等再走回来消耗得也差不多了。比喻所得利益需要费很大周折却不合算，付出与所得不成比例。

吃惯相宜嘴儿了

【释义】 相宜，指好处。吃相宜，即得好处、得便宜。这句话的意思是指在一件事情中屡次得到好处已经习惯了。用来说生活中那些爱占便宜的人，习惯于见了便宜就占。

吃红肉，拉白屎

【释义】 骂人语，狼是吃红肉拉白屎的，指对方不是人。多用来说那些对别人施予的恩惠不知报答的人。与“忘恩负义”近义。

吃酒喝茶量家当

【释义】 开门七件事，柴米油盐酱醋茶。对于普通百姓而言，保证最低生活需要已是不易，吃酒喝茶固然高雅，但这是待客的标准，自家不是天天能享用的。好生活谁都想过，也得看自家的条件。用来说要根据自己的情况决定消费水平。义同“量入为出”。也说“吃饭穿衣量家当”。

吃苦的老大，搅厉的三

【释义】 搅厉，胡搅蛮缠、厉害的意思。意思是兄弟姐妹中，老大在家里吃的苦最多，老三一般脾气最不好。过去家家户户的孩子都多，老大的年龄往往比弟妹要大出二十几岁。这样一来，老大自然就要协助父母早早挑起生活的重担。而那些年岁小的孩子，则从小被家里人宠着，就容易养成又馋又懒又搅厉的坏习惯。

吃亏是师傅

【释义】吃亏，指受到伤害。吃了亏，但也得到了教训，以后就不会再犯同类错误，从这个意义上讲，“吃亏”堪称“师傅”。

吃了六月六的包儿，才敢把棉袄扔个高儿

【释义】胶东农村有在阴历六月六蒸包子的习俗，有俗谚“六月六，碗大的包子一包肉”。胶东常有“春脖子”长的时候，春夏之交早晚温差大，有的老人直到六月六前后才能彻底把棉袄束之高阁，这也从一个方面说明，过去生活困难的农民，棉衣同单衣之间没有过度的春秋衣物，棉袄从秋天割谷穿到来年六月六日谷子秀穗。年轻人火力旺，往往过早穿上单衣，因此这话常被老年人用来劝说年轻人不要过早穿得太少。

吃人家的饽饽，听人家的搓搓

【释义】饽饽，胶东人对馒头的叫法。搓搓，搓揉、折腾的意思。吃着人家的饭，就得随人家搓揉。意思你靠着人家给的这份工作赖以生存，那就得听人家的安排和调遣，人家让怎样就得怎样。用来形容人生存的不易，与“端着人家饭碗，听人家管”同义。

吃人家的嘴短，拿人家的手软

【释义】如果吃了别人请的饭，收了人家送的礼，有些拒绝的话就不好说出口，该严格要求的一些事情做起来就不能太强硬。用来说吃请收礼的结果，警示人不要行贿受贿。

吃一百个豆不知豆腥

【释义】一百，泛指多。生豆子有一种特别的气味，称“豆腥气”“豆腥味”，吃一次就难忘。吃一百个还不知道或者不记得豆子的腥气，用来

说有些人在一件事上反复吃亏，也不知道吸取教训，屡犯同类错误。

吃着碗里看着锅里

【释义】吃着自己喜欢的美味，人们常会不自觉地问“锅里还有吗”，意思是希望还能再吃一点，更多地品尝这种美食。这种常见的生活场景，就被人们称为“吃着碗里看着锅里”。不光用在吃东西，也可用在别处，都表达多吃多占的意思，可戏谑可讽刺。

赤脚的不怕穿鞋的

【释义】赤脚，指买不起鞋子的人，“赤脚的”与“穿鞋的”，在这里代指穷人和富人。穷人一无所有，没有顾虑，受了富人的欺负，敢于与之拼命。也说“光脚的不怕穿鞋的”。

赤脚陪不得穿鞋的

【释义】地位低的人，或条件不如别人好的人，不能和人家一样地行事。

仇人一个不少，朋友一百个不多

【释义】仇人最好一个也没有，朋友则越多越好。形容为人处世，要广交朋友少得罪人。同义俗语有“朋友越多越好，冤家一个嫌多”。

丑人多作怪

【释义】丑人，指相貌不好看的人。人们认为“相由心生”，有些人从面相上就能看出心术正不正。这句话明显过于绝对，不可以偏概之。

丑事家家有，不露是好手

【释义】有道是“家丑不外扬”。住家过日子，谁家也免不了有矛盾，彼此多些忍让、宽容就过去了，不可让矛盾、事态扩大，如此才能家和万事兴。更不可将这些事情对外人说，外人不可能感同身受，相反，可能还会看笑话。

丑媳妇早晚得见公婆

【释义】 古代的婚俗是，头一天晚上结婚，只有新郎一人见到新娘子的真容，第二天清早新妇才拜见公婆，给公婆敬茶，叫第一声爹妈，即敬茶礼俗，属于正婚礼后的婚后礼。面对未知的一切，每个新媳妇的心里都惴惴不安，但这一步是非走不可的。用来说做错了事，有缺失，一味掩饰或回避不是正确的态度、做法，应正视现实，尽早承认并改正弥补。

臭是一窝，烂是一块

【释义】 一窝、一块，指的一个家庭或一个家族。意思是再怎么不好，也是一家人，也有一家人品行处世上都差不多的意思。用来说血缘亲情的根深蒂固。

臭鱼烂虾，送到栖霞

【释义】 栖霞是烟台市下辖的县级市，是烟台唯一不靠海的山区。鱼虾等海鲜保质期短，不新鲜后会变质有味儿。过去交通不便没有冷冻设备的时代，鱼虾等海鲜运到栖霞的时候，多已变质，因此就有了这句话。

出了锅的饽饽不入笼

【释义】 蒸饽饽需要把握火候，火候不到蒸不熟的话，即使再放回锅里继续加热也蒸不好。比喻人离开了原来的环境或是群体，再想融入就难了。也用来说人或事物已经定型，不好再加以改变。

出门出到初八九，没有饽饽也没有酒

【释义】 正月里走亲会朋是拜年的内容之一，正月出门的时间从初二就开始了，一般是将回娘家排在首位，之后是看舅舅看姑姑看姨姨、干爹干妈……来的都是客，自然少不了款待一番，山东人好客，胶东人更甚，将一年积攒下来的好东西都用在了待客上，但准备再多，也架不住亲戚多，到了后面自然东西就吃得差不多了。于是用这句俗语形容做事情要趁早。

出水才见两腿泥

【释义】人站在水里时，看不到脚上的泥。只有脚从水里走出来了，才能看到两条腿上粘的泥巴。用来说某些事情必须到一定阶段，才能看出端倪，也指事情只有到最后才能见分晓。

出头的椽子先烂，合门楼先倒

【释义】出头的椽子因为没有房檐遮挡，露在外面，风吹雨淋一定会先朽。这话用来形容凡事不要强出头，那样就会成为众矢之的，极容易受到伤害。合门楼，指的是两家合用一个门楼。合门楼先倒，是说大伙儿的事情，通常会产生相互依赖的心理，谁都不管，进而造成该物品不应有的损坏。

穿金戴银吃豆腐渣

【释义】打扮得光鲜靓丽，吃的却很粗糙简单。形容有的人好打扮，外表光鲜，其实名不副实。省吃俭用，为的就是个面子。讽刺某些人要面子不要里子。

穿青的，护黑的

【释义】旧日的衙役官差穿黑色的衣裤，老百姓所说的“穿青的，护黑的”有“官官相护”的意思，但比“官官相护”更具体、更形象。从前的民间染坊，利用天然颜料，能够染各色布料，但最常见的是利用靛蓝，染深浅不同的蓝色布匹。将蓝布放入靛缸内浸染，第一次染出的是浅蓝色，俗称为“月白”；第二次再染，出缸的是深蓝，俗称为“老蓝”“毛蓝”；第三次染过，所得到的就是“青”色了，乍看上去，与黑色无异，但若对着光细看，仍可见“蓝”的本色，可以说是一种蓝深而近黑的颜色，这也就是“青出于蓝而胜于蓝”的本义。

穿衣戴帽，各有所好

【释义】穿什么衣服、戴什么样的帽子，每个人都有自己喜欢的不同款式。用来比喻因性格、爱好和志向的不同，每个人的选择都不一样。不能根据自己的喜好和标准来要求别人与自己一样。

穿衣裳是穿新的，搿和人是搿和旧的

【释义】搿和，结交。新衣裳穿起来自是漂亮，结交朋友一起做事情还得是熟悉的故人，因为知根知底，更何况还有从前的情谊在。意思是说在结交朋友方面不能喜新厌旧。

船到了，锚也到了

【释义】因不同的环境和不同的口气，可以表达积极的和消极的两种意思。积极的意思是说，事物是一个整体，看事情要从全局着眼，做事情要从整体出发，大局好了，各个局部就都好了，就如同锚在船上，不必单独特别用心，船到锚自然到了。消极的意思，是对于公众的事不去关心，凡事随大流，将自己当成船上的锚，不用心，不创造，不出大力，到时候大家有的我也有了，就像锚随船行一样。

船在坞里，人在铺里

【释义】旧时民间造船（俗称“排船”）、修船，在近海处选一个高爽的地方，叫作船场，也叫船坞，简称为“坞”。一条新船造成，举行一个隆重的仪式，推船下海，名为“下坞”；一条船用过几年以后，难免有许多伤损，这时要拉到坞上进行修复，俗称为“上坞”。铺，也叫作船铺、渔铺、网铺，是渔民出海之前和上岸以后落脚的地方。多数渔铺不过是一幢或大或小的简易房。屋里通常是麦草打地铺，出海的人带点简单的行李，就在这里暂住。过去海上作业风险大，安全没有保障，所以“船在坞里，人在铺里”就成了最安逸的幸福，用来形容不必担心、非常满足的一种心理。

春打坷垃秋拖坯，六月不忘腊月衣

【释义】坯，胶东也叫“墼”。过去，胶东农村建房、盘炕、盘锅台等都会用到土坯。春天打坷垃为的是秋天拖土坯用，而六月夏天刚到的时候就要想着该做冬天穿的棉衣了。说的是过日子要有计划有长远打算。

春冻骨头秋冻肉

【释义】 春天气温由冷渐热，身体会感到很舒适，卸下了棉衣之后如果又遇上突然的降温或是倒春寒，就会令人有砭骨之冷。而秋天，气温由热转冷，体感非常明显，秋天的早晨和晚上常令人感到凉意难耐，肌肤有收缩之感。因而，无论春寒还是秋冷，都很难熬。这句话被用来告诫人们春天不要过早脱掉棉衣，秋天也不必过早增添衣物。是与“春捂秋冻”一样的经验之谈。

春寒冻死拗

【释义】 立春是二十四节气中的第一个，立春后，气温有时候会短暂回升，有的人就认为春天要来了，实际上，立春后气候更加多变，倒春寒格外让人受不了，但偏偏有些性子很拗的人会早早脱去棉衣，在料峭的倒春寒天气里几欲冻死。用夸张的说法，极言冷的程度。

春旱干不煞，秋旱如刀刮

【释义】 农业生产离不开雨水，旱涝决定了庄稼的收成。春天旱尚可，若是秋天旱，很可能会颗粒无收。

春天扒个窝，秋天煮一锅

【释义】 春天扒个窝种下一颗种子，秋天的收获就能煮上一锅。意思是春天是播种的季节，只要勤快一点，秋天就会有收获。大地总是给勤劳的人以丰厚的回报，其他领域也如此，有播种才有收获。

春天的南风冻死鬼

【释义】 春天，又刮南风，按理说应该非常温暖和煦，但因为有冬天的冷底子，地温低，因此，早春的天气里，即使是刮南风，也会很冷。人在春天的体感温度更低，冷的程度比秋天更难耐。能“冻死鬼”，极言冷的程度。

春天勤勤手，秋天囤囤有

【释义】 春天勤快一点多种地，秋天就能收获满囤的粮食。同“春种一粒粟，秋收万颗子”的诗句同义，说的是有播种，才有收成。表达只有付出才有收获的道理。

春天插一棍，秋天吃一顿

【释义】春天，乡人常常利用边角地带、房前屋后、门旁墙角种瓜种豆。在谷雨前后播下种子，不用到立夏，该发芽的就发芽，该出苗的也都出苗了。等到田野里的庄稼苗齐刷刷地长，房前屋后的瓜秧也一天窜一截，人们只需精心管理，静等收获。这句话一是说土地不欺人，春种秋收，只要你种，就会有收获；二是说人要勤快，激励农人不要错过春天的播种季节，见缝插针，这样秋天才会有收获。与“春天扒个窝，秋天煮一锅”同义。

春雨贵似油，下哪儿哪儿收

【释义】春天是孕育的季节，播下种子，还需要有雨水的滋润，庄稼才能长得好，因此有“春雨贵如油”的说法。但天不能总遂人愿，常常是越盼雨越无雨。于是，这话里就有了人们对春雨的盼望和对不下雨的无奈。

辞了灶，年来到

【释义】阴历腊月二十三日为祀灶日，民间称为“辞灶”，又称作“过小年”，主要活动是入夜祀灶。辞灶以后，就进入了忙年的阶段，每一天都安排得满满当当，充满了对“年”的期待。就如歌谣中唱：“二十三，糖瓜粘；二十四，扫房子；二十五，做豆腐；二十六，去割肉；二十七，宰年鸡；二十八，把面发；二十九，蒸馒头……”

从屎窝儿拖出来了

【释义】孩子小的时候，需要父母一把屎一把尿地照看，很是辛苦，等到孩子可以自理了，就能轻快一些。这句话的意思是孩子长大了，再也不用擦屎擦尿，有终于松了一口气的解脱感。

从小没包脚，长大胡缠缠

【释义】包脚，即缠足。古时候女孩子包脚须在六七岁脚还没有长成形的时候开始，长大了再包，一是骨头硬了不好包，二是脚大了，包起来也不好看。这里指做事提前没有准备好，仓促上阵，常常是无济于事。

从小没穿“打算袄”

【释义】蓬莱、栖霞一带有习俗，孩子要出生了，提前就把“打算袄”给做好了，为的是小孩以后好养，或者说将来做什么事情都有打算。“打算袄”一般是奶奶或者姥姥做，也有的是街坊邻居、一家本当的老人做。“打算袄”的样式是大襟袄，用红丝绳盘扣，或者就干脆用两根红丝绳系在小孩胳肘窝下的地方。衣服前后都用五彩布条缝成巴掌大的“打算”，有的还在袖子、肩头等地方也缝着布条。有的还会在衣服上用布缝几个传统吉祥的小玩意儿：有一对铜钱、一对佛手、一个石榴、一个宝葫芦，或其他吉祥物等。说人没穿打算袄，意思是某个人做事没有头绪。老人们在说到哪个后生办事情没有头绪、没有打算时，就会随口说出：你从小没穿“打算袄”啊！

粗柳簸箕细柳斗，世上谁嫌男人丑

【释义】粗的柳条可以用来编簸箕，细柳条可以用来编斗；丑俊是用来评价女人的，男人再丑也没有人会在意。前一句用起兴来说无论什么事物皆有所用，人也一样，要看有什么价值和作用，而不能看外表形式。意思是对于男人而言，相貌不重要，重要的是才华和本事。

翠人不穿棉，穿棉发团团

【释义】翠人，指注重打扮、爱俊的人。团团，圆的意思。爱俊的人不喜欢穿棉服，因为棉服遮住腰身使人看起来发胖，显不出自己的身材。用来说有的人过于爱美，天气冷了也不穿棉衣。

矬人面前不说“矮”话

【释义】矬，身体矮小。在身材短小的人面前，不能说跟“矮、短”有关的话，以免对方疑心或感到难堪。形容对有缺陷的人说话应当有所避忌，也指不要当面说人家的短处。也说“当着矮人面不说矬话”。

撮上椅子抱上炕

【释义】 椅子和炕并不高，但是行动不便的老人和婴幼儿要上去也费事，需要帮一把。这句俗语常指一些不需要帮忙的行为，意思是对于做来很轻松的事如果再去帮忙就是多此一举了，用来形容对人过于热情，甚至是宠溺。

D

打不着貔狐惹一身臊

【释义】 貔狐，一般认为就是狐狸，身上有特殊的狐臊气味。用来说想做的事情没干成，反倒惹来麻烦，有得不偿失的意思。

打场盖屋，邻帮相助

【释义】 打场盖屋在乡村都是力气活，工期也紧，这就需要众人齐心协力来完成。因此，乡间历来有在邻居家做这样大事的时候互帮互助的传统。形容睦邻友好，人家需要帮助的时候你帮了人家，你需要帮忙的时候人家也会帮你，形成一个良性循环。

打倒的媳妇揉倒的面

【释义】 旧时代，尤其在夫权社会背景下，丈夫打妻子曾经是合法合理的社会现象。在有些男人看来，打老婆是天经地义的，打服了才能顺从听话。打老婆的理由万千，如过去的女性不参与社会工作，有些丈夫认为家务活就该是女人干的，妻子就是要家务活全包，自己即使什么事情没有也不干家务，妻子一时闲下来或做不好就是“懒”，就会遭到拳打脚踢。这里的“懒”字尤其值得思考，懒的标准是什么全在丈夫，他说懒就是懒。在这些打老婆的男人看来，女人不打就不会勤快，完全将女人当作奴役的对象。以至于有俗话说“打倒的媳妇揉倒的面”“娶来的媳妇买来的马，任我骑来任我打”，这些俗语说明了过去夫妻间关系的不平等，也可见过去年代家庭中男女地位的差异。

打的是犟嘴的，灌的是会水的

【释义】 一般来说，别人说你两句，不犟嘴不会惹怒别人而挨打；不会游泳的人不敢到水里去，自然不会被淹。形容人骄横自负，自以为是，最终会招来祸患。

打谷上囤儿，养儿送坟儿

【释义】 用比兴的手法，意思是种谷是为了打粮装囤，解决吃饭问题；养儿子是为了父母老了以后有人养老送终，目的性很强。这是民间很朴素的思维方式。

打锅接着锅，打盆接着盆

【释义】 意思是无论出现什么问题都要直面问题、从容面对。有“兵来将挡，水来土掩”之意；也有为哪个问题发生了矛盾，就争论解决哪个问题，不要涉及其他事情的意思。

打虎亲兄弟，上阵父子兵

【释义】 父子、兄弟都是至亲之人，打虎与上战场杀敌都是需要鼎力团结和面对死亡，至亲之人最能协力同心、共同对敌。常用来说在关键时刻或危急关头，还是自己人可靠，血脉亲情能凝聚成义无反顾、无坚不摧的勇气和力量。

打了刺手上了

【释义】 惹上了麻烦。形容惹了不该招惹的人，往往会被缠住不好脱身。

打了一冬柴，煮锅腊八粥

【释义】 打了一个冬天的柴火，结果只煮了一锅粥就烧完了。形容费时费力但结果不如人意，徒劳无功。

打人不打脸，揭人不揭短

【释义】 脸是尊严，人人都有，不打脸就是尊重对方的人格；人人都有做错事的时候，不能老盯住错处不放，这是起码的宽容。

打人一拳，要防人一脚

【释义】打人一拳，还要防备人家有可能还你一脚。本义是武打过招中应该注意的问题，形容做事情要考虑清楚后果，有备无患。

打死人偿命，熊死人不偿命

【释义】打死人那就犯了国法，自然要偿命。在方言里，“熊”是“骗”的意思，指的是用心机让对方上当受骗，也就是所谓的软刀子杀人，是那些阴险狡诈之徒惯用的阴谋诡计。

打铁看不出火候来

【释义】打铁需趁热，加热到一定的程度必须马上定型淬火。做任何事情都会有一个节骨眼，抓住这个时机，事情最易成功。人们用这句话来形容在关键时刻不知道做什么的人。

打铁先得自身硬

【释义】打铁是苦活、累活，是力气活，因此不仅需要能吃苦不怕累，还得身体健壮。形容无论做什么都需自己有真本事，也用来形容作为团队的领导需以身作则，率先垂范，才能服众，才能有影响力、带动力。

打一巴掌，再给个甜枣吃

【释义】损害了你的某种利益后，又反过来给你一些好处，来博得你的谅解。这是一种管理方式，也是一种教育手段。实际上，打一个巴掌所带来的痛，不是一个甜枣所能补偿的，说白了就是“软硬兼施”，从根本上讲还是一种惩罚的策略。

打一棍子挪一挪

【释义】打一下动一动。一是形容有的人懒，不思进取，有人逼着才做一点；二是形容生活条件太艰苦，暂时先这样凑合着过，走一步说一步。

打一石（dàn），揽八斗

【释义】“石”“斗”，我国古代的计量单位，一石为十斗。过去生产队把庄稼收拾完了后，就会组织社员到地里复收花生、地瓜、玉米等，称为“揽”。意思是庄稼如果能收一石，复收就占了八斗。强调复收的重要，体现人们爱惜粮食，颗粒归仓的美德。

打鱼祷告海龙王，遇险盼望海娘娘

【释义】海娘娘，指海神娘娘，即妈祖。过去，胶东沿海每个渔村几乎都有龙王庙，一些重要通港、码头和船只必经之地还建有妈祖庙，如长岛的庙岛有著名的妈祖庙——显应宫。龙王和海神娘娘是渔民心中虔诚的信仰对象。这句俗语的意思是海龙王能保佑渔民鱼虾满仓，海神娘娘能护佑渔民和航海的人平安归来。所以渔民和航海的人在出海前都会到龙王庙或妈祖庙去祭祀，求得神灵的护佑，这是渔民朴素的民俗信仰。

打着灯笼没场儿找

【释义】打着灯笼也找不到的意思。打着灯笼按说应该看得真切却找不到，比喻很难得，不容易得到。一般用来夸赞某人好到极致。

打着骡子马惊

【释义】鞭打骡子，旁边的马会受惊。意思是做了同样错事的人，虽然说的是别人没有说到自己，自己也会觉得心惊。

打肿脸充胖子

【释义】脸被打肿了却说是胖的。形容本来做不到的事情，但出于虚荣心，宁可付出代价，也勉强做下去，硬撑体面。义同“死要面子活受罪”。

大处不见小处见

【释义】不看大的去盯着小的。意思是有的人就爱占小便宜，最后适得其反，失去了大的利益。形容人小气，没有大气魄大格局，成不了大气候。

大的挑水沟，小的水沟流

【释义】 意思是大的挑了水沟，小的水沟里就有水流淌。多用来比喻对父母孝敬，兄弟姐妹中，老大带个好头，后面的弟弟妹妹就会仿效。形容榜样力量的重要性。

大风刮了鸦鹊窝，财宝去了人安乐

【释义】 钱财多了也会有烦恼，怕偷怕抢怕人惦记，这里用起兴的手法来说假如钱财丢失了也不必难过，那些因财富而引起的麻烦，自然也就会烟消云散。不用担惊受怕患得患失，人就会轻松快乐，有破财免灾的意思。

大缸洒油，满地拣芝麻

【释义】 榨出一缸油要用很多芝麻，现在油洒了不珍惜，却去捡拾掉在地上的芝麻粒，用这种悬殊的反差来形容眼前正发生紧急的事情，当事人置之不理，却用心于一些小事情。用来说有的人分不清主次，大处浪费，小处节省。义同“丢了西瓜拣芝麻”。

大高个门前站，不奏营生也好看

【释义】 奏营生，指干活。意思是身材高大的人，不干活大家也不会嫌弃。一般是任劳任怨干得多的人用来自嘲，也讽刺有的人凭长相身段惹人喜欢，不用干活就能得到上司的青睐。

大闺女攒芋头

【释义】 芋头比地瓜好吃，但芋头没有地瓜产量高，而且芋头对于土质和浇水的条件要求比地瓜高，因此芋头的种植面积一般不大，山区土地从前主要用来种地瓜。如此，地瓜成了常食，芋头则成了粗粮中的细粮，在家庭中是老人和婴儿的吃食。年轻的媳妇，生育以后，必须积攒一些芋头，作为孩子的食物。“大闺女攒芋头”带有乡下人的幽默感。大闺女还没嫁人，离用芋头喂孩子的事还远，不必这样早早下手。这句话用来讽刺那些为没有影的事作准备的人。遇有这种人，不便深责他，就带笑对他说：“大闺女攒芋头，你也操心太早了。”

大旱三年，忘不了六月十三

【释义】 意思是天再怎么干旱，六月十三前后也会下雨。这句话与龙王信仰有关。六月份原本是多雨的时节，俗信中，龙是掌管行云布雨的，六月十三这天民间传说是“井龙王”诞辰，因此应该下雨；也有传说六月十三是“秃尾巴老李”从东北回山东老家给母亲上坟的日子，所经之处也会降雨。民间有“六月无雨望十三，十三无雨一冬干”的俗话，也有地方说是五月十三。

大家利，大家害

【释义】 意思是大家的利害得失都是一致的。有好处就共同有好处，有害处就都有害处，没有什么区别。一般在共同的损失面前，安慰别人或互相安慰，以求心理平衡。

大门不出，二门不入

【释义】 一套坐北朝南的四合院，由南屋、北屋、东厢、西厢组成。南屋临街，三间半，最东的半间，向街修大门，名为“街门”“大门”，入门为过道，迎面在东厢山墙上作照壁。连接东厢与西厢有一道院墙，分隔前院与正院，中间作垂花门，是为二门，如此，由前院看不见正院里的内情。所谓“大门不出”是指宅内的成年女子，不可以随便出大门，到街上去抛头露面；所谓“二门不入”是说外来的男性客人，除至亲之外，不得进入二门，以避男女之嫌。有男性亲朋来访，一律请到客屋落座，由男主人陪伴交谈，留饭在客屋内摆席，留宿则安排在书房内。

大米干饭喂狼狗，临走汪汪咬两口

【释义】 胶东的大米饭被认为是上等的饭食，用大米饭招待为厚待对方。狼狗，这里借代恶人。有一类人本性即恶，不知好歹，怎样对他好也感化不了。这话用来形容自己恩惠于人，对方不仅不知感恩，走的时候还要咬两口，比喻好心错付，帮助了不该帮的人。

大米干饭养出贼来了

【释义】胶东民间饮食中，米饭有数种：稻米做的饭叫大米饭，或者叫大米干饭，是上等的饭食；小米做成的饭，叫小米干饭，是普通人家的好饭，也是常食，是曾经小康之家的日常主食。还有一种二米饭，是两种以上的米合在一起共蒸的饭，是调剂生活的巧作，很好吃，但地位仍在大米饭之下。一般的贫苦之家，就只能以粗劣的穇子米饭当家。到现在，胶东一些地方大年三十中午一定要吃大米干饭。“大米干饭养出贼来了”，是说用最好的食物来待人，却被对方背叛或恩将仇报，用来责备人以怨报德。

大庙供神，小庙供鬼

【释义】人们认为大庙小庙所祀神灵也有高下大小之别。有人能力大、本领高，人们就会说庙小盛不下你这尊大神；而某人胆子太小，不能成大事，人们就会说他“你就是小庙的鬼”。

大手来大手去

【释义】民间重礼尚往来，要“随份子”，也要“赶人情”。亲朋之间你赶我多少人情，我必定会还回去多少。形容在邻居或亲戚的交往中，你大方我也大方，你小气我也小气。也形容有的人对待亲朋出手非常大方，有花钱大手大脚的意思。

大树底下好乘凉

【释义】夏日里坐在大树下，不仅能够躲避烈日，而且会觉得有丝丝凉气由地下冒出，使人觉得如沐清泉。形容某人寻得了靠山，得意非凡，甚至还要把这投身的门径传示他人。

大雁不过九月九，小燕不过三月三

【释义】胶东地方，每年到了阴历九月初九前后，就会有大雁来越冬；每年清明，也就是农历三月三前后，小燕子就飞回来筑巢繁育后代。这句俗语说的是这两种候鸟的习性，也是胶东一带秋去冬来、冬去春来的标志，其中也不乏时光流逝的感慨。

单日子不请客，双日子吃人家的

【释义】 日子只有单双两种，单日子不请客，双日子吃人家的，就不可能有自己请别人客的时间。讽刺只占人便宜，自己一毛不拔的人。

单丝不成线，独木不成林

【释义】 单线易断，所以线都是两股或几股合在一起用；一棵树再大也成不了森林。比喻个人力量有限，只有依靠集体的力量，才能干成大事业。形容团结的重要。

当家才知柴米贵，养儿才知父母恩

【释义】 意思是自己不亲自当家，就不知道操持一家的生活多么不容易；自己不亲自生儿育女，就不能体会到父母恩情的深厚。多用来教育生活上不知道节省和不听父母管教的人。也说“不当家不知柴米贵，不养儿不知父母恩”。

当家三年狗也嫌

【释义】 当家必定要管事，也少不了多些唠叨，因为立场不同，被管的人心里会有不满。形容一个人如果当家久了，免不了会与家庭成员有矛盾。“狗嫌弃”是夸张的说法，常用来自嘲，说自己辛苦持家，却惹得大家不高兴。

当了婆婆就会挽纂

【释义】 纂，发髻。过去，女人做了婆婆之后的发型一般是在脑后挽一个发髻。意思是到了特定的时候坐在特定的位置上，本来不会做或者不擅长的事情也能做了，关键是看是什么身份。义同“在其位谋其政。”

当了一辈子驴经纪，不知道驴肚子里什么病

【释义】 过去，集市上专门有买卖牲口的骡马市。牲口买卖的过程中，买卖双方不直接谈价格，而是通过中间商，这个中间商叫经纪人，买卖驴的就叫“驴经纪”。他们在长期的实践中形成了特有的行业用语及行业技能，谈价钱的时候，通过与买卖双方袖口对袖口，靠手指头在里边相

互摸捏讲价。虽然他们精通骡马经，可以通过看牲口的长相、形态和牙口，就知道牲口的大致年龄、身价。但这些也仅限于表面上，驴的内脏里有什么毛病是看不到的，因此也会出现买主买回家后牲口出现问题的情况，于是就有了这句俗语。这话也常用来反问："当了一辈子驴经纪，不知道驴肚子里什么病？"用来说有人做某一行当时间久了却不精通，技术上不到家，含有嘲讽的意味。

当面鼓，对面锣

【释义】过去，两个戏班子为了抢生意，有时候会在同一时间、同一地点演出，称为"唱对台戏"，此时所有的人都格外卖力，用开场的锣鼓等伴奏为各自的戏班子增加气势，这便有了"当面鼓，对面锣"的说法。后来用来比喻面对面地商量、对质或争论。

当面教子，背后教妻

【释义】"养不教，父之过"，传统观念认为，父亲教育孩子是应当的，父亲在人前管教自己的儿子，体现家教严明；妻子是成年人，如果当着别人的面说教，会让她很没面子。

当面数钱不为薄

【释义】薄，这里是轻慢、看不起的意思。意思是碰到金钱交易的时候，要当面点数清楚，以防以后出现问题，伤害感情。生活中，尤其是亲朋好友之间，有人总觉得当面数钱不太好，好像不信任对方一样。但这恰恰是对双方负责，与是否礼貌并不冲突。因此，当面数钱已经成为一个不成文的规矩。

当庄不养当庄人

【释义】在自己村里，本家本当的人多，不是亲戚就是邻居，要碍于各种情面，要处理各种关系，干好干不好都有人说闲话，会有很多束缚。这句话的意思是人不能老围着家乡转。好男儿志在四方，要志存高远，走出家乡，到外面去闯荡。

刀快不怕脖子粗

【释义】 过去刽子手的刀锋利无比，行刑时都是一刀断头，再粗的脖子也一样。比喻只要本领高强，再强硬的对手也可以制服，再难办的事也可以办成。

刀子嘴豆腐心

【释义】 刀子锋利，豆腐糯软。形容某人嘴上说话夹枪带棒不饶人，但实际上心肠很软，经常是刚说完人家又去帮助人家。用两个比喻，从表到里，说某个人的心口不一，嘴上不饶人，心地却善良。多用作褒义。

倒了油瓶子不扶

【释义】 油无疑是金贵的，看到油瓶倒了都不扶的人，实在是懒到了极致。用来形容某人特别懒，多用来说有的人在家里什么事都不管。

倒驴不倒架

【释义】 除了打滚的那一刻，毛驴始终是站着的，站着干活，站着吃草，也站着休息。毛驴一旦倒地，十有八九就是它的末日，或因病，或因老，又或是老病交加，它倒下去，不久也就离开了这个世界。终日和毛驴打交道的老农最明白这一点，毛驴倒地，他便失去了这一份动产。唯其因为明白毛驴倒地的严重性，人们才创造出这样一个俗语，用来状写那些曾经显赫，已经失势，又不肯承认失势的事实的人，称他们为“倒驴不倒架”。也用来形容有些人非要撑住最后的体面，两者都有挖苦之意。

到哪河脱那脚

【释义】 交通不便的时候，遇到河流常需要涉水而过。不止有一定的危险性，若是秋冬季节，还寒冷难耐，但在决心已经下定之后，要上路的人会义无反顾地说：“管不那许多啦，到哪河脱那脚吧！”意思是赶路做事要紧，行程不能改变，该脱脚时且脱脚。引申为根据实际情况，即使碰到困难，也要沉着勇敢，灵活应对。

道三不着两

【释义】 意思是应该说“三”，实际上“两”也没说到。形容有些人说话不着边际，没有逻辑，给人不妥实、不靠谱的感觉。

得了便宜还卖乖

【释义】 一是说得了便宜自我炫耀；二是说已经得到了利益，还说自己吃了亏。形容有的人自私贪婪，不知满足。

得了金马驹儿还想它娘

【释义】 胶东不少地方都有金马山的传说，大意是说贪婪的人得到了小金马驹，还希望用金马驹引出母马。这句俗语用来形容人贪得无厌，在既得利益之上还想获得更大利益，尤其是那些不应该获得的利益。这样的人最后的结果当然也如传说中一样一无所获。

得势狸猫欢起虎，落地凤凰不如鸡

【释义】 猫与虎，凤凰与鸡，相差悬殊。用两组动物作对比，借以体现人生得意与失意时的巨大落差，也蕴含人情冷暖、世态炎凉的感慨。与“龙游浅水遭虾戏，虎落平阳被犬欺”同义。

得了相宜哈哈笑，吃了亏夹猫尿

【释义】 得了相宜，得了好处；夹猫尿，指流眼泪。意思是得了好处就高兴，吃了亏就不乐意。形容一类人不能正确处理得失，只能得便宜，不能吃亏。人应该有一颗平常心，不可能好处都是你的。

得一碗水就行船

【释义】 一碗水肯定开不了船，这句话用来形容有的人不看客观条件是否许可，在条件不成熟的情况下就开始行动。也有“得意忘形”的意思。

得罪了臊水狼子，养活不住小鸡儿

【释义】 臊水狼子，胶东地方对黄鼠狼的俗称。意思是得罪了黄鼠狼，自家的鸡就会遭殃。黄鼠狼爱偷鸡，因此民间将其作为“黄仙”敬奉。形容不要轻易得罪一些会给自己带来祸患的人。

灯待死必亮亮，人待死必旺旺

【释义】油灯即将油尽要灭的时候灯头会跳一下子，显得比先前亮；人要离世前会有短时间的状态好转，即回光返照。形容事物或人临到尽头会做奋力一搏。

灯里无油颤颤昏，手里无钱难为人

【释义】油灯的油在即将耗尽的时候，灯光变得微弱且不稳定；手里没有钱做任何事情都会作难。用比兴的手法来形容贫寒的艰难。

灯影里看媳妇儿

【释义】从前，胶东有看新媳妇的习俗，也叫“望媳妇”，就是有几个时间点可以“围观”新媳妇，其一就是新婚之日“闹洞房”。过去点蜡烛或油灯，光线暗，若不凑到近前看，脸上的雀斑或麻子之类的小缺陷和小瑕疵就会看不清。看新媳妇又不可能近看，只能远望，这就有了一种朦胧美，加上人们的臆想，就常常会形成错觉。如此，人们看到的着红袄红裤的新媳妇，自然会多了几分美。而日后再看到这位新媳妇，常会有人会心生疑惑，觉得不如那天晚上看到的新媳妇美，于是便有了这句“灯影里看媳妇儿”的俗语。这话用到生活中，就成为不真实或不切实际的另一种说法，如果你的感觉或表述与事实或真相不符，人们就会说你那是“灯影里看媳妇儿”。这句话也常说成是“灯影窠儿里看媳妇儿”“月门窠儿里（月亮地儿里）看媳妇儿”。也有的人还会加上半句解释：“灯影里看媳妇儿，越看越喜欢”“灯影里看媳妇儿，越看越俊”等。

蹬着鼻子上脸

【释义】鼻子原就长在脸上，踩着鼻子上脸，极言其嚣张程度。形容有些人不知分寸，得寸进尺。

等到碾台发了芽

【释义】碾台为石制，石头发芽是不可能的，用来形容没有希望的等待。指某种期待遥遥无期，甚至不可能实现。义同“等到猴年马月”。

等了一粒青，落了十粒黄

【释义】 等到大田里没成熟的一粒青小麦黄了再去收割，结果先熟的十粒已经落地了。所谓“麦熟一晌”，麦子熟得非常快，眼看着还有些青的麦子可能只过一天就成熟了，因而麦子不能等到全黄了再收割，因为熟大了收割的时候麦粒会有脱落，造成减产，所以麦收一定要抓紧时机，八成熟就可以开镰。形容做事情一定要抓住时机，否则会得不偿失。

低头不见抬头见

【释义】 意思是低头见不到，抬头就能见到，比喻两个人会经常碰面。常用来劝说为人处世要留有余地，不要太计较得失，否则时常见面容易彼此尴尬。

地堰开个口，跑了粮一斗

【释义】 地堰比耕地高，对水土起到保护作用，如果地堰开了口，就会造成水土流失，导致土地减产。用来比喻做事情要谨慎，不能有丝毫漏洞，才能保证万无一失。

地堰抬抬头，吃穿不用愁

【释义】 人车行走碾压，加上风雨剥蚀，地堰时常会有损坏，因此要将地堰略微垒高一点，这样才能保护好耕地和粮食。这是民间农业生产的经验之谈，用在其他方面也可借鉴：做好维护，防患未然。

钓鱼得个味饵儿，种地得个粪儿

【释义】 钓鱼，首要的是好的味饵，要活，要鲜，要亮，而且，钓什么鱼，用什么味饵不可错乱，就是挂味饵，也有不同的方法，一切对头，这才谈得上海上的丰收；在岸上种地，先得备足了肥料，俗话说“种地不上粪，净是瞎胡混”，为了多上粪，积肥的路子越开越广：猪圈里积成的叫圈肥，夏季里割青草沤出的叫绿肥，拆旧墙旧屋土为肥叫土杂肥，用臭鱼烂虾沤肥则名为腥肥，此外还有炕洞土坯肥、羊圈肥、河泥湾泥种种。某种肥适合某种庄稼，也都是用之有术的。意思是做什么事都需有一定的条件。

掉个树叶也怕打破头

【释义】 树叶很轻，不会打破了头，有些人却为此事担心。这句俗语有两种意思：一是指某人过于胆小怕事，就怕惹事上身；二是指某人把自己或自家人看得太金贵。

爹矬矬一个，娘矬矬一窝

【释义】 矬，指矮。如果父亲矮，孩子们不会都矮；如果母亲矮，孩子的个子都不会高。意思是母亲对孩子的基因影响比较大。生活中确有这种现象，但也不尽然，孩子个子的高矮有多种原因，遗传因素只是其一。

爹有娘有不如自己有，老婆汉子有还得张张口

【释义】 意思是谁有都不如自己有，不用求任何人。父母、夫妻都是至亲的人，可再亲近的人开口相求也有个面子的问题。形容不管何时都要自立自强，不依赖别人才能赢得尊重。

钉是钉，铆是铆

【释义】 钉通常是圆锥形，有尖头；铆是铆接用的钉形物件，一端有帽，无尖头。意思是钉和铆不同，不能混淆错乱。形容做事认真，一丝不苟。

豆黄麦黄，虎口夺粮

【释义】 指豆子和麦子稍黄还带点青色就可以收割，等到全黄之后就熟大了，果实容易脱落，造成减产。如果再遇上冰雹可能颗粒无收；遇上连阴雨天气，麦子就会生芽发霉，更是雪上加霜。这句话形容豆子和麦子即将成熟时给人们留下的收获时间很短，人要和时间、天气赛跑，就如同从老虎嘴里夺粮一样凶险。

丢了东西乱数人

【释义】 意思是丢了东西就会乱想，猜测是这个人还是那个人拿了自

己的东西。形容不能随意怀疑别人，得有证据而不是靠主观臆断。

丢下叉子捞扫帚

【释义】 叉子、扫帚都是打场晒粮的农具。过去生产队打麦场时非常忙碌，如果人有眼力见儿，就会放下这个工具又拿起另一件工具，意思是干完这样活又干那样活。指某个人很有眼色、会干活；也指人勤快能干。同义的俗语还有“丢下扫帚拾起耙”。

东扯葫芦西扯瓢

【释义】 葫芦剖开为瓢，两者实质差不多。“东扯”“西扯”指瞎聊、侃大山。形容某人不靠谱，扯的都是没用的。有时也形容对某个人反感：“你别听他东扯葫芦西扯瓢的。”

东山太阳西山落，早晚得从门前过

【释义】 太阳东升西落，光辉洒遍大地。意思是阳光总有照到自己的时候，只是时间早晚罢了。表示做事情不放弃理想，充满希望地坚持努力。

东西越捎越少，话越捎越多

【释义】 在交通不便的年代，路上会出现各种不可预料的情况，行程可能比原计划的时间变长。因此，如果替别人捎东西，可能会有遗失或因损坏而丢弃的情况；而如果是带口信，随着时间的推移，不可能准确传达原意，就需加上自己的一些话加以陈述。这句俗语形容事物充满了变数，最后的结果往往与最初的样子出入较大。后一句多形容某些妇女爱嚼舌、传瞎话等。

冬至大如年

【释义】 冬至是二十四节气中最早订出的一个节气，早在春秋时代，我国已用土圭观测太阳测定出了冬至。殷周时期，规定冬至前一天为岁终之日，冬至节相当于春节。后来实施夏历，但冬至一直排在 24 个节气的首位，所以古时候对冬至节十分重视。《汉书》中说：“冬至阳气起，君道长，故贺。”人们认为，过了冬至，白昼一天比一天长，阳气回升，是一个节气循环的开始，是个吉日，应该庆贺，即为“贺冬”，因此，自汉代以来都举行庆贺仪式，节日三天，百官朝贺，君不听政，民间三日歇市，学生放假。民间常说的“冬至大如年”出自《清嘉录》，所以旧时又称冬至为亚岁、小年，同春节差不多，也是团圆节，只是没有拜年这一环节。

肚子痛埋怨灶神

【释义】在民间信奉的神灵里，灶王爷最是分身有术，他驻扎在每一户人家里，与每一户人家同住一个屋檐下，负责管理各家的灶火，被作为一家之主来供奉。肚子疼有各种原因，不全是因为吃饭而导致，更不能因为用锅灶做饭就埋怨灶神。生活中，有的人总会因为自己的问题去找别人的毛病，哪怕是毫不相干。

断道的遇着了打杠子的

【释义】“断道的”和“打杠子的”都是指拦路抢劫。用来比喻同行遇到同行了，或是自己从别人手里弄到的东西又被另外的人弄去了。

多个朋友多条路，多个冤家多堵墙

【释义】有道是“朋友多了路好走”，朋友多了路路通，对头多了处处堵。意思是朋友越多越容易成事，对头越多越难以行动。多用来劝诫人们要与人为善。

多年的小渠流成河，多年的媳妇熬成婆

【释义】“多年”是指女人从做媳妇到做婆婆的过程之长，一个“熬”字表现出做媳妇的艰难，因难方觉时日漫长。这句俗语还被说成是“多年的大路变成河，多年的媳妇熬成婆”。无论是“多年的小渠”，还是“多年的大路”，说的都是角色转换之后的定位问题。作为起兴，都表达出一种沧桑巨变，做了婆婆的那种翻身解放、扬眉吐气的情态毕现。人们有时候也用这句俗语来说单位里上下级的关系，在上司面前，有些人原来如同低眉顺眼、唯唯诺诺的小媳妇，一旦升了职，地位变了，就会对原来跟他一样的员工发号施令。所谓万物同理，这种转变，可真同过去的“媳妇熬成

婆”有些相像了。

多贪一口食，跌了四两膘

【释义】 跌，掉的意思。口腹之欲总是令人难以抵挡，遇到美食，不自觉就想多享受一些美味。有时候多贪吃一口，就可能会形成积食，俗称“吃伤食了”，导致消化不良，上吐下泻，不仅没长胖，反而掉了秤。形容人不要贪婪，得有可能就是失。

躲过初一，躲不过十五

【释义】 常言道“活好干，账难要”“借钱容易要钱难”，过年前是要账的高峰期，能一直要到大年三十欠账人家门口放上拦门棍之前。要账的说自己过不去年了，欠账的说缓一缓，过了年再还。什么时候算过完年呢？虽说胶东地方初二晚上或初三早上就“送年”，但一般意义上理解，过完正月十五才算是真正过完年，有俗语说“年也跑了，十五也了（liao）了”。大年初一是新年第一天，自然没有人会堵着家门要账，初一是躲过去了；可是等到正月十五过完年，该来的还是会来。形容该承担的责任，不管拖到什么时候，总得面对解决，积极应对才是上策。义同“躲得了一时，躲不了一世”。

E

儿不孝，子孙报

【释义】 意思是儿子不孝顺父母，将来就会报应到自己身上，自己的儿孙辈也不会孝顺自己。父母是儿女最好的老师，其一言一行都会潜移默化影响儿女。一家人和和睦睦、互敬互爱，就会上行下效，让儿女把孝敬长辈作为天经地义的生活常态。反过来，如果父母辈不能尽到赡养老人的责任，甚至做出违反伦理道德的荒唐事，儿女们耳濡目染，也会受这种作风影响。

儿郎的江山，闺女的饭店

【释义】 父母的家业是儿子的，跟女儿无关，闺女回娘家父母会热情款待，但也不能长时间居住。意思是嫁出去的女儿再回来就是客，虽说是回父母家，但性质已变。如果是姐姐的话，弟弟没有成家的时候还行，如果哥哥或弟弟成了家，就不应常回去，更不能长住。时间长了，勺子也会碰锅沿，加之民间有出嫁的女儿在娘家长住会影响兄弟的日子的忌讳，嫂子和弟媳自然更不情愿大姑子、小姑子回娘家来住。虽说儿子和女儿有共同的权利和义务，但民间约定俗成的就是父母的遗产只能由儿子继承，正因为有这样的观念，有的老人，儿子对他再不好，女儿再孝顺，他仍然会偏爱儿子。

儿子疼小的，媳妇疼巧的

【释义】 意思是父母疼爱最小的儿子，公婆喜欢心灵手巧的媳妇。相比已经长大的子女而言，最小的孩子自理能力差，父母照顾得多一些也是人之常情，尤其在一些老来得子的父母身上，体现得更为明显。而一个女人在家庭中的重要性不言而喻，各种家务、女红都要能拿得起，这样的媳妇能相夫教子、打理家庭的一切，她们在家族里、在妯娌们中间，自然威望和地位也高，也是老人们心中好媳妇的楷模，比起那些笨手笨脚的媳妇自然会得到公婆的青睐。因此在我国民间故事中有一个著名的故事类型就是“巧媳妇故事”。这句俗语也用来形容其他的人际关系，一般是没有得到重视的一方发泄自己情绪时所说，也带有技不如人的自嘲。

耳朵不离割腮

【释义】 鱼头的两侧，被看成鱼的脸面，当中的地方，自然就是鱼的脸腮了。可是鱼的脸腮与人不同，两边各有一个开口，像是腮被切开一样，便被称为“割腮”，亦叫作“割刺”“割茬”。鱼有听力，却不见它的外耳，耳在何处呢？有人就泛指道，反正就在“割腮”周边吧。这就有了“耳朵不离割腮”这个俗语。生活中用这句话形容两个人形影不离的情形，语气间又带些不屑的味道，多少有些“关系暧昧”的意思，为强调这样的语意，又把这句话颠来倒去组合成“耳朵不离割腮，割腮不离耳朵”的式样。也叫“脖子不离割腮”。

二八月乱穿衣

【释义】 阴历二月是冬季到春季过渡的时间，八月是夏季到秋季过渡的时间。在季节转换的月份，人们穿各个季节衣服的都有。意思是冷暖自知，各取所需，不必千篇一律。

二月清明花在前，三月清明花在后

【释义】清明是二十四节气之一，节期在阳历的4月5日前后，但阴历则不固定。人们大多只知道杏花在清明时节开，而有经验的乡人却能根据节气的早晚观察总结出准确的花开时分。胶东民间认为，清明若在阴历的二月份，杏花就开得早，在清明之前开；如果清明是在阴历的三月份，杏花就会开得晚，在清明之后开。仔细留意下胶东地区的杏花开花时间，果真如此，当然不排除一些小地形小气候形成的特殊现象。与这句俗语同样意思的还有“三月清明花不开，二月清明花满街”“二月寒食花在前，三月清明花不开”等说法。

F

发付不尽的闺女，办不尽的年

【释义】发付，指打发闺女出嫁。意思是给闺女办嫁妆和过年前忙年一样，没有准备完的时候，总感觉没有准备好，不是少了这样就是少了那样。直到闺女上了轿，年来到了，这才结束，不是准备完了而是时间到了。形容事情永远没有忙完的时候。

犯风的锅子，当不了燎烟的气

【释义】胶东农村的锅灶，直接通往火炕。由于烟道比较长，经常出现不好烧而倒烟的现象，这种倒烟的情况有时与风向有一定关系，所以称为“犯风”。烟抽不出去就会从灶口倒灌回来，搞得满厨房都是。这句话的意思是如果烟道设计不合理，总也免不了会倒烟。形容只要不根治，问题永远得不到解决。也用来比喻人的性格，如有的人天生性格急躁，就会不时显现出来。

贩猪猪贱，贩羊羊贱

【释义】一指有的人能力和水平太差，做什么事情都做不好；二指有的人运气不好，不管做什么事情总是不顺利。同义的俗语还有“贩猪猪贵，贩羊羊贵”。

方儿是真的，药是假的

【释义】开的药方子是真的，给的药是假的。比喻说的是真话，做的是假事。形容有的人善于用甜言蜜语欺骗人，让人感觉真实而信任他，可就是不见行动，所有的承诺都是一纸空文。

房怕不稳，人怕忘本

【释义】房屋不稳固就会倒塌，人忘本就可能失去本性和初心，做出一些违背道德和准则的事情。形容为人要有良心，不能忘本。

放长线钓大鱼

【释义】这句话来自渔民的钓鱼经。用在生活中有两种含义，一是说不可急功近利，要有长远眼光，以获取更多收益；二是在自己利益受到了侵犯时，不急于报复，而是放出宽限的时间，故意放纵麻痹对方，寻找合适的时机出击，给对方最大的打击。

丰年要当歉年过，碰到歉年不挨饿

【释义】丰、歉，指粮食丰收或歉收。意思是丰收的年份也得节约粮食，这样每年就都会有余粮，即使赶上歉收的年份也不至于没有饭吃。形容人要有打算，要勤俭不要浪费。

逢庙就上供，见寺就烧香

【释义】民间俗信中，不同的神灵各有所管辖的领域，如求雨拜龙王、求子拜送子娘娘、海上平安求妈祖等。这句俗语一是说底层百姓做事艰难，常常要低声下气地四处求告；二是说有的人乱拜神，不看对象，拜而无用。

逢人只说三分话，不可全抛一片心

【释义】与他人说话时，要留有余地，不要把心里想的全部说出来。

因为“说者无意，听者有心”，防人之心不可无，尤其是对于陌生人，要有所警惕，不能把自己的底细完全暴露给别人，以免惹来祸端。

佛靠金装，人靠衣裳

【释义】佛像塑完后镀金或贴金，显得更加神圣庄严；人穿上高档讲究的衣服就显得高贵。形容外形包装对佛或人都很重要，强调形式所起到的作用不可小觑。义同“人是衣裳马是鞍”。

夫妻反目，狠如狼虎

【释义】所谓“至亲至疏夫妻”，夫妻本是最亲近的人，即便发生矛盾，不到万不得已，彼此都会做出相应的让步。可一旦婚姻走到了尽头，就会由爱生恨，以至于反目成仇。形容最亲的人失去理智会让人变得疯狂、狠如狼虎。

夫妻上了炕，媒人靠南墙

【释义】早年间，婚姻都遵循着“父母之命，媒妁之言”的祖训，媒人在其中充当着重要角色，负责牵线搭桥、主持看家认亲、协调双方礼仪等。等婚礼结束，就要给媒人相应的答谢礼。同时也意味着，这件事从此与媒人没有任何瓜葛了。

夫妻是缘，儿女是债

【释义】“千里姻缘一线牵”，两个素不相识的人结伴终生、白头偕老，可谓是千年修得的缘分；养育子女，一生牵挂，付出无数，说是还债也恰如其分。

父子不同席

【释义】胶东酒宴排位次有不少规矩，其中有一条是“父子不同席”，现在一般理解为父子俩不能安排在一张酒席桌上。“父子不同席”也说“父子不并肩”，即父子不能平起平坐，这源于儒家的伦理文化。这话出自《礼记·曲礼》：“姑、姊妹、女子已嫁而反，兄弟弗与同席而坐，弗与同器而食。父子不同席。”古时候人们用餐时席地而坐，叫坐席，席又别称筵，又有“筵席”之称。我们今天待客礼仪中所说的“坐席”“筵席”是沿用了古人席地就餐的说法。因此，此“席”非彼“席”，古时的“父子不同席”指的是日常在家里，父子不能坐在一起吃饭。

富养闺女穷养儿

【释义】 意思是对女儿要娇宠，使其从小就养成富贵的气质；而对儿子就要严格一点，要让他多吃点苦，早早懂得成家立业的难处。

G

该死的遇着了黄花菜

【释义】 鲜黄花菜中含有一种“秋水仙碱”的物质，食用后可在体内氧化为“二秋水仙碱”，具有较大的毒性。处理不好或者吃得过多，容易造成急性中毒。这句话的意思是原本就要死的人偏偏又吃了黄花菜。比喻倒霉的人正好遇上了倒霉的事。

赶流水客

【释义】 胶东是鲁菜发源地之一，宴席讲究，席制上有四一六席、四二八席、四四席、四六席、十大碗席等种种名目。过去，还有一种席制，一拨人吃完，另一拨人再来，如此轮流坐席，形如流水，因名“流水席”。流水席不是任何时候都有，逢红白喜事等才会办流水席。流水客不用排席位，因为流水客大都是跟主家没有关系的人，有一些人是来帮忙，而有一些人就是白吃。因此，“流水客”就泛指与自己不相干的交往。人际交往一般讲究礼尚往来，生活中，有把东西随便送人或很大方对待跟自家关系不大的人，人们就会说：“都赶了流水客了。”“赶”是“赶人情”的意思，言外之意是与流水客不必有人情往来。因此，对不想有什么的回报的交往即称“赶流水客”。

赶着鸭子上架

【释义】 鸡能飞，可以在树上、架子上等高处栖息，可是鸭子不行。非要赶鸭子上架就是强人所难。

干插墙，贼不敢上

【释义】 干插墙没有石灰或水泥加固，就是散石头自然堆砌而成，承受力小，盗贼爬这样的墙，石块容易掉落，容易让自己受伤，或弄出声响而被捉。

干打雷不下雨

【释义】 气象上有时候会出现这种情况，耳听得雷声轰鸣，但轰隆一阵子之后却不见雨下来，或者掉几个雨点就结束。若正赶上天旱，这种气象最让人扫兴，给了人希望却又让人失望。用到生活中，一是有的人哭的时候干号，不掉眼泪；二是有些人誓言太多，只是嘴上功夫，光吆喝不实干，有欺骗的性质；三是有些人做事不认真，敷衍了事。

干活不由东，累死也无功

【释义】 佣工称雇主为东家。给东家干活，不按照东家的要求做，干得再辛苦再好也是做无用功。形容人做事要目的明确，不能盲干蛮干。也用来形容不遵照领导的意图干活办事，干得再多也没用。

干巧上不了花椒树

【释义】 花椒树没有巨株，枝杈上生满了利刺，所以摘花椒时只能借助凳梯，从旁小心作业，绝不能像摘别的水果或干果那样，爬上树去为所欲为。即使小心作业，摘花椒也难免被刺伤手。凡摘过花椒的人都知道花椒树是上不得的。世上有一种人好逞能，总是在人前自夸自吹，好像他无所不能，惹得人心烦时，便会对他说：“你能，你巧，你干巧上不了花椒树！”

干亲不亲，不是图钱就图人

【释义】 干亲即通常所说的干爹、干妈，相互之间没有血缘关系。在建立这种关系之初，要么是看对方人品不错，要么是看对方有钱有势，但大多是门户相当，相互之间可以有个帮衬。可无论怎么说，这是建立在利益基础上的松散结合。一旦某一方失势或败落了，关系自然也就解除了。

干屎抹不到人身上

【释义】 某件事一旦被人冤枉，就会说成是被泼了臭屎，要想洗刷干净（澄清是非）绝非易事。可有时候虽然受人诬陷，但事实很清楚地摆在那里，那些不实之词一下子就被揭穿了。这种情况下，就可理直气壮地用这句话回敬那些小人是枉费心机。

干遭好事屎在井里

【释义】 本义是只干了一次好事却是往井里撒屎。过去，胶东农村以吃井水为主，需要保持洁净，而某人却往井里撒屎，实在是坏到了无以复加的地步，形容有一种人天生性恶，一件好事不曾做过。

高不成低不就

【释义】 高者无力得到，低者又不屑迁就。多形容婚姻或求职上的两难境地。一指婚姻上，高贵人家攀不上，低下人家又看不中，结果贻误了最佳时机；二指事业上，大事干不成，小事不愿做，结果岁月蹉跎，一事无成。

高官骑瘦马，财主不扎裹

【释义】 瘦马，指不强壮的老马。扎裹，方言，有修饰打扮的意思。正常来说，官职高的人一般会骑体格健壮剽悍的骏马，有钱人的穿着应该光鲜亮丽。这里用这种反常态的现象来形容为人要低调，就像有些高官和有钱人，职位越高越富有却越朴素，反而是有些人原本实力达不到，但为了满足自己的虚荣心而硬要摆阔炫富。

高人不算数，多穿二尺布

【释义】 不算数，没有用。意思是人徒长个子，实际没有什么用处，只是做衣服时比别人多用布料而已。形容人的个子高矮与能力不成正比，或是高个子的人自嘲。

隔层肚皮隔层山，隔墙釜台不冒烟

【释义】 釜台，即烟囱。烟囱与锅灶相连接才能起到排烟作用，如果隔着一堵墙与锅灶不相通自然不会冒烟。前一句比喻继父（母）子关系，子女不是亲生的，感情上总有一些隔阂；后一句说人际关系，有些关系表面上看好像很亲密，但真正遇到事情，还是自家的亲人最靠得住，用来强调血缘亲情的重要性。与“隔层釜台隔层山，隔山的釜台不冒烟”同义。

隔山不算远，隔河不算近

【释义】 山高路遥，可以早作准备，早起程，起早赶晚，加快步伐，人能够主动，所以“隔山不算远”；而若隔了一条河在中间，抬眼看得见对岸，顺利时渡船一开，转瞬过得河去，比陆地坐车方便得多，但若无船或大水涨起，大风刮起，几天、十几天、几十天，再急的事情也没法过河，眼巴巴地没有一点儿办法，这就是“隔河不算近”了。

隔山望见蠓虫飞，出门叫牛绊倒了

【释义】 蠓虫，一种体形极小的小飞虫。蠓虫打眼前飞不注意的话可能都看不见，更不用说隔着山了；牛体格庞大，不可能看不到而让牛绊倒。运用夸张的手法，用生活中不可能出现的现象来比喻与事实相距甚远，形容不靠谱的人和事。

隔席不插言

【释义】 也叫“隔席不掺言”，即酒席上不去掺和别桌的谈话，敬酒可以，但不评头论足，不说三道四。无论红事白事，人们都希望祥和顺畅，不生事端，不节外生枝。所以请客排席位时平日有矛盾的人就需分排在不同的桌上，谁和谁能排在一起，谁和谁不能排在一起，要考虑周到，以防喝了酒情绪激动，惹出是非，本来是喜事反倒弄得大家不痛快。

个子再高，也有弯腰的时候

【释义】 谁都有遭难的时候，谁都有求人的时候，该低头的时候就低头，该弯腰的时候就弯腰。形容人需放低姿态，不能总是高高在上。

各花儿各红，各肉儿各痛

【释义】 各人都觉得自己养的花最美，各人都疼爱自己生的孩子。意思是同样的东西，人们还是觉得自己的好。前一句是比兴，主要说的是后一句，孩子是父母身上的肉，为人父母一般不舍得自己孩子受苦。形容父母偏爱自己孩子。

给吃不给吃，单看正月二十一

【释义】 胶东人以面食为主，因此小麦的收成是人们格外关心的。阴历正月二十一，民间认为是麦子生日，要吃面条。人们以这一天的晴阴来预卜当年麦子的收成好坏，体现了人们对五谷丰登的祈盼。

给你个棒槌你纫针了

【释义】 胶东的棒槌有两种，一是洗衣服捣衣用的棒槌，较为粗大；二是过去胶东妇女编织棒槌花边用的一种工具，长 10 厘米左右，粗 15 毫米左右。无论哪种棒槌都不能拿来纫针。纫针，谐音“认真”。这句话的意思是把人家随意说的话当真。也说“给个棒槌当针了”。

给人家提鞋都不稀用

【释义】 这里的“人家”往往有一个确指的对象，说两者不是一个级别，相差悬殊。可以是自嘲，自我贬低自己；也可以形容别人水平差，不被对方看在眼里。

给眼过生日

【释义】 喜欢的东西买不起，只能多看两眼。意思是只能看看来解馋。形容生活条件太差，无力购置拥有心仪的物品。

跟脚的鞋，没有扔的

【释义】 跟脚，即合脚。人们都爱穿合脚的鞋子，因为穿着自如舒适，而不合脚的鞋轻则走不了远路，重则会磨了脚，不如干脆扔掉。多用来比喻婚姻。

跟着龙能上天，跟着蛤蟆会跳湾

【释义】 民间俗信中，龙行在天，而蛤蟆则生活在水湾等处。两者一个在天一个在地，差别很大。这句话的意思是跟着什么样的人就会学做什么样的事。形容人要想有出息，就要跟本事大的人学。

耕地看拖拖，说媳妇看哥哥

【释义】说，娶。“拖拖”是犁上的一个部件，同犁铲头在一条直线上，犁地时，参照“拖拖”来把握方向及深浅等。“拖拖”走得直，犁头则不歪，“拖拖”走不直，犁头一定歪。过去女子不能随意出门，不易见到。这句话的意思就是说找媳妇不用看女方本人，看她的哥哥就能断定这个女子的品貌如何，哥哥一表人才，其妹妹不会失大格，以此来判断两家能不能搿亲联姻。

耕耕耧耧下地看

【释义】昔日为农，庄稼活种类很多，如扬粪、刨地、锄地、间苗、收割等一般的营生，虽亦有粗细之分，但是人人都能做得；若耕地、耧地、赶车、扬场等项，一村之中只有少数人能够胜任，其中做得出色的人，俗称“把式”，在乡间很受尊重。“把式”的耕和耧的技术，只有在田野里操作时才可以显现，自吹与炒作都不能代替真本事。“耕耕耧耧下地看”，大可供选贤用人者体味与参考。

公说公有理，婆说婆有理

【释义】指两个人各持己见，站在中间的人，听这边说，好似有理，听那边说，也好似有理，判断不了之际，就会说：“公说公有理，婆说婆有理。”为什么会这样？因为人都站在自己的立场上，只看到自己的好，别人的错。

狗不嫌家贫，儿不嫌母丑

【释义】母亲养育了子女，母亲再丑，在儿女心中是美的；主人把狗养大，主人再穷，狗仍会忠诚于他。多用于劝诫年轻人要有感恩之心，不能忘恩负义。

狗不咬拉屎的，官不打送礼的

【释义】狗爱吃屎，因此不会咬拉屎的人，用来比兴后一句。旧时官府断案，会动用刑具，一些贪财的当官者，在断案的时候会偏袒给自己送过礼的人。这句话形容送礼者为了自己获取利益而投其所好，正因为如此，才容易滋长腐败之风，应当杜绝。

狗肚子盛不了二两香油

【释义】 狗不能吃太多油，吃多了会拉稀。用来说有的人心里藏不住事情，知道一点事情就会说出去，含贬义。

狗改不了吃屎

【释义】 意思是本性难改，含贬义，用来说人恶习难改，不可救药。

狗食碟子猫食碗

【释义】 过去，养猫养狗都不像现在养宠物这般讲究，喂狗用一个陶盆，喂猫用一个粗瓷碗，喂过食物之后，也不及时洗刷干净，里外都是残渣糊沫，十分不雅观。把这种样子移到形容人的生活，讽刺这家餐具不整与不洁。

狗是忠臣，猫是奸臣

【释义】 过去，乡间人多养猫养狗，狗能看家护院，猫能捉鼠。在人们看来，狗最通人性，对主人也非常忠实，恋旧家旧主，即使用好的食物引诱也不会投靠新主人。而猫由于特别嘴馋，很容易被人喂走。于是人们就说："狗是忠臣，猫是奸臣。"

狗咬丑的，人敬有的

【释义】 有，指富有。用比兴的方法，形容一些人趋炎附势、巴结权贵的势利现象。

狗咬狗，一嘴毛

【释义】 狗打架，撕咬对方，最后双方都会咬一嘴毛。形容争斗的两方没有一个好的，也不会争出一个好的结果含贬义。

狗占八抔屎

【释义】吃屎是狗的本性，“八抔”在这里泛指多。形容某些人爱拔尖，什么事都喜欢贪多贪大，是他不是他的都占着，唯恐别人得了去。

狗子跳墙棘子稀，媳妇偷嘴肚子饥

【释义】因为棘子带刺，所以人们常会在矮墙上插棘子用于防范。意思是狗能跳进墙是因为棘子插得不够密实，用比兴手法引起下一句，媳妇偷吃东西是因为肚子饥饿，是生活困难年代的反映。形容任何事情的发生都有一定原因，这句俗语是生活的再现，也富含哲理。

雇不着好伙计当年穷，将不着好媳妇一世穷

【释义】今年没雇到好伙计，生意会受影响，明年可以重新再雇新伙计；可是娶不到好妻子，会影响一辈子，影响整个家庭乃至后代子孙。形容娶不到一个好妻子的结果太过糟糕。

瓜子不饱是颗心

【释义】心，这里指去皮后的瓜子仁儿。瓜子虽然不饱满，但也是颗心。取双关义，意思是能力条件有限，呈现于人的不多，却是一种心意。

刮风刨园，下雨打苫

【释义】苫，农村用稻草、麦草编成的盖东西的草帘子。刮风天刨菜园子，下雨天在家里打苫。意思是勤劳的农人即使刮风下雨的天气也不舍得休息，而是找一些能干的活计抓紧做。

挂羊头，卖狗肉

【释义】狗是人类的朋友，许多地方禁吃狗肉。但有人会偷偷吃，又不敢明着吃，换个名称，变个法儿，半明半暗地行事，于是才有了“挂羊头，卖狗肉”这种偷梁换柱的手段，有些地方还称狗肉为“地羊”。“挂羊头，卖狗肉”并非说狗肉不如羊肉，而是形容那些心口不一的人，说他们将好的一面展示于人，却在暗中售卖低劣的货色。

官不是钱打的，钱不是风刮的

【释义】 不是有钱就能当官，钱不是大风刮来的。意思是做官还需要有能力，而想有钱也要付出劳动和努力，谁都不能不劳而获。多用来劝谏那些不想出力就想有所收获的人。

官大一级压死人

【释义】 官员间只要高一个等级，就能压得下一级抬不起头。官大一级就拥有更高的地位和权力，下级处理问题不能越级越权，所谓“不在其位不谋其政”，体现了官场的等级森然。

光脚不怕穿鞋的

【释义】 光脚的，指生活贫寒无鞋可穿的人。过去日子艰难的时候，有些贫寒的人家根本买不起鞋穿，即使是冬天也只能光着脚。当身份、地位差距比较大的两者发生冲突时，有身份、地位的人有牵挂，瞻前顾后，不敢贸然行事；没有牵绊的人肯定要比有身份、地位的人要大胆一些、要蛮横一些。多用来比喻做事毫无顾忌。也用来形容一个人若身无分文，或是没有任何牵挂，就什么事都敢去做，因为他们原本就一无所有。

光勤不克俭，到老一把散

【释义】 意思是人若只知道勤劳而不知道节俭，到了老年，一生积攒的财富就会所剩无几、生活无着。主要用来劝诫人们既要勤劳致富又要俭省，尤其是年轻时不能无节制消费，如果奢侈浪费，即使有再多的财富也剩不下。

光着腚推磨，转着圈丢人

【释义】 石磨是过去家庭加工粮食的主要工具，推磨就是以磨芯为中心做相同半径循环转动，因而会形成一圈固定的磨道，推磨的人就一直在这个磨道上转圈。形容有的人到处丢人现眼，含讥讽意。

闺女大了外向，死了外葬

【释义】“嫁出去的女儿，泼出去的水”，民间观念认为，女儿出嫁后就是外姓人。出嫁后侍奉夫家，做什么都是向着自己的丈夫和孩子，所以说“外向”；出嫁后就“生是婆家人，死是婆家鬼”，死了也不能葬到娘家。总之，女儿出嫁后跟娘家就没有了关系。

闺女是娘的贴身小棉袄

【释义】与儿子相比，女儿生性温存、体贴、细心、善良，最懂父母的心思，与父母也就最贴心。再者，因为女儿出嫁后，不经常回家，回来的时候，会带上父母喜欢的礼品，和父母有说不完的贴心话，这种由距离产生的美，让母女关系倍加亲热，自然就成为贴心的小棉袄了。

锅漏漏干，船漏漏满

【释义】锅漏了，锅里的水就漏掉了；船漏了，水就会灌满船舱。同样是漏，但结果不同，因为所处的位置不同，于锅而言，水在锅里；于船而言，船在水上。这句俗语说的是两种物理状态，但蕴含哲理。

锅台后的汉子

【释义】胶东的炕与锅灶隔墙相连，连着锅台越过墙那端就是炕头。炕是老人、女人和孩子的场所，炕头是最暖和的地方，尤其为老人和孩子所专有。白天男人都在忙活，基本没有上炕的，更不用说坐炕头了。如此，“锅台后的汉子”就成了人们说某人怂、没有胆量的代名词。

锅台后拾刀铲子

【释义】胶东传统民居的布局一进门就是灶间，东西各筑一个锅台，锅灶与居室隔墙相通，所谓“胶东一大怪，进门俩锅台”。锅台的正中安一口大锅，锅后靠墙的两侧都可称“锅台后”，过去通常在墙上开一个窝子，挂放各种炊具，其中就包括刀铲子，即炒菜用的铲子。拾，捡的意思。刀铲子原本就放在锅台后，若再到锅台后去拾铲子，这明摆着是不劳而获，将人家的东西据为己有。于是，对那些投机取巧，或者拿了别人的成果当自己成果的人就会说他“你就会锅台后拾刀铲子”。

锅灶净，不生病

【释义】做饭的炊具干净，就能少生病。意思是病从口入，因此要做好厨房卫生。

过的桥比走的路多

【释义】世上的路自然比桥多。形容有些人自诩阅历丰富，见多识广，有倚老卖老的意思。

过冬不上蒸，扬场没有风

【释义】民间有“冬节大如年”的说法，可见冬至节在人们心目中的地位。在胶东，冬至这天要吃饺子、包包子。蒸，就是指蒸包子；而且在往锅里装包子的时候，还要摆成一圈一圈的，老人们说，这样来年扬场才会有风。

过了冬，年哄哄

【释义】冬至，俗称“过冬”。民间有“过了冬，年哄哄”的说法，农民春种夏管秋收冬藏，到年根儿才有点空闲，于是就把精力用在过年上，好好地犒劳一下自己。过了冬至，农村开始杀年猪、赶集置办年货等。这个时节，也是新人结婚最多的时候，一是赶在农闲时候，二是沾着春节的光，增添喜庆气氛。因而，时不时地会看见迎娶的队伍。过冬以后，农家的年味越来越浓了。

过了十月节，翻动天就是雪

【释义】“十月节”指的是阴历十月初一，即“十月朔”，是三冥节之一，有给去世的先祖送寒衣的习俗，因而也称为“寒衣节”。“十月朔”与立冬节气的时间基本重合。这句话的意思是过了十月初一，一旦变了天，冷风起来，温度骤降，就会下雪，进入初冬。所以十月初一就成为秋冬分界的一个节点。多用来告诫人们防患于未然，早一些预见未来可能会出现的现象。

过了十月朝，见了东西往家捎

【释义】胶东民间称“十月朔”也为“十月朝”，大致是因为字形太过相似，造成了长期的误写、误读。这个时节，胶东的田野里除了萝卜、白菜，人们把所有的农作物都收拾回家，其他的物品也要多加储备，因为即将面临一个漫长的冬季。

过了月一就算站下了

【释义】月一，指阴历十月初一，即“十月朔”。这个时候已是立冬时节，天气转冷，有祭祖上坟送寒衣的习俗，这天也称“寒衣节”。站下，停住。阴历十月，秋收全部结束，“地了场光”，田野里已经不能进行劳作生产。旧时，土地多的人家会雇长工，这个时候就会给雇工结算好工钱放假回家，走之前一般东家还会犒劳一下，吃个散工饭，等待来年春天再回来，因此这天也称“散工日”。挣多挣少，一年的所有收入在今天结算，一年的辛苦劳累也在今天结束，有长舒一口气的轻松感。

过了这个村，没了这个店

【释义】旧日外出长途旅行的人，能够享受到快马稳轿的人很少，多数人只是徒步行走，有些人更要挑担子或推车子，负重远行。旅途辛苦，在旅途中每天能否找到安全合适的店来休息最为当紧，最怕“前不着村，后不着店”的时候，所以人们会不时地计算和打听已走过的路程，以求省时间省脚力。这话常用在当机会摆在眼前，某人犹豫不决的时候，那自认为看得明白的人就会催说:“咳，还愣什么神儿，过了这个村儿，可就没有这个店了!”揣摩意思，这句话比“机不可失时不再来”还要急切些。

H

还没学着爬就学着走

【释义】孩子从七八个月的时候开始会爬行，一周岁前后蹒跚学步。因此一般是先会爬再会走，说“还没学着爬就学着走”，意思是在做事情的时候越过初始阶段直接进行到下一个阶段，或者是还没有准备好就急躁冒进，含讽刺意。形容人做事情要脚踏实地，一步步来才扎实可靠。

还想着二月二那碗糕

【释义】 旧日农民的生活，平日和节日反差很大。平日里，吃饭穿衣十分节俭。遇到岁荒，过的就是半年糠菜半年粮的日子。只有过年，才有较全面的改善。吃食上，小年之后要蒸年饽饽，还要蒸制几方年糕供祖。民间有不出正月都是年的说法，许多人认为过了二月二，这个年才算真正过完。胶东地方二月二有吃年糕的习俗，有俗谚说“二月二吃年糕，壮筋骨不闪腰”。威海等地吃蒸糕，以寓蛰龙之头日日抬高。龙口地方是把过年的糕留出一碗，二月二切块用油煎来吃，让全家人再享受一次过年的滋味。之后再想吃年糕，就要等下一年。所以当地人讽喻希图继续已经结束的事时，会说：“还想二月二那一碗糕。”当某人错过了时节或一去不复返的机会，而还想成事的时候，别人便会对他说：“过了二月二，再没有那碗糕了。”二月二那碗糕成了庄稼人口中机会的代名词。

孩子哭，抱给他娘

【释义】 孩子天真惹人喜爱，大人常喜欢逗孩子。但孩子的情绪又反复无常，原本好好的突然就会哭闹起来，这个时候最好的安慰就是母亲的怀抱，所以原本在逗孩子的人会赶紧把孩子送给孩子的妈妈。用来说遇到不好处理的事情，不是主动积极地寻求解决的办法，而是消极地推脱责任。

孩子是父母的影子，父母是孩子的样子

【释义】 孩子在生命之初就继承了父母的基因，无论外貌还是性格，从孩子的身上，总能看到父母的影子。在长大的过程中，父母的言行举止又影响着孩子的成长，因为幼小的孩子没有分辨能力，凡是在父母身上出现的，他们就会模仿，潜意识里以为这是对的，就应该这样。所以，为人父母，应该成为孩子的榜样。

海里海蜇熊，地上老人熊

【释义】“熊”，不行、无能的意思。这话意思是，海蜇无骨，虽在海

里很能耐，捕捞上岸后就会瘫软成一堆，因而说其熊；老人年老体衰，力气自然小。更深层意思则是老人拿自家孩子最没办法，在孩子面前最无奈，再强势的父母在孩子面前也只能示弱。这话常用来说那些不孝敬不赡养老人的个别社会现象。胶东沿海地方有一个惯用语就叫“海蜇熊”，当是出自这句俗语，指的就是软弱无能的人。

海猫子不识潮流（水）

【释义】胶东海边的人将海鸥俗称为海猫子。本义是海鸥不管潮涨潮落，都会跟随渔船飞，因为它们不必管潮流，只要有渔船就会有小鱼小虾吃。当然，风帆时代，有经验的海员或渔民也根据海鸥的飞行情况观察天气、地形或方向。形容不了解做某件事情的艰难危险而贸然行事。

海猫子叫了快落锚

【释义】胶东半岛沿海的人们称海鸥为海猫子，一说是因为其叫声与猫叫声有些相似，二说是因为渔民们认为海鸥懒，自己不捕食，只等渔民捕鱼回来，叼食人们丢弃的小鱼小虾吃，就像偷腥的馋猫一样。生活中，海边的人们说某人极嗜食海鲜也会说他是“海猫子”，意思是像海鸥一样喜欢腥气。因为海鸥知道渔船上会有它们需要的食物，所以常常会远远地就来迎接归航的渔船，启航时也会把渔船送出去老远。正由于海鸥的这种习性，所以胶东沿海就有了这句俗语，意思是归航的渔民听到海鸥的叫声，就知道离陆地近了，要准备抛锚靠岸了。

喊起来就是个兔子

【释义】兔子是繁殖力很强的动物，在乡间很常见，山野里的人声或行为往往能惊起躲藏的兔子。实际运用中，这句话有两种截然相反的含义，一是说不相信那些无稽之谈，所谓耳听为虚，眼见为实，由于自己没有亲眼所见，便觉得不真实，于是对那些觉得不靠谱的、没影儿的事情，民间就会说，别“喊起来就是个兔子”。二则更贴近字面意思，有“无风不起浪”和“三人成虎”的意思。这两种含义各有生活场景与之对应，场面感极强。

旱刮东风不下雨，涝刮东风不开晴

【释义】 本来东风容易刮上雨来，于是天旱的时候盼着东风能刮上点雨来，但此时即便刮东风也不会下雨；而下了几天的雨，地已经涝了，这东风刮上来的还是雨。意思是越旱就越旱，越涝就越涝，有“雪上加霜”的意思。

好帮好底缝好鞋，好爹好娘生好孩儿

【释义】 过去做鞋子，都是一针一线缝出来的。鞋底由多层褙子纳得结结实实，上好的鞋帮镶得针脚密实，做出来的鞋肯定体体面面。同样的道理，做父母的如果都是一表人才、品德高尚、学识渊博，其子女也不会太差。

好吃不留种儿

【释义】 东西好吃就全部吃掉，连留的种子都吃了。一是指有的人太贪嘴，有好吃的东西就一口气全部吃掉；也形容目光短浅，没有长远打算，只贪图眼前享受。也说“好吃连种儿都不留”。

好种打好粮，好儿有好娘

【释义】 粮食若要高产，需要有良种才行。用来起兴，为的是说后一句，孩子好是因为有好的父母。形容父母对于孩子的重要性，这里不只是遗传的天性等，更多是父母行为对孩子的影响。

好狗不挡道，挡道没好狗

【释义】 狗通人性，一般不会无故挡道，意思是挡道的一定不是好狗。骂人语，常用来指有的人不长眼，见了人来也不知道让路。

好狗不咬鸡，好汉不打妻

【释义】 意思是咬鸡的狗不是好狗，好男人没有打老婆的。鸡和狗是人们最常饲养的家禽和家畜。同处一个院落，避免不了互有侵犯，所以狗撵鸡的情况确实经常出现，因此也有了“鸡飞狗跳”“鸡犬不宁”这样的成语，但一般来说狗去撵鸡都是象征性的，并不真的会去咬鸡。这里用来起兴，主要说后一句，好男人不会打自己的妻子。过去由于男尊女卑的思想，男人打妻子是常见现象。夫妻同处一个屋檐下，有点小摩擦正常，无论怎样，不能打人。用来劝谏那些对妻子有家暴行为的人，也含鄙视义。

好孩子没有舍庙上的

【释义】好孩子，这里指的是健康的孩子。旧时，有些孩子生来体弱多病，为了孩子好养，家里人会让孩子到庙里认个和尚做师傅，希望能护佑孩子平安健康地长大；也有人家是因为家境贫寒，难以养活孩子，便送到寺庙里，保下一条命。后者属无奈之举，与孩子本身有没有病没有关系。常用的是前一个意思，表示是因为东西不好才舍弃。

好孩子为在薄地里

【释义】薄地，指贫瘠不肥沃的土地。意思是长大有出息的孩子一般是贫寒人家的孩子。生活困难，成长环境不好，反而更能锻炼孩子的意志品质，更容易自强自立。引申义是人生长的环境不能太优渥。与“寒门出才子”“家贫出孝子”同义。

好汉不挣有数的钱

【释义】有数的钱，就是能够数得清、固定的钱，比如工资。意思是有能耐的人应该自己去创业。

好汉无好妻，赖汉娶花枝

【释义】意思是人间的夫妻并不是都很般配，好男人往往娶不到好妻子，好女人也往往嫁不到好丈夫，人生难得能如愿，总是会有诸多遗憾。同义俗语有“好男人娶不着好老婆，赖男人娶个花朵罗”。

好汉子管村管疃，赖汉子管锅管碗

【释义】好汉是指那些有能力的人，往往会在社会上担任相应的职务，管的自然是村（疃）里的大事情。而那些相对没有能力的男人，就会在家里管管吃喝拉撒的小事，动辄还会发发脾气，在孩子老婆跟前抖抖威风。

好汉子争气，赖汉子争食

【释义】 好男人应该在事业上发愤图强，不甘落后或示弱；无能之辈才会因为一口吃食去争抢。专指那些为了蝇头小利而争抢的人，认为这样的人是没有出息的。

好好儿的五月端午，弄成了个四月八

【释义】 四月初八是佛诞日，五月初五是端午节，两个节日的节期相差一个月，而且节日内涵也不一样，按道理说不应该混淆，但也难免会弄混。用来形容生活中出现的一些张冠李戴现象。

好虎护山林，好汉护全村

【释义】 老虎是百兽之王，好虎能护住整个山林里的弱小动物；每个村子里也有领军人物，好的领头人也应该能保护好全村的百姓。

好虎架不住一群狼

【释义】 一只虎力量再大也抵不住一群狼的围攻。形容双方力量相差太过悬殊，再勇猛的人也抵挡不住对方。也说“好虎担不得一群狼”。

好话重三遍，猫狗不喜见

【释义】 喜见，方言，稀罕、喜爱、理睬。再好的话，说上几遍后，猫狗也不稀罕听，更别说人了。意思是领导对下级或者父母对孩子，再正确的话也不要过多地重复，否则就会引起听者的反感或厌恶情绪，甚至是对立的态度。也说“好话重三遍，惹得鸡狗不喜见”。

好犍子不拉犁

【释义】 犍子，即阉割过的公牛。本义是身强力壮的公牛却不好好拉犁。形容有人长得五大三粗，却不好好干活。比喻那些不正经做事，有能力不肯使出来的人。

好了疮疤忘了疼

【释义】 意思是伤口好了结了疮疤，就忘记了当时的疼痛。泛指人容易健忘。常用来劝诫人要记得曾经的遭遇，不要再遭同样的罪、吃同样的苦。引申义是要记住教训，不能犯同样的错误。

好驴闲上三年，连斗糠也驮不上

【释义】 毛驴曾是长时间被人们役使的主要畜力，一斗粮与一斗糠的轻重自见分晓。这毛驴连斗糠也驮不上，原因是“闲了三年”。役畜只有在不断地使役中才有力气，人更得在不断地锻炼中方可有力量，闲置就是荒废。

好马不在鞍，美人不在衫

【释义】 马好不好不在马鞍漂亮与否，人美不美也不在衣服好不好看。意思是虽说“人靠衣裳马靠鞍”，但也只是锦上添花，事物的美终究是靠内在的本质，而不靠外表的形式。

好马不在鞍上，好女不在嫁妆上

【释义】 马鞍好比人的衣服，能起到装饰的作用，可改变不了其本质。一个有志气的女子，不会贪恋出嫁时收到的彩礼，更不计较配送的嫁妆多少，长久的幸福生活靠自己努力。这句话是要告诫那些年轻人，做人要学好本领、自立自强，只有那些没本事好吃懒做的人，才会盯着父母的那点财产打歪主意。

好女不穿嫁时衣，好男不吃分居食

【释义】 过去，女子出嫁时会尽量多准备一些嫁妆，其中包括衣服、衣料等；成家之后与父母分开单过，叫“分家”，有的人会认为父母给的财产少了，或兄弟间分配不均而起矛盾。这句话是鼓励子女要立志独立过好日子，不要依靠父母。

好人死在证据手里

【释义】 历来就不乏因有人作伪证而蒙冤的人。即使你是好人，并没有做某件事，可是只要有人证出面证明你犯罪，你就很难逃避罪责。这句俗语警示人们一定要有防范之心，不要给人以诬陷自己的可乘之机，在遭人诬陷时也要力求找到证据让自己脱险。

好死不如赖活着

【释义】 生活中不如意事常八九，有的人面对苦难常会选择轻生，一死了之。人们就会用这句话来劝说，死再好，但死了一切都没了，而活着就可能有转机。以此鼓励求死者坚强起来，迈过眼前这道关坎。

好媳妇缸里不断面，好男人棚里草不断

【释义】 好妻子缸里不断面，只有有了粮食，才能做出饭来。好男人棚里草不断，因为过去胶东地方做饭主要是柴草，保证家里有充足的柴草是勤劳男人的分内事。意思是女人得知道节俭，会过日子；男人要勤快顾家。

好媳妇缸里不断面，好男人腰里不断钱

【释义】 好媳妇应该节俭过好日子，才能保证一家人的饮食供应；好男人应该让家里殷实富足，衣食无忧。后一句也说男人在外身上要有钱，遇事不难。

好心赚了个驴肝肺

【释义】 一是说自己好心好意做好事，被对方误解为恶意，自己的好心变成了坏心肠；二是说自己好心相待，却换来对方恶意相向。

好嘴能养活三口家

【释义】 生活中有人善于言谈、口齿伶俐、巧于应对，往往能产生意想不到的效果。多含贬义，指有人就会卖嘴，能说会道，靠嘴吃饭。

和地瓜油一样

【释义】 红薯，胶东称地瓜。在乡村，人们秋天要储藏不少地瓜，作为冬天的主食。地瓜最常见的吃法就是煮食，胶东地方叫烀地瓜。地瓜受热后淀粉里的糖分会流出来，晶莹剔透，蜜一样甜，人们称为“地瓜油”。地瓜油甜但极黏，用“地瓜油”来称人，跟甜没什么关系，主要说的是

“黏”这一特点，同说人要赖皮的意思差不多。对黏人的孩子可以这样说；对一些纠结于一件事情没完没了的人也可以这样说，如“你怎么和地瓜油一样，还黏上了”；对于一些口碑不好的无赖也可以用，如“某某人和地瓜油一样，可别叫他黏身上”，意思是黏上就难弄掉了。如果说自家孩子“像地瓜油一样黏人”还有开玩笑的意味，其他的说法就带有一些不满和嫌弃了。

和蜂子蜇了腚一样

【释义】像被蜂子蜇了屁股一样。意思是坐不下，匆忙来，匆忙走。常用来形容人特别忙碌，到了一个地方停不下，很快就离开。

合房漏，合马瘦

【释义】合住的房子容易漏，合用的马容易瘦。意思是共同的东西容易损坏，因为不是自己的，不爱惜也不心疼，就像一起住的房子不知道维护修葺，一起用的马都等对方来喂养是一样的道理。形容人都有自己的私心，只使用不付出，打自己的小算盘，互相推诿。

黑面包包子也得捏上个褶

【释义】过去小麦面粉金贵，白面留着逢年过节来人待客，平常自家吃黑面，胶东地方还多用地瓜面包包子，蒸熟了也是黑色的，地瓜面没有筋力，需用烫面或加少许黑面粉，因不好成型，不能用擀杖擀皮，得用手拍薄面皮来包馅，这样的包子无论形状还是色泽都不美观，但主妇们还是会像对待白面包子一样给它捏上褶边，意思是乡野百姓也同样自尊和要强，追求生活的质量，这话可以形容做事情，也常用来比喻人，譬如说有的人有骨气，日子再艰难，也要活出气节，活得精致，这里的“褶”又成了一种生活态度和做人的标准。

恨人有，笑人无

【释义】生活中有这样一类人，不能接受别人比自己过得好，别人过得比自己富有，心里就会难受就会嫉恨别人。而一旦自己富有了，别人过得不如自己，就又会转过头来讥笑别人的贫弱。这是一种不正常的心态，一种不健康的人格，须诫之。

哼哼忘唱了

【释义】 哼与唱，唱是主要的，可是人们在唱歌或唱戏的时候，常会忘记了曲调或歌（戏）词，这时候就只能以“哼哼”掩饰过去。形容做了次要的事情，正事却被耽误了。

横草不拿竖草

【释义】 草可横拿可竖拿，横竖都不拿，是形容人极为懒惰，连最轻微的劳动也不肯参加。也说“横草不拿，竖草不捏”“横草不拈竖草”。

横挑鼻子竖挑眼

【释义】 鼻子本来竖着长，眼睛本来横着长，但有人故意找茬，说鼻子眼睛不该这么长。比喻没病找病，无理挑剔。义同“鸡蛋里挑骨头”。

红事叫，白事到

【释义】 这里的红事主要指嫁娶，白事指丧葬。这句话的意思是结婚的事情，需喜主通知才能去，而家里如果有人故去，则只要听说了就该去，不用等主家叫。民间的事合情还需合理，红事白事，一喜一悲，礼俗截然有别，红事要叫，显示出主家的热情，白事要到，显示出来客的真情。

猴不上杆，多打几遍锣

【释义】 这话从演猴戏那里来，艺人训练猴子表演以赚钱。赶上猴子不配合的时候，艺人往往一边敲锣，一边说些催促和责怪的话，或者给猴子一点吃的，于是猴子在艺人的各种手段下，上杆上架，表演下去。这话形容那种贪小便宜的人，极易被小恩小惠打动，听人家安排去做众人不齿的事情，被人利用，屡见不鲜。他们有时也会犹豫，但想利用他们的人心中有数，对他们多说几遍做这事可以得到的好处，他们总是会答应的，多费一点口舌，终不过如耍猴儿的人多打几遍锣，所以叫“猴不上杆多打几遍锣”。可怜那见利眼红的人，如猴儿一样，到底还是爬上杆去做使人发笑的事儿去了。

猴腚存不住虼蚤

【释义】胶东人叫跳蚤为“虼蚤”。猴腚光溜没毛，有什么东西一目了然，遮挡不住。意思是有些人特别是一些家庭妇女爱卖弄，有什么别人没有的东西就喜欢在人面前显摆。

猴儿骨头贱材肉，一时不打就难受

【释义】胶东地方称演猴戏的为“耍猴儿的”，艺人训练猴子四处演出以牟利。猴子天性活泼好动，因此在训练和演出过程中，经常因不按主人的要求而挨打。在猴主人看来，他喂养猴子，猴子理应乖巧听话，不听话就该被打；而在猴子看来，实则是遭到了人类的虐待。这句话常形容孩子太过淘气难以管教，需要时时敲打才行。打骂动物的马戏类演出是对动物的伤害，同样，对孩子的打骂式教育也当禁止。

烀烂的身子，烀不烂的嘴

【释义】烀，煮。一指人话多，唠叨个没完；也指某人嘴硬，明明有过错，理由还特别多，不承认自己的过错。也说“烀烂的猪头，烀不烂的嘴”。

胡诌胡诌真胡诌，大年五更立了秋

【释义】立秋是二十四节气之一，节期在 8 月 7 日前后，而过年是冬天，一般在一月份，所以立秋与过年相去甚远，比喻两件事情相差太远，形容不可能的事情。

葫芦搅茄子

【释义】葫芦内瓤可以做菜吃，胶东称葫芦肉。葫芦和茄子做熟后变软易烂乎，将两者搀搅在一起吃，就乱乎了。形容几种事情混杂在一起，理不出个头绪来，分不清眉目。

话到嘴边缄三缄

【释义】缄，闭。“三”，泛指多。即使话到嘴边也不要着急说，要多想想这话能不能说，怎么说合适。意思是话要想好了再说，因为说出去的话就收不回来了，不经意的一句话很可能就会伤害到别人，甚至引起不必要的争端。形容人说话应谨慎，不要随便就开口。

怀胎十月，背抱三年

【释义】 从十月怀胎生下孩子，到孩子逐步硬朗，具备基本的生活自理能力，需要三年时间，这中间离不开父母的悉心照料，不是背着就是抱着，其中的辛苦非亲身经历者不能道也，所以父母的养育之恩大于天。这话形容抚养子女的艰辛，也教育天下的子女要孝顺父母。

坏枣儿先红，快性老婆先穷

【释义】 快性老婆，指性格爽快乐于周济人的女人。最先红的枣往往都是有了病虫害，这里用比兴来说人若出手大方，经常资助别人，别人觉得你既富有又大方，就会更多地索取，如此自己的财力就耗费得快，容易富了别人穷了自己。意思是不要过于大手大脚，也得看自己的财力。

黄鼠狼单咬瘸鸭子

【释义】 黄鼠狼经常偷食鸡鸭，腿脚不好或者生病的鸡鸭，更容易成为它们的嘴中餐。一是比喻灾难偏偏落在不幸者的身上，二是比喻坏人专欺负弱者。可用来激励人要自己强大起来，才能最大限度抵御外敌。也说“黄鼠狼单咬病鸭子”。

蝗吃一片，雹打一线

【释义】 蝗灾和雹灾都属于自然灾害，蝗虫成灾的时候，遮天蔽日，落到哪一片农田，哪一片农田就片叶不留；冰雹的破坏性也很大，冰雹的形成与风力、云层、气流有关，因而对农作物造成的破坏往往呈线状或带状分布。蝗虫和冰雹都会对粮食作物造成灾难性损害甚至绝产，历史上各地蝗灾和雹灾的记录很多，以至于不少地方都建有蚂蚱庙和雹神庙，以祈求庄稼免受其危害。

回锅没有好烧饼

【释义】 回锅的饼肯定有问题，或者因为没有做熟，或者因为少了什么调料不好吃。因此说好饼不用再回锅，再回锅也不会像刚出锅那样好吃。比喻重新做过去的事已经不是原来的样子，多用来说走回头路没有好结局。

会打锄就会打镰

【释义】 民间有各类工匠，其中铁匠是很常见和很重要的一个门类，过去基本每个村子都有铁匠，或是父子、弟兄或是师徒一起搭起一个铁匠铺，叫“打铁的”“烧红炉的”，专门打制各类常用铁制器具。这句俗语的意思是会打制锄头就会打制镰刀，形容在同一个行当里，一通百通，某一方面学精通了，就能触类旁通。

会打的打一顿，不会打的打一棍

【释义】 意思是会打架的，把人打一顿都打不出事儿来；而不会打架的，一棍子就能出人命。说的是打人若不打关键部位，出了气也不至于把人打坏，而一旦失了手击中要害，就会致人重伤或者要了性命，这样就会出现两种不同的后果，自己受到的惩罚也不同。形容做事一定要有度，过了度就有可能酿成不可挽回的结局。

会哭的孩子有奶吃

【释义】 孩子哭闹的时候，为了哄孩子，就会给他喂奶或各种好处。孩子知道这招儿有用，以后稍不如意，就会以哭闹来吸引大人注意达到自己的要求。形容有的人靠无理取闹以达到目的，含贬义。也说“能闹的孩子有奶吃。”

会省省囤子尖，不会省省囤子底

【释义】 从前农家储粮，量少的用缸、用罐；量大的用仓、用囤。用粮囤子储存粮食，是农家最常用的方法，粮囤子有大小两种：小囤子用荆条编为直筒形，粗可二人合抱，高度和成年人的身高差不多，储粮虽然不多，但存取方便，一家一户总有这样一个或几个小囤子。大囤子由两部分组成，底部用荆条编制，高60厘米左右，像一个特大的盘子，俗称为“囤子底”，“囤子底”里装满了粮食之后，再沿囤子四周用“折子”加高，叫

“圈（quān）折子”，圈上一层折子，将粮食倒到折子三分之一处，再圈一层，折子一圈一圈地围着囤子盘绕上去，高的可以接近屋梁，用粮时要登梯先从囤顶上开始拿取，渐取渐低，层层把“折子”卷下来。粮食得来不易，人们总结节粮经验的这句俗语，意思是一开始就要节俭，不要到东西快用完的时候才想起要节约，那就晚了。

会说的不如会听的

【释义】人际交流的重要手段之一是对话，说话是一门语言艺术，听话亦然。生活中，有的人说话故意不说明白，而让对方自己去体会；也有的人说话含蓄，话里有话，也要求对方会听，能听出弦外之音。意谓说得再好，会听的也得能听得出其中的真意才行，只有“听”懂对方的意图，才能保证沟通顺畅。

会死死在二八月，不会死死在六腊月

【释义】二八月，即阴历二月和八月，指春季和秋季；六腊月，即阴历六月和十二月，指夏季和冬季。意思是人去世最好不要赶在酷暑或严冬时节。按照习俗，人离世后，要停灵几日，供人祭拜后再殡葬。普通人家停灵三日，大户人家 7 天、10 天，一个月的都有。六月是最热的天气，古时没有冰棺，遗体会很快腐烂变质。人在去世后亲朋还会对逝者进行各种祭拜，如要“过七”“过百日”等，寒冬腊月，天寒地冻，开墓圹和操办葬礼都很辛苦。

会做的两头瞒，不会做的两头传

【释义】这话可以用在儿子身上，婆媳关系常常会出状况，如果母亲和妻子在你面前抱怨对方，你做了传话筒，家中将永无宁日。这话也常用在婆媳之间，“会当婆的两头瞒，不会当婆的两头传”，或“会当媳妇的两头瞒，不会当媳妇的两头传”，过去媳妇多，妯娌们之间免不了明争暗斗，传些“嘴舌”，叫“传老婆舌头”。这个句式其实可以活用在任何人身上，邻里、同事，甚至朋友之间。虽说“谁人背后无人说，哪个人前不说人”，但有的人确实过多地“关心”别人的事，善于搬弄是非，唯恐天下不乱。

“来说是非者，便是是非人。”因此，要有明辨是非的能力。

浑身是铁，能打几个钉

【释义】铁钉是很小的物件，浑身是铁还打不了几个钉，极言一个人的能力有限。形容一个人的本事再大，光靠自己也成不了大事；也有劝人遇事不要逞强的意思。

活不养，死不葬

【释义】有道是养儿防老，父母辛苦养育子女长大，父母老了，子女也有义务孝敬照顾父母。尊老敬老是中华民族的传统美德之一，但有的家庭也会出现矛盾，有的不肖子孙为了一点小事就不赡养老人，甚至打骂虐待老人，脱离父子关系的也有，这就有了“活不养，死不葬”的说法，同义的俗语还有“活不上门，死不吊孝”。

活到老学到老，活到八十还学巧

【释义】古时候人们的平均寿命低，因而有“人过三十不学艺”说法，“艺”指养家糊口的手艺，如各类工匠等，所以说学艺要趁早。现在生活条件好了，人类的平均寿命普遍提高，古话已经不适合当今的社会现实，许多人退休之后继续学习的大有人在，时间充裕，正好可以把以前没时间学的一些爱好重拾起来，所以现在的人们崇尚的是终身学习。这话形容学无止境，无论多大年龄我们都应该有学习新知识的意愿和行动，这样，生活质量会更高。

火到猪头烂，功到自然成

【释义】做猪头不是一时半刻就做得好的，要费工费时，要有耐性，火候不到就烀不烂。做事情也是一样，需要相应的工夫。不要心急，按程序做好一切该做的事，自然便会获得成功。如果急于求成，往往欲速则不达。

火上房子了，还问挑甜水挑漤水

【释义】井水水质不一，有好吃的，俗称为“甜水”，有苦咸的，俗称“溇水”。在不少地方，溇水随处可得，甜水却只存在于个别地点。平时挑水可细分，但如果要挑水救火，自然是水源地近即可，还管什么水。形容做事不可太粗心，但也不可事事过细。遇到紧急情况，要当机立断、大刀阔斧。若在十万火急之际，还计较一些细枝末节，就过于迂腐。

货到地头死

【释义】 说的是经商规则。过去交通不便，有的货不耐储存，更需赶紧销完。货运到地方，价位基本就定了。

货换货，两下乐

【释义】 乐（方音读 luò），乐意、高兴。意思是买卖成交只需两方愿意，不一定等价交换。也许有一方会吃点儿亏，但各取所需，只要双方心里乐意就好。

J

饥寒养孩子

【释义】 这是经过验证的育儿经。意思是小孩子不必吃得太饱，不必穿得太多。吃得太饱，孩子消化功能弱，容易形成积食；无限制地听任孩子饮食无度，又容易肥胖。孩子好动，穿得太多，容易出汗，防护不好反而容易受凉生病。

饥时得一口，强如饱时得一斗

【释义】 人在饥饿的时候得到一口吃的，比他吃饱的时候给他一斗粮还管用，因为饿的时候不给他饭吃可能会有性命之忧，而他吃饱的时候给他再多也价值不大。形容要在人最需要帮助的时候及时给予帮助，这种解燃眉之急的帮助最有意义。与“没时帮一口，强起帮一斗”同义。

鸡大飞过墙，女大不由娘

【释义】 鸡长大了能够高飞，动辄飞上墙头，飞出院子；女儿长大后主意多了，有了自己的小心思，就不会像从前那样听母亲的话，所谓“翅膀硬了”。形容做母亲的失落感，儿女长大了，终得有自己的生活，父母该放手时就放手，不能管控太多。

鸡蛋核桃一揽数

【释义】 鸡蛋是一种易碎的食品，存放拿取都需格外注意；核桃外皮硬朗，装筐装袋，都不必过于小心，与鸡蛋的怕碰怕磕形成鲜明对比。这句俗语批评那些工作粗枝大叶、作风莽莽撞撞的人，他们把看上去略有相似（如鸡蛋与核桃同样有点圆）而性质完全不同的东西或事情，简单地放在一起处理，其结果当然不堪设想。

鸡蛋没有缝，能抱出小鸡

【释义】 本义是说小鸡破壳而出。形容事物的变化，外因是条件，内因才是决定性因素。生活中也用来形容事情做得再隐蔽，也会露出马脚，现出真相。也比喻事实再清楚，也会无中生有，制造出谣言来。也说“鸡蛋没有缝儿，抱出的小鸡儿一叫叫的”。

鸡窝倒鸭窝

【释义】 意思是从一家到了另一家里，本质上没有什么差别，多指民间人际往来时互相赠送礼物，别人送给自己，自己也要回送。困难年代，别人送自己的东西多不舍得用，会留下再送别人。如张三送给李四，李四又送给王五，有可能王五又送给了张三。这话说的是送礼的本质，就是礼尚往来。当然，民间的人际交往与行贿受贿不同，礼物不在轻重而在于情义，“鸡窝倒鸭窝”是一种联络情感的方式。

鸡也飞了，蛋也打了

【释义】 过去农村几乎家家养鸡，嬎蛋卖钱是过去乡村百姓一笔不菲的经济收入，人称“鸡屁股银行”，家常使用的油盐酱醋钱差不多都从鸡蛋里出。另外，鸡蛋营养价值高，也是乡间最常见的美食。女人们对鸡和鸡蛋极为重视。蛋打了尚可，若是连鸡也丢了，简直就是没了希望，女主人真的是会心疼得吃不下饭去。因为这意味着她要再从小鸡雏养起，费心、费力、费粮食才能养到鸡嬎蛋。比喻接连遭受损失，两头落空。

家不和，外人欺

【释义】 家和万事兴，反之，一家人如果不能和睦相处，甚至反目成仇，别人就会趁机欺负。家如此，国也如此，所以无论一个家庭还是一个国家，重要的是和谐团结，齐心协力，一致对外，这样外敌就不敢入侵。

家丑不可外扬，打断胳膊袖里藏

【释义】 意思是一个家庭即使是有矛盾，也要内部消化内部解决，不能让外人看出来，就如同胳膊藏在袖子里，没人知道有没有伤。一个家庭是一个完整的有机结合体，除了要共同创造财富保证生活所需，还要齐心合力对付外部的压力，每一个家庭成员都在其中发挥重要作用。这种情况下，一旦把内部的丑闻宣扬出去，就会受到外部压力的冲击，发生内讧。

家家都有一本难念的经

【释义】 意思是每个家庭都有与他人相同的困难，也有自己家庭独有的难题。家是由多个成员组成的小团体，每人都有对事物的认识，当大家对事物看法不同时就会发生矛盾，矛盾没有解决时就是难念的经。这些难念的经最终都是在互谅互让、和睦相处的原则下解决。这句话可以用来说别人也可以用来说自己，总之，大家要理解各自的艰难。

家里有粮，心里不慌

【释义】 粮食问题是关系国计民生的大事，不仅国家储粮，中国民间也一直有储存粮食的习惯，所谓“积谷防饥”。物质再丰裕，还是要有防患于未然的意识，这种心理只有过过苦日子的人才会明白。居安思危没错，但也要防止囤积造成新的浪费。

家贫出孝子，国难见忠良

【释义】 见，读 xiàn 音。穷人家的父母把子女拉扯大不容易，孩子长大了多知道回报父母养育之恩；国家有危难，忠良之士会挺身而出，救国救民。意思是经历过困境或危难，更能见证一个人的品行。

家有贤内助，强似富和禄

【释义】贤内助，指贤惠能干的妻子。意思是一个贤惠的妻子，能孝敬公婆相夫教子，里里外外打点得周到细致，把日子过得顺心和美。这样的妻子，比高官厚禄和富贵荣华都要好，强调一个好女人对家庭的重要。

家有千口，主事一人

【释义】千口，泛指多。意思是无论一家有多少人口，都得需要有一人全面主持家事。早年间，一个家族一大群人在一块生活，需要有一个能挑起重担的当家人，不能乱哄哄地各行其是，否则会造成一件事人人都想管，但又都管不好的乱象。同理，办任何事情都要有为首领头的人，任何集体也必须有一个德高望重的好领导。

嫁汉嫁汉，穿衣吃饭

【释义】汉，指男人、丈夫。旧时女子没有经济能力，女子出嫁就为解决最基本的生活需求，希望能找个供养自己吃好穿好的丈夫。

嫁一百家也捞不着过年的“箍扎”吃

【释义】“箍扎”即饺子。意思是有的女人跟人过日子过不长久，不到一年就改嫁他人，自然不能在人家家里吃到过年的饺子。用来讽刺某些人朝三暮四，做事不专一，没有定性，什么机会也抓不住。

姜是老的辣，瓜是熟的甜

【释义】用“姜”和“瓜”的自然属性形容老人在许多方面比年轻人有经验，所以要多向老人请教。

胶东一大怪，进门俩锅台

【释义】说的是传统胶东乡间居住的平房结构，进了家门就是厨房，一左一右盘有两个锅台，通向隔壁的卧室，既烧火做了饭，又暖了炕，俗称“二虎把门”。

脚不正，怨鞋歪

【释义】 本义是自己的脚长得不周正，却埋怨鞋子不好。形容有的人明明是自己的问题，却把错误都推到别人身上。

脚踩两只船

【释义】 两只脚各自踩在一只船上，自然左右摇摆。形容对事物认识不清而拿不定主意，或为了投机取巧而跟不同的两个方面都保持关系。多比喻感情中同时跟两个人保持关系，含贬义。

叫花子进门也得以客待

【释义】 讨饭的到了自己门上也需当客人对待。民间的待客之道就是来的都是客。叫花子也有尊严，不可轻视任何人。

叫唤雀儿不长肉

【释义】 一种意思是有的人过于计较，这样的人天天为了利益去争抢，最后反而得不偿失；另一种意思是身上没有真才实学或者没有真本事的人，却喜欢整天到处讲大话、吹嘘自己。如果一个人说得太多做得太少，往往代表这个人没有真才实学，是个喜欢讲空话、摆架子的人，而那些具备真才实学和实干精神的人，一般从不夸耀自己。

叫你向东你向西，叫你打狗你撵鸡

【释义】 淘气的孩子、叛逆期的孩子常会跟大人扭着劲儿。形容非要跟人唱反调，不听话，多半是大人对孩子说的。

叫人不折本儿，舌头打个滚儿

【释义】 跟人说话的时候，要先称呼人再说话，这是最起码的礼貌。不能连称呼都没有，没头没脑地就跟人说话。同样一件事，这个人去没办成，那个人去办成了，这里就有一个会说话不会说话的问题，其中很大的成分就是要会叫人，嘴巴甜一点，对方心里自然舒坦，原本不好办的事情也好办了。意思是以尊称来叫人不会吃亏，而且是件非常简单的事情，可是这件简单事有的人却做不来。

疖子破了头，力气大起牛

【释义】本义是生疖子看似小毛病，但如果发炎溃脓了也会疼痛难忍，如果处理不当，容易感染扩散蔓延至患处周围。形容对一些看似很小的问题，也不能掉以轻心，否则容易引起严重后果。

节气不等人，春日胜黄金

【释义】二十四节气是我国劳动人民的智慧结晶，农民常常根据节气来播种与收获。误了节气，就会影响作物收成。同样，春光美好但易逝，要珍惜时光。

姐夫好嫁，大鞋难做

【释义】过去，胶东婚俗有新娘子向夫家亲人赠鞋的风俗。丈夫自不必说，公婆有份，大伯子、小叔子有份，大姑、小姑有份，妯娌们也都有份。遇到婆家人口多的，算起来要有一二十双鞋。这些鞋都要新人亲手来做，一为显现一片诚心，二要让婆家的人看新媳妇的针线活儿。一个待嫁的姑娘，对新婚生活自然是充满了喜悦，但这么多的鞋子，做起来着实费力又劳神。于是，不免向自家妹妹抱怨几句，妹妹自然心疼姐姐，便有了这句话。因此，遇到好事将临，但准备工作费时费力的情形，人们便会说："真个是姐夫好嫁，大鞋难做。"

解铃还须系铃人

【释义】因为系的人知道是怎样系的，自然解起来就比别人容易。意思是谁惹的麻烦，谁一手经办的事，最终还得由谁出面解决，别人不好插手。

疥疤子给长虫攒肉儿

【释义】疥疤子，胶东民间对一种疥蛤蟆的别称。长虫，蛇。蛇吃青蛙，疥疤子若被蛇吃掉，不就是给蛇攒的肉吗？意思是蛤蟆再肥美早晚是蛇嘴里的美味，形容有的人准备得再好，最终也是为别人谋福利，自己则是白费劲。

借瓢底下去了

【释义】 瓢，用成熟的葫芦制作而成的一种用具，使用频率极高，民间常用来做量具，日常街坊邻居借个米借个面常用瓢来盛量。借瓢底下去了的意思是彻底忘记了曾经借过人家东西，形容借了人家东西忘记归还。

借钱欢起要钱恼

【释义】 欢起，高兴的意思。意思是找人借钱的时候满脸堆笑，而别人找他还钱的时候则很恼火。形容借钱容易要钱难。同现在人们常说的“借钱的时候是爷爷，要钱的时候是孙子”同义。

今天莲花，明日牡丹

【释义】 今天说这是莲花，明日又说这是牡丹。即今天说的是这个，明天说的是那个。形容有的人嘴里没有一句真话，随时改变说法哄骗人。

金窝银窝不如自己的草窝

【释义】 窝，指的是住处、房子、家。金窝银窝自然高贵奢华，但如果是别人的，再好也是客居，寄人篱下仰人鼻息；自己的房子再破旧，但是自由温暖。意思是无论怎样，人还是需要有自己的独立空间。人们外出旅游或住子女家回到自己家来，常会说这句话。同义的还有“金旮旯，银旮旯，不如自己的灰旮旯”。

紧睁眼，慢说话

【释义】 睁大眼睛，不急着说话。意思是多看少说话，这是一种极其智慧的处事方式。形容遇到事情要先仔细辨别是非真伪，不要急于下判断，因为事物永远都在变化发展，而人也常常有认知错误的时候，言多必失，所以不可以不了解事情的全部就过早下结论。

紧走赶不上慢不歇

【释义】 快走也不如一直不停地慢走不歇息。有的人赶路，疾走一阵，累了停下休息，而这休息的当口，看着走路慢悠悠的人已经走到前面去了。比喻做任何事情都要坚持，只要坚持下去，总会走到终点。也形容做事不可冒进，要稳中求胜。

紧走赶上穷，慢走穷赶上

【释义】穷，指贫寒、不富裕的一种生活状态。本义是快走赶上穷，慢走又被穷赶上。形容人时运不济，无论怎样都是与穷结缘。常用来自嘲。

精的使嘴儿，彪的跑腿儿

【释义】意思是精明的人专会耍嘴皮子，而老实人只会实干。生活中有这样一些人，觉得自己聪明，自己不干，总是指使别人；而实诚人就知道不停地干活。

“精细”“彪子”一般大

【释义】“精细”指精明细致的聪明人；“彪子”指傻人。意思是处处时时精于算计的人和愚笨缺心眼的人最终得失大体差不多。有的人爱耍小聪明，看着好像很精明，但最后常常把自己算计进去，得不到多少好处。

井里蛤蟆酱里蛆，干饭有沙老规矩

【释义】早些年在农村，水井里有蛤蟆、豆瓣酱生蛆、米饭里有沙都是生活常态。形容有些事情天经地义，用不着大惊小怪。

井水不犯河水

【释义】从前人们多吃井水，井几乎成了家乡的代称，离家远行常常称为“背井离乡”。一村之中，有一口或数口公共的吃水井，有的村庄为求水源丰富，公共用井就打在河边上。平时，井水清澈，河水自流，两相平安。但夏秋大雨时，河水猛涨，溢出河床，也会漫至水井。因此，为保井水不受河水浸染，常会筑起高高的井台，井台四周又作护栏围挡，为的就是两不侵犯。用来说人时，形容双方划清界限，互不干扰。

敬人一尺，人敬一丈

【释义】本义是你尊敬别人一点，人家也会加倍尊敬你。形容在人际关系中，要知道感恩，礼尚往来，互相尊敬，人际关系才会越来越好。

敬神有神在，不敬是泥胎

【释义】庙里的神像多为泥塑，原本就是泥胎，加上了粉饰或衣饰就成了“神”。因此说敬神神就在，不敬就是个泥胎。凡事如此，你看对方是什么就是什么，怎么看、看不看重完全取决于自身的观念。

久病床前无孝子

【释义】这是千百年来对一种普遍存在的社会现象的总结。意思是老人（父母）病重卧床时间太久，再孝顺、再贴心的子女，都有厌烦抱怨的时候，个别严重的，甚至连人影都看不到了。

酒能落事，也能起事

【释义】酒能落事，意思是有矛盾的双方，可能因为一顿酒席，把酒言欢，一笑泯恩仇；酒能起事，意思是喝了酒以后，在酒的作用下，有的人控制不了自己的思想、举止言行而惹起祸端。形容事情都有两面性，有优有劣，关键在于喝酒的人能不能控制自己。用来说要适量饮酒，把握好度，免得做出让自己后悔的事情。

就着坡下驴

【释义】古人骑驴走路，当要从驴身上下来时，就让驴停在坡下，人凭借有利地势下驴，会很容易下到坡上，不至于摔倒。比喻凭借有利条件行事，也就是找个台阶下，不至于让自己尴尬。有“顺水推舟”的意思。

噘嘴骡子不值个驴钱

【释义】在广泛使用农业机械前，乡下人饲养大牲畜极为普遍。大牲畜中，“骡马”是富人家里才养得起的一类，它们不但要拉车犁田，还要频频出现在各种礼仪场合，拉轿车，驮軸子，当坐骑，因此不光要有力气，还要身架好、毛色好、脾气好。当然，主人对它们也比对别的牲畜高看一眼，草好，料好。相比之下，毛驴虽然力气单薄，但是它吃得少，吃的粮食作料也不求精。尤其可爱的是它能做的活很多，拉车、拉犁、拉磨、驮着女主人走娘家，无所不能。而且，身价不高，差不多的农户都买得起。正因为这样，毛驴在乡间随处可见。但有噘嘴毛病的骡子，在讲体面的富人那里一定不能入选，在平民这边，又因为它要好草好料，算来算去养不起。两边不取，在市场上只好减价，降到不如一头驴的价钱，还是不好出手。形容有些有点本事的人，自视太高，穷酸毛病多，没人肯用，反误了自家的前程。

君子无本难行利

【释义】 要想有回报有收益，必先有投入。意思是做什么都须有本钱，这个本钱可实指钱财，也可虚指本领、才华。

K

砍倒大树有柴烧

【释义】 大树高大粗壮，若砍倒用来烧火，光枝枝丫丫也能烧一阵子。意思是朝着大的经济目标下手，自然就能得到很多利益。也形容一类人的心境，他们认为若能操作使一股大势力倒台，自己便能从中取利。

砍倒胡秫露出茬

【释义】“胡秫”指高粱。“茬”指将高粱秸秆砍倒，留在地里的半尺左右的根茬儿。比喻事到临头露出本来的真实面目。一般形容某人利用完了别人，就不再与之有亲密关系，像过河拆桥一样。

砍倒胡秫显出狼

【释义】 成片的高粱地具有隐蔽性，而砍倒后一览无余，藏在里面的东西就会暴露出来。比喻借助他物伪装的，一旦失去保护，原来的遮掩藏不住了，就会显出原形。

看殡不怕殡大

【释义】 国人爱看热闹的积习在鲁迅先生的笔下早已昭然若揭，富贵人家出殡的排场大，自然来看殡的人也极多，名为“看大殡”。看客只管看热闹，哪里顾及丧主失去亲人之痛，形容那些幸灾乐祸而唯恐事态不再扩大的人的行为。

看殡不怕纸扎大

【释义】 纸扎，也叫“扎纸”，这里指用于祭祀及丧俗活动中所扎制的纸人纸马、摇钱树、金山银山、牌坊、门楼、宅院、家禽等焚烧的纸品。过去，丧葬习俗讲究“事死如事生”，人死后一切也按照生前一样对待，因此会烧许多纸扎给逝者。家族势力越大，经济条件越好的人家出殡排场越大，纸扎品类多、形制大，因此有“看殡不怕纸扎大”的说法，义同“看殡不怕殡大”。意思是人的痛苦并不相通，看热闹的人只顾满足自己，热闹越大越好，不会顾及逝者亲人的痛苦。

看不上穷人吃碗小豆腐

【释义】 小豆腐，山东各地都有，名称不一，另有豆沫、豆末子、渣、菜豆腐等称号。过去，做小豆腐多用野菜，如苦菜、荠菜、刺刺菜、面条菜、米粒儿菜等。各地的做法大体相同，都是剁菜为末，与豆子相杂煮熟。不过豆料的加工不太一样：一种是用豆面加菜，另一种是将豆子泡过，上水磨推成“豆泊”，再与菜相混。小豆腐虽然美味，但毕竟粗劣，是普通人家的饭食，因此多为富贵人家所不屑。形容那种见不得别人好的人，他得利益、过好日子可以，但是看到人家得到了一点好处，哪怕是出苦力换来的一点报酬，他心里也觉得不舒服，甚至要因此而设法对付人。

看对眼是龙，看走眼是虫

【释义】 虫指蛇，民间俗称“长虫”。龙是我国古代神话中的动物，龙的形象具有多种动物的特征。俗信认为龙的主体为蛇，所谓“龙行在天，蛇行在地”。意思是看你顺眼你就是龙，看你不顺眼你就是条蛇虫，形容不同的心理因素会导致截然不同的结果。

看景不如听景

【释义】 相同的景致，由于每个人的审美标准和期望值不同，因此每个人眼中看到的风景也便不同。听别人描述某地的景色很美，可是真正实地去看了以后感觉也不过如此，甚至会有些失望，原因是什么呢？因为听别人描述时加进了自己的主观想象，无形中这个风景就被加了分，于是导致了期望值与实景出现逆差。现实生活中，很多事情也会被人为理想化，无论怎样，一切最终还是需要面对客观事实。

看客下菜碟

【释义】根据来客身份的高低贵贱，决定做什么菜品招待。指宴席因人而异来定标准，讽刺有些人的势利，含贬义。

看你和个拗芒似的

【释义】句芒神也称“芒神”“木神”，是汉族传说中管农事的神祇。旧时都有在立春日鞭打春牛的习俗，因此立春也就叫作“打春”。每到立春这一天，各地都要举行鞭打春牛的活动，到时就要有人扮成芒神，由他来赶牛，象征木帝督促春牛努力耕种，预示新的一年丰收。特别有意思的是，以芒神的打扮卜一年天气变化时，一切都要反着看：芒神捂着耳朵是天热，露着耳朵是天冷；穿着鞋是多雨，赤着脚是天旱，又常常是穿棉衣而赤脚，或一脚穿鞋，一脚不穿鞋，事事反着来，使人觉得他性情执拗，所以从宋代以来就有人称芒神为“拗芒”。

看人挑担不吃力，自己挑担压断脊

【释义】看别人挑担子似乎很轻松，还在那“站着说话不腰疼”，等到自己挑却感到脊梁都要被压断了。这世上没有感同身受，事情没到自己头上就不会有真正的感受，因此不要对别人的事情妄加评论。形容只有亲自去尝试才知道真实感受，所谓“事非经过不知难”。

看山跑死马

【释义】眼看着远处的山似乎离自己并不远，可若真要骑马过去，可能跑得马累死了还没有到达。因为肉眼可及的并不是实际距离，这中间可能有百里千里之遥，而且隔山隔水。形容某个目标似乎离自己很近，可要实现却是费尽力气经历千难万险也达不到，意思是人不要盲目定一些遥不可及的目标，明确自己的定位，稳扎稳打方为明智之举。

扛着铡刀，人家也知道你是修理脚趾盖的

【释义】 铡刀与修脚刀的大小相差悬殊，功能也不同。形容外表再怎样改，本质不变也是枉然。常用来表示对对方的不屑，含贬义。

炕上没有席，脸上没有皮

【释义】 古人席地而坐，席子铺在地上，胶东的席子则铺在炕上。不铺席的炕叫“光炕”。过去，不是所有人家都能铺起席子，家庭条件差的人家一般用纸糊炕面，好一点的会在纸上刷层清漆增加光滑度。生活困难的年代，形容人家境贫寒，会说“炕上连领席都没有”；有人形容收成很好的时候会说“今年能置上炕席了”。可见炕席有多金贵，因而有俗语说“炕上席，脸上皮”，相反的表达则是“炕上没有席，脸上没有皮”，意思是炕是见人待客的地方，如人的脸面一样重要。

靠山吃山，靠海吃海

【释义】 一方水土养一方人。不同地域的人由于地理条件的差异，在饮食结构和食材上都会有所不同。形容人要充分利用所处自然环境的优势，谋求发展。

可怜兔子没肉吃

【释义】 养兔子本来就是为了吃肉，可在杀兔子的当口又要可怜它，那自然就没有肉吃了。形容两者不能兼顾。

可是看见地头了

【释义】 在胶东农村，人们习惯称田野为“泊”、为“山”，下地劳动叫“上泊”“上山”，称耕地为“地”，地处平原的叫“泊地”，地处丘陵的叫“堐地”，地处山区的叫“山地”。泊地往往地头很长，长的甚至能达1公里，遇上长地头，锄地、拔草、收割……苦不堪言，看离地头还远着，便常常会叹息一声“怎么还看不见地头啊”，等终于可以清楚地看到地堰边的野草或是田沟了，会慨叹“可是望见地头了”。生活中人们常用“看

见地头”“看不见地头”来比喻希望的渺茫与有无。在经历过漫长的等待或努力后终于有了结果或达到目标，人们会说“可是看见地头了”；绝望的时候会说“完了，算是看不见地头了”；希望遥远无期的时候会说“什么时候才能看见地头啊”；鼓励那些疲惫至极的人会说“再坚持坚持，就快看见地头了”。

可着钱吃面

【释义】 胶东地方，人家有婚礼、喜庆等事，排场很大，俗称为“作事”，这天不仅要请亲朋好友坐席，同时也要请所有雇员（如吹鼓手、轿夫）和前来帮忙的人吃饭，饭食必定是大卤面。大卤面的档次高低，主要差别在卤上。富贵人家吃大卤面，卤菜用海参丁、干贝丁、虾米、鲜鱼肉、口蘑、木耳、时鲜蔬菜、香油、肉片，极其丰富，若一般农户，没有这么大的势派，准备“作事”的资金有限，便会告诉厨师，用料花钱，只能限在一定范围内，万万不可超支，厨师明白了，就会酌减用料，这就叫“可着钱吃面”，意思近于“量力而行”。

抠腚咂指头

【释义】 意思是用手抠完屁股还要咂咂指头，极言过于吝啬小气之人。

快刀斩乱麻

【释义】 麻坚韧、不易断，所以需快刀来斩。形容事情不能过于牵扯，宜早作决断早了结，不能优柔寡断。刀快则断得利落、干净，因此也指不要藕断丝连。

L

拉拢不是亲戚，赶拢不是买卖

【释义】 亲戚之间，需要一方对另一方上赶着好的不会是真正的亲戚；买卖双方，卖家求顾客买东西也终究做不成买卖。亲戚可能会认为你是不是有求于他，买家会认为是不是你的货不好销出去。形容凡事都需要两相情愿，采用强迫手段达不到目的。

拉着别人的蚕单盖着自己的腚

【释义】 蚕单，指丝绸做的被单。胶东半岛丘陵多，多植柞树，很早就有养殖柞蚕的历史，西汉时就有“东莱郡东牟山，有野蚕为茧”的记载。柞蚕丝织出的丝绸叫山绸或茧绸，有宁海绸、南山府绸和芝罘绸三大类。拉别人的被单盖自己，多用于讽刺那些利己主义者，用别人的东西为自己谋利益，或将别人的东西拿过来占为己有。

辣椒虽小辣人心，秤砣虽小坠千斤

【释义】 辣椒虽小却能辣得人受不了，秤砣虽小，但能称量出千斤的重物。世间万物不论大小，都有各自的特性，有各自的作用，看似不起眼的东西能量也很大。形容不可以轻视别人。“坠千斤”也说“压千斤”。

来得早不如来得巧

【释义】 生活中有时候会有一些机缘巧合出现，这里意思是偶然的机遇往往能意外达到预期的效果和目的；也形容有的人时运好，会赶上一些好时机。

来了买卖坏了肚子

【释义】 本义是有了生意却因为自身的原因做不成，不得不放弃，被别人得了利益。“买卖”泛指重要的事情或者关键的时刻，形容有的人常常因为自己不给力，关键时刻掉链子，错过了好的时机。

揽破棉袄穿

【释义】 破棉袄不挡风不保暖，却硬往自己身上穿。比喻凡事总爱往自己身上揽，尤其指揽不好的事。

懒汉子听风，越听越凶

【释义】 汉子指男子。懒惰的人听到外面刮起一点儿风，就越听觉得风越大。指懒人不爱干活，总会找各种理由，而且稍有点理由，就会无限扩大，作为其偷懒的借口，含讥讽义。

懒老婆使长绠

【释义】绠，即绳子，这里指“线”。过去一家人所有的穿戴全靠女人手工缝制。人各不同，自然也有巧拙勤懒之分，这里说有的女人由于懒得老纫针，所以每次用长线。纫针虽费事费时，可是线太长，在缝制的时候极易打结，反而更耽误时间。这句话用非常小的生活细节来表现人的心理与行为，可以用在缝纫上，也形容原本想省事，结果反而费了事。

懒一懒，瞎个眼

【释义】本义是稍一懈怠，一眨眼的工夫，好事情就从眼皮子底下溜走了。形容机会稍纵即逝，不及时把握，损失会很大。

烂成的麻秧熟透的瓜

【释义】说的是两种由硬变软的东西。用苘皮来做麻，须把苘放在水里沤烂了变软才可使用，而熟透了的瓜也会变软。比喻当人老了，年轻时候的身强力壮已不复存在。

烂泥扶不上墙

【释义】抹墙的泥需要黏稠度合适才好，如果泥太稀就会挂不住。形容有的人没有大作为，不堪造就，义同“扶不起的阿斗”。

狼吃不算账，狗吃撵断腚根肠

【释义】本义是狼吃了就算了，若是狗吃了就不算完。狼和狗分别指代强势和弱势的人。狼吃了没办法，因为斗不过，狗吃了却能对付。一是嘲弄有的人大处不算小处算；二是说有的人做事不公正，对人不对事，厚此薄彼，也含“欺软怕硬”之义。

狼到天边吃肉，狗到天边吃屎

【释义】狼吃肉，狗吃屎，都是由于本性所致。形容本性难改，也用狼和狗比喻人的弱强，多用来劝诫人要做狼而不做狗，自身要强大起来。

老辈子供养生菜了

【释义】 老辈子，指一个家族中去世的前辈。供养，指祭祀祖先的供品。生菜，指没有做熟的菜。中国人有慎终追远的传统，逢年过节会供奉先祖，民间俗信认为，先祖会护佑后代子孙和睦家族昌盛。供奉先祖的饭菜应与在世的饮食相同，米面要做熟，菜要炒或炸熟，不能是生的。而供了生菜就是对先人不敬，先人是会怪罪的。因此这话用来特指弟兄间不和气，若谁家的子孙辈有矛盾，甚至打斗，老死不相往来。人家就会说一句“他们家老辈子供养生菜了”，意思是因为供养了生菜而使后代子孙生分得不像亲人。

老驴老马思故乡，不想人来想地场

【释义】 意思是动物也会思念家乡，想起它们劳作过走过的地方。人更是如此，故乡总有让你牵挂的地方。形容人都会念旧，想起一些人和事。

老母猪打扮起来还俊三天

【释义】 猪的长相在动物界里不甚美观，但如果把猪清理整洁，再修饰一番，也比原来要好看一些。形容仪表的重要，意思是再不好看的人打扮也比不打扮强。

老母猪肉都叫自家人吃了

【释义】 母猪一般都是用于繁殖，老母猪肉皮厚粗糙，肌间脂肪很少，虽然可以食用，但口感味道都不如普通猪肉好，所以没有人买，市场上也很少有人售卖，只能分给亲戚邻里吃，所以说都叫自己家人吃了。形容越是亲近的人越容易被骗，即所谓的“杀熟”。

老牛巴谷雨，懒老婆巴四十

【释义】 前一句说的是农时，后一句说的是人事。谷雨是二十四节气的第六个节气，也是春季最后一个节气。胶东有农谚说“清明耕一半，谷雨种一半”，是说节气到了谷雨，春耕春播即将结束，因此说“老牛巴谷雨”。巴，“巴望”“盼望”之意，老牛盼望谷雨，是因为春季的劳作即将结束，劳累了一春的老牛终于可以歇一歇了；而且此时正是暮春时节，有大量肥嫩丰美的青草可饱口福，牛们如何能不盼望呢？所以又有俗语说：“牛过谷雨吃饱草，人到芒种吃饱饭。”“懒老婆巴四十”，意思是说懒女人盼望早一点到四十岁。过去，劳动强度大，加之生活条件差，农村妇女到了四十岁就有些老态了。由于婚嫁年龄早，有的人到四十岁就已经“多年的媳妇熬成了婆”，这是许多女人“翻身”的时刻，由被人使唤到使唤人，是从前的女人们一生中的一个质变，有了媳妇，许多活计就不用做了，日子就会更舒服一些，于是便有了这句“懒老婆巴四十”。

老鼠没有不偷油的，猫没有不吃腥的

【释义】老鼠偷油喝，猫爱吃腥，动物都有自己的本性。形容人的不同秉性决定了他的行为方式，与“江山难改，禀性难移”同义。

老鼠屎，两头儿尖

【释义】两头尖是老鼠屎的形状，尖，谐音“奸”，用来比喻有些人奸猾，两面讨好。

老要张狂少要稳

【释义】人到老年，暮气有余，朝气不足，所以应自我调整心态，让精神富有活力；少年本来就活力四射，好动浮躁，就应当努力克制，力求稳健。

姥姥不亲，舅舅不爱

【释义】出嫁了的女儿生育的子女，娘家人称“外”甥（女）。这句话的字面意思是姥姥和舅舅不疼爱自己的外甥（女）。今天看这话，于情于理都有些说不通，姥姥和舅舅这可都是女儿最亲的娘家人，这两人怎么会不疼爱自己的外甥呢？是真的不亲不爱吗？问题应出在舅母身上。舅母也称妗子、妗母、舅妈，是舅舅的妻子。生活困难的年代，若外甥长住姥姥家，家里多了张嘴，简直不亚于虎口夺食，有些计较的舅母不高兴也在所难免，心里有了想法，脸上也就不好看了，轻则打鸡骂狗，重则鸡犬不宁。由此可见，语言背后就是生活本身。

姥爷好见，舅舅难求

【释义】 舅舅听姥爷的，舅舅应该比姥爷好求。但事实是，女儿出嫁后在夫家若出了问题，都是由兄弟来出面，也就是孩子的亲娘舅，所谓“娘家人”来处理的。因此就有了这句话。形容高层领导反倒比顶头上司好接近好办事，含贬义，讥讽小人得势。

泪打痛处来

【释义】 无论是心痛还是身体的某个部位疼痛达到一定的程度，人都会流眼泪，这是人的本能反应。与“男儿有泪不轻弹，只因未到伤心处”同义。

冷到寒食热到秋

【释义】 因为胶东半岛春天风大，气温回升不如内陆快，到寒食、清明天气才会转暖，所以胶东一带过去有到了清明才让小孩子脱棉裤的习俗，说否则会寒了腿，很有一定的道理。这个时节，有些年轻人一见天气转暖，常会迫不及待地换上俏丽轻薄的春装，老人们则往往还是冬装在身。同义的俗语还有“过了寒食，还冷十日”“打了春，别欢气，还有四十天的冷天气”等，意思也都是此时乍暖还寒，仍要注意保暖。

里是里，表是表

【释义】 在衣物不足的年代，夏天还好说，秋冬的服装总要用心筹措。夹袄和棉衣都需有里有表。扯一块新布，做一件新衣，的确不是一件容易的事。就是买了新布做新衣，一般也是用新布做表，里子仍找点旧布来凑合。难得有表是新布，里子也是新布的时候。若做新的棉衣，表是新的，里是新的，棉花也是新的，则称为“里表三新”，十分难得。体验过做新衣穿新衣那种幸福感的人，把“里是里，表是表”用来比喻同类的物事，意思是“无可挑剔”“完美无缺”。因为“里”与“理”同音，又可以表示道理周全，没有说不过去的地方。若说“看人家办事，里是里，表是表的”，那便是对这个人品德与能力的全面肯定。

立冬不出葱，必定落场空

【释义】立冬节气大葱出园，否则大葱容易失去水分变空。意思是做任何事情都有个最佳时间，抓住时机才能获利最大，否则容易使结果落空。

俩五不知一十

【释义】知道一个“五”，却不知道两个“五”为“十”。意思是脑袋不会拐弯，形容人极笨。

脸儿壮，吃得胖

【释义】脸儿壮意谓脸皮厚。意思是现实生活中，有人脸皮厚，便宜就占得多；相对来说，脸皮薄，凡事都不好意思的人得到的就少。

脸皮割绑，能穿好几年

【释义】割，方音读gā。绑，一种冬天穿能防寒防水的鞋子，用腌咸的鲜猪皮缝制而成。割绑，即做绑的过程。过去在做绑的时候，有专门割猪皮的刀，很锋利，所以做绑又叫“割绑”。绑皮又厚又硬，且很有韧性，所以很耐穿。于是，嘴巧的人就把脸皮厚和绑皮联系在一起。形容某个人脸皮厚，就会说“某某某的脸皮有绑厚”“某某某脸皮能当绑穿”“某某某的脸皮真厚，割绑也能穿好几年”等。

脸皮厚得能当绑穿

【释义】绑，过去用动物毛皮做的一种简易的鞋子，一般用猪皮做得多，叫“猪皮绑”。由于是皮制，所以质地厚实耐穿，泥里水里都下得去，下雪天也不会透水，里面再塞上保暖的草，成为曾经冬天上好的鞋子。脸皮自然不能用来做鞋子，这里用夸张的手法讽刺那些脸皮极厚的人。

凉女子，收黍子

【释义】过去一般是冬腊月办婚事，这之后搬九（出嫁后九日，回娘家小住）。转过年，过了正月十五，正月十六日就要搬闺女回娘家住。“凉女子，收黍子”的意思是如果搬闺女这天冷，那么黍子就丰收。闺女在娘家最少要住到二月二，这是规矩；也有住到过清明的，或住到过端午的；但必须在端午节前送回婆家，或女婿到老丈人家去接。如果过端午前回去的，回去时要包 200 到 400 个大黄米（黍米）粽子，还有鸡蛋等。

两好搿一好

【释义】相交是双向的，日常生活中，人与人之间交往，不能只要求别人对你好，你同样要以真诚回报。也就是通常说的“人敬我一尺，我敬人一丈”。

两面不受礼，难死抬食盒的

【释义】过去有习俗，婚礼前一天要下催妆，即男方请人用食盒子抬着猪肉等礼物到新娘家。如果女方家接受，证明女方对男方很满意，会盛情款待抬食盒的人，留下一些礼品，再添上回礼。抬食盒的高高兴兴回去复命，男方家第二天就欢欢喜喜迎娶新娘。如果女方对男方有不满意的地方，就会不接受礼盒，或者提出一些要求，这就让抬食盒的人两下为难，因为没有完成使命。不只婚礼抬食盒，其他时候也有这种为难的情况，比如，中间人劝解有矛盾的两方，也会遇到双方都不接受对方条件的时候。形容夹在中间的人容易吃瘪，两边都不好交代。

两人睡觉颠倒颠，三个人睡觉插木锨

【释义】在生活困难的年代，家庭人口多，不能保证每人一床被子，尤其是孩子多的人家，常常是两个人或三个人合盖一床被子，为合理利用空间，人们就想出了这样的办法。不能头挨着头并排躺着，而是头与脚“颠倒颠”。两个人盖一床被子，若南北向睡，就一个头朝北，另一个头朝南，叫“打通腿”。三个人就两人头朝北，另一人头朝南，将腿伸在两人中间，就像木锨的柄一样，这样能节省地方，尽可能让三个人都盖到被子。

两手攥空拳

【释义】将握紧的拳头打开，手里没一点东西。形容一无所有。

两条腿的不交，交四条腿的

【释义】两条腿的指人，四条腿的指畜生。形容有的人交友观有问题，不能识别好人坏人，放着好人不交往，结交坏人。

邻居一杆秤，街坊千面镜

【释义】意思是看一个人的人品就看周边人怎样评价即可，街坊邻居就像一杆秤，能称出这个人几斤几两，也像很多面镜子，能照出这个人的行为和品德。形容只有距离近，长时间接触，才能真实了解一个人。也说“邻居眼睛两面镜，街坊心头一杆秤”。

临阵磨枪，不快也光

【释义】快要上阵打仗的时候才磨刀擦枪，尽管不会很锋利，但至少有了光亮。形容事到临头才做准备，临时抱佛脚虽然作用不大，但说不定也会有奇迹出现。用来激励人们就算到了最后时刻也要努力一下。

零清不如总算

【释义】本义是还账，借钱一般有约定期限，有的人会攒一点还一点，有的是攒到一起，最后算总账。到底是零碎还清还是最后算清，因人因事而异，不能说到底哪一种好，认为“零清不如总算”只是一种观点。这话用在别的方面，是说零清的力度不如总算强，比如，对某人的不满情绪，一次两次还会忍耐，等到一点一点积累到最后忍无可忍而爆发，便新账老账一起算。

六月草，锄拉倒

【释义】六月雨水多，野草生长茂盛，一场雨一层草，如果不及时除掉，会影响庄稼生长。但六月草由于根基不深，很容易清除，锄一到即倒。意思是夏天的田间管理一定要跟上，勤加管理才会丰产丰收。

六月里北风当日雨，好像亲娘搬闺女

【释义】如果阴历六月刮起北风的话，当天就会下雨，就好像亲娘想见闺女那样急切，意思是雨会下得很快。过去，女子出嫁后不能随便回娘家，必须在一些特定的时节或场合，这里用比兴的手法强调母亲思女心切，只要条件允许，立刻就会去搬闺女回家团聚。

六月债，还得快

【释义】 本义是六月借的债很快就能归还。六月，这里指阴历六月。旧时有还“半年债”的习俗。如果借了钱或者买卖上赊了账，一般有在八月节或年底还账的传统。阴历六月过后不久就到了秋收时节，秋收之后有了收成就有能力还债了，即“秋后算账”。商家也一样，过完年就是阴历二月，到八月也是半年。即使到年底还，那么六月份借的钱比一月份借的钱，还钱周期也短了许多。引申义是报应来得快。

搂草的叫拾粪的训着了

【释义】“训”是批评。“搂草”和“拾粪”是过去农村两样常见的活计，两者并无高下，也并无关系，不应该有冲突。形容受了不相干人的批评，言外之意说对方多管闲事。

路不平旁人踩

【释义】 路不平，只要常有人走就会踩平了。意思是不合理不合法的事情，总有人会出来制止；欺负人、压迫人的行为，必然要受到社会舆论的谴责。也说“路不平有人踩”。

路在嘴边

【释义】 意思是在陌生的地方，找不到方向和路线的时候，得向人打听路。可是有的人就不愿意开口问人，闷着头自己找，结果原本可能很近的地方，却一直在兜圈子，走了许多冤枉路。形容人的嘴巴要勤快一点，有时就是一句话的事。

露水珠引河水

【释义】 河水，指每年夏季汛期河里发大水。一滴露水与河水泛滥相差悬殊，看似相距甚远，但就是这一滴露水有可能引发大水。意思是事情要看苗头，不能因为起因小就忽视；也有积少成多之意，如规模很小的事业有可能逐渐发展成为规模宏大的事业。义同“星星之火，可以燎原”。

萝卜白菜，各有所爱

【释义】萝卜白菜是居家饮食的普通蔬菜，有人爱吃萝卜，有人爱吃白菜。生活中，有的人喜欢一样东西，往往会认为别人也喜欢，其实你喜欢吃的人家未必爱吃，你忌口的可能是别人的最爱。众人口味有别，不能强求一致。形容每个人的兴趣爱好不同，不能将自己的意志强加于人。

萝卜不济，辈（背）儿大

【释义】萝卜差不多有四分之三的部分长在土里，所以种萝卜一般要起高垄。虽说垄背高不一定萝卜长得好，但不起垄或垄背低，萝卜一定长不好，所以民间有“平地萝卜，十个里面九个歪”的说法。因此也就有了一句俗话：“萝卜不济，背儿大”，本义是萝卜长得不咋样，可是垄背高。“背”与“辈”谐音，于是人们便用这句俗语来说某个人即使再不堪，可是辈分高，也要另眼相看。这话可以用来自嘲，也可以是旁人打抱不平时说。

萝卜不济，窝好

【释义】萝卜拔出来的时候，会在地上留下一个或深或浅的窝，因而有俗语“一个萝卜一个坑”，或者“一个萝卜一个窝”，“窝”有巢穴的意思，于是又有俗语说“萝卜不济，窝好”。形容家庭出身对于人的重要，意思是无论某个人好不好，只要他的背景好出身好就行。

落第的学子笑是哭，上轿的闺女哭是笑

【释义】科举落榜，十年寒窗苦读却名落孙山，其中的酸甜苦辣，巨大的失望与挫败感无人能理解，所以人前在笑，心里却在滴血。闺女出嫁，人生大喜，本该喜笑颜开，为何却哭？古代的哭嫁习俗，并不是形式，而是真的心中悲苦。父母之命，媒妁之言下的婚姻，女子并不知道自己要嫁进的是狼窝还是虎穴，连未来的夫君长什么样子都不知道。因此，除了对父母的不舍，更多的是对于未知婚姻生活的恐惧与担忧，于是就有了各民族的哭嫁习俗。今天，婚姻自主，嫁的都是自己喜欢的人。出嫁之日，感念父母养育之恩，新娘子也会因不舍父母而落泪，但内心却是喜悦

的，因为即将开始幸福的婚姻生活，从此一生一世一双人。这句俗语描述的是一种反差现象，看似反常，实为正常。意思是有时候并不能看表象，表象背后才是当事人真正的苦乐，旁人不可能感同身受。

驴不喝水强按河里去了

【释义】 毛驴曾是农家普遍饲养的役畜，人们对它的脾性再熟悉不过。通常情况下，毛驴是很温和的，但有时也会不听使唤，所谓“上来驴脾气”“耍驴脾气”。这句话意思是脾气再犟的驴最终还是自己喝的水，不是人逼的。生活中不时会有这样的人，为了某种利害，听从他人的唆使，做了为众人所不容的事，事后又到处说自己是“不得已”，大家听了，并不原谅他，便回他这样一句话：“还说什么呢，驴不喝水强按河里去了？！”明白地告诉他：“总归还是自己愿意。”

驴唇不对马嘴

【释义】 形容答非所问或者将没有关联的事物联系在一起。

驴懒埋怨轴棍短

【释义】 轴棍，拴在驴、骡马等牲畜尾巴下的横木棍，用来固定驴鞍。过去畜力运输使用频率高，大多用驴或骡子往山上驮粪肥，往回驮庄稼。这句俗语以驴喻人，形容明明是自己懒，却找出一大堆歪理来。

驴屎蛋子外面光，绣花枕头一包糠

【释义】 驴屎蛋子，即驴粪，也叫“驴屎球儿”。“驴屎蛋子”和“绣花枕头”都是外面好看，里面很糟糕。生活中有太多人徒有虚名，名声在外，却没有多少真才实学。因而这句话形容人或物表面上光鲜亮丽，但徒有其表，里面没有真材实料，华而不实。也用来形容人做事情只注重形式，却没有实质内涵。两句都可单独使用。

驴驮子早晚要驮在驴身上

【释义】 驴驮子，架在驴身上用来负重的架子，两边会绑上筐篓等来盛装东西。驮架一般用硬杂木制作，重约 20 斤，一般可以负重 100 斤左右。驴曾经长时间作为运输和交通工具，尤其是交通不便的偏远山区，担负着接送新娘出嫁回门、进城买卖、粮肥的运送等任务。这句话的意思是某项任务早晚还得落到自己身上，推脱不掉，就像驴身上必须被架上驴驮子一样，常用来表达辛苦和不得已。

驴子是个怪，骑着倒比牵着快

【释义】在人们的意识中，似乎达成了一个共识，那就是驴的脾气倔，“犟驴”“倔驴”“驴脾气”说的都是驴，也用来说人。生活中人们说某人不会顺人意，总跟人拧着干，也会说一句“属驴的——牵着不走，打着倒退”。两句俗语的意思一样。

M

马蹄湾都能呛死人

【释义】马蹄子能有多大，这里用马蹄湾是夸张的说法，指很少的一点水。按理说，马蹄湾里呛不死人，但是事情总有凑巧的时候。形容赶巧了一切都有可能发生。

犸见了欢喜，驴见了愁

【释义】犸，指狼。意思是某个人徒长了大个子，没有什么办事能力。狼欢喜是因为有这么大的猎物吃，驴愁是因为驮这么大的人很辛苦。

骂人骂自家，打人打自个

【释义】你打别人，别人会还手，等于自己打了自己；你骂别人，别人会还口，等于换了一个嘴巴来骂自己。这句话反映了一个通俗的道理：缺乏教养的人好打架、好骂人，一旦遭到还击，其实就是引火烧身，就是在自己打自己、自己骂自己。也在告诫人们，凡事因果有报，要与人为善。

买卖不懂行，瞎驴撞南墙

【释义】做一行买卖却不懂这一行，就会盲目而没有方向。形容任何事情都有专业知识和规律可循，无论做哪一行，都要先了解这一行的生意经。

买卖好不在税上

【释义】做买卖要交税，天经地义。买卖做得好，利润丰厚，自然就用不着计较那点税钱，因为其所占的比例很少。更不能挖空心思偷税漏税，要做诚实守信的买卖人。这句话还有另一层意思，那就是告诫做买卖要把心思用在经营上，以求得更大的利润，

买卖好干，伙计难搿

【释义】意思是生意有可能好做，但是在做生意过程中，由于"利"字当头，合伙人之间会发生大大小小的冲突，从而导致友情破裂，甚至反目成仇。所以人们说越是亲近的人越不能一起做买卖，免得将来连亲戚朋友都做不成。也说"生意好做，伙计难搿"。

买卖前头没有眼

【释义】做买卖有赚就有赔，谁也无法预知到底能赚还是能赔，不能提前跑前面看看。其实做任何事情都是如此，要有一定的预判，有一定的心理承受能力，赚也不必高兴，赔也不必气恼，要以平常心来对待。

买猪不买圈，看人不看家

【释义】买猪看圈，看似是看猪的生长环境，实则是看猪的基因如何。这话用在婚俗上，是说结婚前女方要到男方家去看家，看看男方的家庭条件以及家人的待人处事等，以决定自己是否要嫁。意思是猪也好，人也罢，只要看单一个体就可以了，不必看家庭。这句话实则表达了一种婚恋观，原生家庭对于子女的影响当然毋庸置疑，但父母为人好孩子不一定就好，父母为人不好孩子也不一定就不好。因此，当有人根据家庭和父母的情况决定是否结亲的时候，人们就常说这句话。

迈着锅台上了炕

【释义】胶东的锅灶与睡觉的炕相通，中间有壁子作间隔，少部分人

家是半壁子。不管怎样，从外间到东屋或西屋的炕，都要先经过锅台才能到达炕的所在。因此便有了这句“越着锅台上了炕”的俗语，形容不按套路行事，过于急躁，想一步到位；也形容越级办事。其中包含不知礼法、不懂规矩、不会办事等多重语义，也说“越着锅台上了炕”。

麦熟一晌，蚕老一时

【释义】麦子看起来还不到收割的时候，但可能经过一个中午的暴晒，就熟了；蚕要结茧了时间也很紧张，必须提前准备好供蚕结茧的器具。意思是麦子和蚕如果耽误了时机就可能造成减产。自然界万事万物都有自己的规律，任何事情都有其关键点，人也一样，在人生的一些关节点也需要把握住时机。

麦喜胎里富，人怕老来贫

【释义】麦子种的时候喜欢水多肥足，这样才有韧力出苗生长；人则是怕老了没钱花，人也没用了，别人都看不上，甚至孩子有的都不管，所以人最怕老来穷。

麦子成和秕，看看正月二十一

【释义】正月为新年的第一个月份，新春伊始，人们会在不同的时间预卜农事丰歉。阴历的正月廿一，俗信为小麦的生日，人们根据这一天天气的阴晴雨雪来预卜新一年小麦的收成，天气晴好则会丰收，否则则歉收。也说“给吃不给吃，就看正月二十一”。

麦子焦了头，小姐下绣楼

【释义】麦子成熟很快，眼看着还在泛绿的麦田，几个毒日头就一片金黄，所谓“麦熟一晌”。麦子一旦成熟就要抓紧收割，否则会造成麦粒脱落，或者淋了雨而生芽发霉。为了抢时间，男女老少齐上阵，大家闺秀的小姐都下了绣楼，可见其紧张程度。形容事情紧急。

蛮娘子不识敬，狗肉不上秤

【释义】许多地方有不吃狗肉的习俗，所以私下交易的时候，买卖的双方都有些心虚，交易起来并不敢明目张胆，因此，不能像经营别的货物一样讨价还价，而是连秤都不用称，买卖双方心照不宣，估价交易，为的就是快速完成，避人耳目。这句“蛮娘子不识敬，狗肉不上秤”，意思发生了变化，有狗肉上不得台面的意思，形容人不识抬举。同义的还有“狗肉不上桌”。

满瓶不响，半瓶乱咣当

【释义】 一个瓶子装满了水，摇它是不响的，装半瓶子水的时候，稍微摇它会咣当咣当响。比喻有些人获得一点小成就，取得一些成绩，就显摆自己的能耐，到处张扬，骄傲自满；而有些人相反，取得很大成就，做出好成绩却比较低调谦逊，保持不停学习的态度，专心做事情。也说“一瓶子不满，半瓶子乱咣当”。

猫不急不上树，兔不急不咬人

【释义】 一般情况下，猫不会上树，只有紧急关头或者威胁到生命安全时，它才会使出看家本领——上树。兔子一般情况下不会咬人，只在生死攸关、千钧一发之际，才会不顾一切地绝地反击。猫和兔子都是很温顺的动物，逼急了也会一反常态。生活中也有一种人，平时看起来与世无争很好脾气的样子，但当自身利益受到威胁，就会做出与平时截然相反的行为，对待伤害自己的人毫不留情，绝不手软，不获全胜，决不收兵。形容不要把人逼急，也有不要欺负老实人的意思。也说“猫急上树，兔急咬人”。

猫大小的岁数，狗大小的年纪

【释义】 猫和狗的寿命都短。形容对方经历的事情少，有瞧不起人的意思，一般用来说孩子。

猫盖屎，雪窝埋死尸

【释义】 猫屙屎之后总要抓些浮土盖住，但盖得不深，很容易被人发现；把尸体埋在雪下，暂时是没人知道，但雪化之后很快就会暴露真相。形容要隐瞒某事但手段又很拙劣，有敷衍了事之意。

猫搂着鱼哪能睡着觉

【释义】猫喜食鱼，所以猫守着鱼怎么可能睡得着觉。意思是人有心事不可能安生。

卯不知申的事

【释义】古时候将一昼夜分为十二个时辰，每一个时辰为现在的两个小时。卯时为5—7点，申时为15—17点。意思是申时的事不可能卯时就知道了，形容自己对某件事毫不知情。

满鼻子带脸

【释义】鼻子在脸上占中心位置，东西抹到了鼻子上，也往往会顺带抹到了脸上。形容吃东西吃得满脸都是，也比喻做事情不利索，或者分不清主次。

没时帮一口，强起帮一斗

【释义】人都会遇到困难的时候，“一文钱难倒英雄汉”。在别人困难的时候帮一把，让他渡过难关，胜过平时帮他再多。这句话不只是针对物质方面的资助，当一个人颓废的时候，对其在精神层面上给予引导、鼓励和支持，也胜过在其事业有成时百倍奉承。

没有吃不了的苦，只有享不了的福

【释义】再多的苦难也会过去，但功成名就后，在荣华富贵面前却未必能得善终。前一句用来鼓励身处困境的人，后一句则提醒人们要惜福。也说“只有享不了的福，没有遭不了的罪”。

没有爹妈夸孝顺，没有儿女夸干净

【释义】没有老人就夸孝敬，没有孩子就夸干净。这话一可以用于说自己，实际上老人在的时候这人未必孝顺过，这人带孩子的时候身上的衣服也未必干净。意思是对于一些事情，时过境迁再说，已经没有意义，凡事不是看自己怎么说，而是要看当时是怎么做的。二可用于说别人，意思是有些人善于说好话奉承人。

没有金刚钻，不揽瓷器活

【释义】 锔匠，称“锢漏匠”。过去乡村常有锔匠走街串巷为人们锔锅、盆、碗等家用品，锔匠需在铁和瓷器等材质上钻眼钉锔子，钻头须用坚硬的金刚石钻头。形容没有真本事，对事情没有把握，就不要揽来做。

没有弯弯肚子，就别吃那破镰头

【释义】 肚子，这里是指肠胃。肚子里没有弯弯道道，就不要去吃镰刀。意思是自己没有本事，就不要去逞能，做自己力所不及的事情。形容瞧不起人。

眉毛胡子一把抓

【释义】 眉毛短、胡子长，又没有长在一起，不可能一把抓，倘若一把抓就会混乱，形容做事情分不清主次，难见成效。

门窗不易开，不出两天有雨来

【释义】 木质的门窗如果受潮发胀，就容易紧，不好开，预示着空气湿度大，很快会下雨。形容任何事情在发生之前，都会有一定的征兆。

门口没有三大堆，长好庄稼净是吹

【释义】 化肥没有大量使用的时候，到了冬天，农村家家户户门前有“三大堆”，即草堆、泥堆、粪堆。柴草准备充足，草木灰多了，可以当肥料；烧了一年的土炕来春把它打了另盘新的，这些经过熏烤过的泥土坯也用来当基肥；泥土堆用于一个冬天垫猪圈和牲口栏攒粪。这是当年乡村人们生活的真实写照。

门子不紧带累四邻

【释义】 自己家的门户看不紧，招了贼，往往连带邻居也被偷窃；即使邻居家没有损失，也会担惊受怕，惶惶不安。

猛虎吃不了儿和女

【释义】 意思是老虎再凶猛，也不会吃自己的幼崽。形容父母再厉害，也不会伤害自己的子女。无论是动物还是人，天下父母大多爱自己的孩子。与“虎毒不食子”同义。

猛火没有湿柴，就怕懒汉弄不来

【释义】 干柴自然好点燃，但如果火够大的话，即使是湿柴也能引燃，就怕连湿柴都没有。意思是无论干柴湿柴，总得有人去打来才行。形容人懒。

门子要紧火要紧，闺女大了脚要紧

【释义】 居家过日子，安全第一。门子要紧是说要关好门窗，为的是防盗；火要紧，是说要收拾好锅灶周围，为的是防火灾；与这些同等重要的还有家中女孩子的脚，因为在缠足的时代，女孩子的脚大了不好嫁人。

苗怕虫咬，孩怕娘娇

【释义】 庄稼苗开始的时候娇嫩，虫咬之后，这棵苗就毁了；孩子小的时候则最怕父母娇惯，养成毛病之后会毁了孩子。重点在后一句，意思是抚养子女如同侍理庄稼幼苗，需用心栽培，不可太过骄纵。

摸着了壶嘴不撒手

【释义】 壶，这里指酒壶。有的人摸着了酒壶就不松手，形容某人极度嗜酒。

摸着石头过河

【释义】 过河不知道深浅，只能小心翼翼地摸着河底的石头走。对未知事物，要勇于探索，既不盲目蛮干，也不能畏缩不前，应在探索实践中找到正确的办法。

磨刀不误砍柴工

【释义】 镰刀用一阵子刀刃会钝，这个时候收割庄稼或砍柴，费了气力但不出活。磨一下似乎是耽误了一些时间，但镰刀锋利了会事半功倍，正所谓“工欲善其事，必先利其器”。意思是做事情必须有得力的工具，也形容做事情要做好基本的准备工作，这样才不会白白耽误工夫。也说“磨镰不误割草功”。

磨道里找驴蹄子印

【释义】在人工加工粮食的年代，石磨石碾是最常用的加工工具，除了人力、畜力中用得最多的就是毛驴，磨道里自然会有驴蹄印。世间总有心胸狭窄或阴险狡诈之人，若要栽赃陷害一个人，总要找一些借口，就像到磨道里找驴蹄子印一样，纯属莫须有的理由，所谓“欲加之罪，何患无辞”。除了这个含义，这条俗语还用来表示不费吹灰之力就能做到的事情。也作歇后语：磨道里找驴蹄子印——一找一个准。

抹了笼头的驴

【释义】抹（ma），拿下。过去农家种庄稼经常要用到驴和骡子、马等牲口。上山运庄稼或运土粪肥等时，为了防止牲口吃沿途路上的庄稼或草耽误干活，就给牲口戴上笼头。干完活回到家里，主人就把牲口的笼嘴摘下来，让牲口吃食。这时候往往牲口都会饥饿难耐，张开大嘴猛吃一顿。形容某些人吃得饕餮，吃相难看。

木匠的孩子会刻“寨”儿，瓦匠的孩会垫垫儿

【释义】“寨”，指木楔子。木匠家的孩子会刻小木楔子，瓦匠家的孩子会用石片将墙垫平。意思是大人做什么孩子都会模仿，受父辈的影响，耳濡目染也会学到一些手艺，所谓“看也看会了”，形容家庭与环境对人的影响很大。

N

拿老王的拳捣老王的眼

【释义】一个人用自己的拳头去捣自己的眼，比喻自己伤害自己。也有“羊毛出在羊身上”的意思。

拿一分钱和铜盆一样大

【释义】这里说的“一分钱”，特指一分钱的钢镚儿，意思是把一分

钱的钢镚儿看得像铜盆那么大。讽刺某个人小气、吝啬。

拿着棒槌当针纫

【释义】 棒槌是洗衣服时用来捶打的木棒，和缝衣针的大小粗细相差悬殊，显然不能成立。这句话多作为歇后语使用，“拿着棒槌当针——粗细不分”，形容一个人处理问题时太过分，把小事无限扩大了；也形容有些人过于认真，别人不经意的事情，他却非常认真地对待。

拿着鸡蛋碰石头

【释义】 鸡蛋易碎，碰到石头的结果自然不言而喻。用来比喻不自量力，以绝对弱势对绝对强势，必败无疑。

拿着精细当糊涂

【释义】 明明心里有自己的小算盘却装傻，也不说出来，以为别人不知道，其实别人早已看明白了。生活中这样自作聪明的人并不少见。

拿着穇糠换大米

【释义】 穇糠吃起来口感粗劣，根本无法与大米相比。正常情况下，用穇糠不可能换来大米，因为两者的价值不对等。因而，生活中如果幻想着用价值低的东西去交换价值高的东西，大多也只能是一厢情愿。

哪个庙里没有屈死的鬼

【释义】 屈死鬼，含冤负屈而死的鬼魂。传说土地爷是阎王手下的地方官，人死后鬼魂去见阎王之前，先要在土地庙羁押三天，待土地神在生死簿上勾销掉名字，发给“通行证”后，才能去阴间见阎王，否则就会成为无家可归的孤魂野鬼。在此停留期间，家属亲友须为其送饭食，在前三天给鬼魂送浆水，如同生者食用一日三餐，每天的早、午、晚各送一次，也称“报庙”。形容到处都有受到不公平待遇的人。

哪块黄土不埋人

【释义】 这种说法有着无可奈何认命的情感，也蕴含着对新生活充满信心和希望，流露出一种随遇而安的洒脱。“车到山前必有路，柳暗花明又一村”，在困境中看到更为广阔的天地。同时，也是告诫年轻人，不必留恋故土，只要努力，在哪里都会创造美好的生活。

哪碗憋食也不容易吃

【释义】 潜水捕捞，渔民叫“碰”，如“碰（海）参”“碰扇贝”“碰鲍鱼”等。胶东渔区有个特别的捕捞门类，就叫“海碰子”，专指潜入海底捕捞海珍品的行当。“海碰子”因为要憋一口气才能潜水作业一次，渔民称之为“吃憋饭”。“海碰子”的劳动极其艰苦，也极其危险，有时不免酿成惨剧。因此做海碰子这个行当虽然获利较为可观，但是需要过人的胆识、强健的体魄和高超的水下作业能力，不是什么人都能做的。比喻哪碗饭也不容易吃，每一行有每一行的艰辛，不必羡慕别人，因为有些工作是你无法胜任的。

纳了皇粮不怕官，敬了父母不怕天

【释义】 皇粮国税是中国民间对农业税流传已久的一种习惯称呼。依法纳税是公民的法定义务，孝敬父母更是天下子女天经地义的事情。意思是做了自己该做的便问心无愧，官差不能奈何自己，连老天爷也不必害怕，体现出底层百姓的道德情感，这种无忧无惧的平静生活也可谓是一种岁月静好的理想。

男儿无志，似铁无钢

【释义】 志，志气、意志。男人没有意志，只能是块铁而不是块好钢。意志是一个人的硬核，男人须有坚强的意志，才能克服困难，成就大业。

男怕穿靴，女怕戴帽

【释义】 民间把下肢水肿叫作“穿靴”，把头部面部水肿称为“戴帽”。认为男人腿肿女人脸肿都是病入膏肓，已经到了很难治疗的地步了。这句话应该辩证来看，不能绝对。

男怕选错行，女怕嫁错郎

【释义】 男人怕选错行业，女人怕嫁错丈夫。强调行业、婚姻选择的重要。前一句有一定局限性，因为行行出状元，后一句说对待婚姻要慎重的态度倒是对的。

男人发愁拔麦子，女人发愁坐月子

【释义】 过去，麦收是农村最忙、最累、最急的时节，叫三夏大忙季节。天气炎热，加之高强度劳作和落后的抢收方法，即使是男劳力也不堪其苦。女人生完孩子后，身体损耗很大，要坐月子，好好调养休息。但坐月子有很多禁忌，如不能吹风、不能受凉、不能洗澡、不能洗头、不能吃酸的辣的，等等。即使大夏天也要在热炕上，还要捂得严严实实，甚至还要戴帽子围巾，这叫“捂月子”。其他月份还好，三伏天这样就受大罪了。现在小麦收割已经全部机械化，女人产后也都懂得科学保养，生产方式和生活观念都发生了改变。

男人满街走，带着媳妇两只手

【释义】 男人在外面奔波操劳，人们从男人的穿戴上可见他的媳妇缝补浆洗是否手巧勤快。意思是勤快手巧的女人会把自己男人收拾得挺括干净；反之，笨拙懒惰的女人会让自己的男人邋里邋遢。

男人是搂钱的耙子，女人是攒钱的匣子

【释义】 “男主外，女主内。”可以说是中国人普遍认可的观念，《周易·家人》里有：“家人，女正位乎内，男正位乎外。男女正，天地之大义也。”形容男女在家庭中各自的定位。过去由于女人不参与社会工作，因此，男女缔结婚姻关系后，一般就有了明确的分工，男人负责养家，女人负责持家，这也有了坊间常说的一句话：“男人是搂钱的耙子，女人是攒钱的匣子。”

男人挣页板，老婆丢扇门

【释义】 门是由板做的，门自然比板值钱。用来讽刺有些家庭妇女不会持家，男人在外面挣得再多，也不够她铺张的。有得不偿失，因小失

大，贪小便宜吃大亏的意思。也说“外面挣页板，家里丢扇门”“出去拾了页板，家里丢了扇门”“挣页板丢扇门”。

南磕头，北烧香

【释义】 到处烧香磕头。形容求人帮忙。底层群众遇到自己无力解决的事情除了祈求神灵没有别的办法，并且常常最后也没有什么结果。这是一种迷信的行为，求神灵能解决问题就不会有难事了，因此，求谁也不如求自己。

南跑北奔，不如搂草攒粪

【释义】 种庄稼离不开粪肥，早年都是自家攒农家肥。拾草为烧火做饭，草木灰可做肥料。意思是在外面奔劳谋生，总不如安安稳稳种庄稼来得踏实，这是曾经的勤劳致富格言，是朴实本分的农民观。如今已不再作为圭臬。

南山顶上轱辘车，有了后妈就有后爹

【释义】 从山顶上往下推车子一样，一路下行，很快就轱辘到底了。男子在有了新的家庭之后，很快就会进入新的状态，忽视原有的子女。说的是母亲去世或父母离异后孩子的境遇，有了后妈，亲爹听后妈的，亲爹也就变成后爹了。用从山顶向下推车形容父亲的改变极为自然和快速。这话也揭示了继母、孩子之间存在的普遍现实问题。

南挑北拣，拣个牛屎拍糊了眼

【释义】 牛屎拍，方言，指一摊牛屎。这句话一般专指人找对象，高不成，低不就，一直找不到合适的，结果最后找了个不咋样的。形容有些人选东西过于挑剔，挑来挑去，最后反而挑了个最差的。其实，人也好，工作也罢，都需要找准自己的定位，知道什么是最适合自己的。

难的不会，会的不难

【释义】 任何事情，都有其解决方法。再困难的事情，对于会的人或行家来说也不难。你觉得难是因为不懂其原理，不知道方法；而等你会了

以后就会觉得不过如此，甚至感觉很简单。所以凡事自己不要先有畏惧心理，关键是要上手去做，不做永远都不会。

难过的日子好过的年

【释义】 在民间意识里，年就一天，也就是除夕，过了除夕夜，就是过了年，就迎来了新的一年，所谓“一夜连双岁，五更分二年”。到初二晚上，把“请”回家过年的祖先“送”回去，这就是“送年”了。烧完香纸，人们常会说一句“年这就算过去了”，这句话还可用来感叹美好时光的短暂，过年期间可以不用辛苦劳作，大家一团和气，吃喝玩乐，这样的日子自然飞逝如流水，好像不等过就结束了。这句话还常用来比喻要节省，别在过年期间铺张浪费，大吃大喝，所谓“别把好日子一天过了”，要细水长流。年一晃就过去了，日子却要一天一天地过；老人们也常用这句话告诫年轻人过年期间别只是贪玩，要为新的一年做好计划。

攮一千锥子也不出血

【释义】 攮，指用针、锥子等锋利器具扎、刺。一千，泛指多。扎一千锥子扎不出血来，用夸张手法说那些性格内向的人，不爱说话，怎样刺激也没有反应。

脑袋别在裤腰带上

【释义】 比喻随时都有生命危险。形容冒着生命危险做事情，也形容人勇敢，不怕牺牲。

脑袋掉了碗大的疤

【释义】 割掉了脑袋，瘢痕只不过碗口那么大。形容不怕死，对死亡看得很轻，有视死如归的意思。也可用来表达不看重某件事情，轻描淡写，毫不在意。

脑袋夹在裤裆里

【释义】 形容把头低得很低，比喻人过于卑微或者讨好他人。也形容人胆小怕事，遇事不敢出头。

能帮穷人支锅，不帮穷人吃喝

【释义】 支锅，指乔迁新居或年轻人分家单过，亲戚朋友去庆贺认门。大家去的时候会带一些居家日常用品，如炊具、食品等，帮助主家开始新的生活。这句话的本义是能帮穷人把吃饭的锅支起，但不能帮穷人解决长期的吃饭问题。支锅只一次，大家都帮得起，但吃喝是长久的事情，帮一时不能帮一世，帮得太多，对方容易形成依赖感。意思是帮人不能永远帮，容易滋长对方的惰性；被帮者也要自立，别人帮你一次可以，不能永远指望别人，要靠自己的努力去生活。

能吃飞禽四两，不吃走兽半斤

【释义】 飞禽走兽都是形容美味的吃食。但有人认为天上飞的比地上跑的更加美味有营养，所以就有了这句话。其实到底是飞禽好吃还是走兽好吃，都不过是个人爱好。

能吃过头饭，不说过头话

【释义】 饭多吃点不要紧，但有些话不能说得太满太绝对，因为事物都是在不断发展变化的，谁也不知道将来是什么情况，话说得过头，容易将来打了自己的嘴巴。

能穿婆家的小棉袄，不穿妈家的火炼丹

【释义】 火炼丹，传说中一种穿着能自动发热让人不觉得冷的宝贝衣服，自然比普通棉袄要高贵许多。这句话的意思是娘家有再好的宝贝都与你没有关系。因为，过去人们认为女子出嫁后就跟娘家不再有关联，出嫁后过的是自己的日子，不能再依赖娘家。

能当尊者，不当分者

【释义】 分配物品需要公平公正，一般会请德高望重大家都信得过的长辈来担当重任，认为他们可以一碗水端平。但即使是受人尊敬的长者，也很难做到绝对公平，因此就容易得罪一些人。所以人们喜欢被人尊重，却不喜欢充当分配的角色。

能得罪君子，不得罪小人

【释义】君子，指人格高尚、道德品行兼好的人；小人指人品低劣人格卑鄙的人。因此，能得罪君子，因为君子品格高尚，通情达理，而小人不依不饶，不可理喻，往往会纠缠不清。

能隔千里远，不隔一层板

【释义】一层板指的是棺材板。过去的习俗是人死后装入棺材土葬，封棺后就再也见不到了。意思是人活着，哪怕距离隔得再远，尚有再见面的可能；如果人故去，便从此阴阳两隔，永无再见之时。生离死别虽是人间常态，但只有亲历，才能感知这种与亲人的死别是多么的锥心痛骨。

能给“龙人”牵马坠镫，不给“熊人”当祖宗

【释义】龙人指能人、好汉；熊人指无能之辈。伺候“龙人”，虽地位低下，但心里痛快舒畅；给“熊人”当主子，虽说为尊，但事无巨细，都得操心。也说“宁给好汉坠马镫，不给孬种当祖宗”“宁给明白人牵马坠镫，不给糊涂人当祖宗”。

能给人遮风挡雨，别给人遮明挡黑

【释义】遮风挡雨，提供保护的意思；遮明挡黑，挡住别人的光亮。意思是做人要力所能及地帮人排忧解难，不要给别人制造困难，这是中华民族的传统美德。

能叫缺了，不叫撇了

【释义】缺，少。撇，剩下。人在世上，不可能拥有所有的东西。意思是宁肯没有，也不能因为多了用不完而造成浪费。

能救一饥，不能救百饱

【释义】人生无常，都会有遇到灾难的时候，这种情况下，确实需要有人帮上一把，但一定不能由此心存依赖，希望别人永远帮下去。只有自力更生、艰苦奋斗才是彻底摆脱贫困的唯一出路。

能勤不如能俭，能俭不如能攒

【释义】 勤快还得需要节俭，节俭还得能积攒。意思是生活不能铺张浪费，得有一定的积蓄，以备不时之需。

能上南山当驴，不上北海打鱼

【释义】 胶东中部为低山丘陵区，就蓬莱、长岛、烟台等北部沿海地区而言，山在南，海在北。在山里干活累，过去机械化程度低，上山下山都是肩挑人扛，像驴马一样负重，非常辛苦；可是尽管如此，但也比到海里打鱼的渔民好，因为同样是干重体力活，山里劳作起码没有生命之忧，而风帆时代在海里讨营生，就是在鬼门关里行走，海上气象瞬息万变，狂风巨浪，船毁人亡是经常发生的事。种地顶多辛苦一些，可是出海打鱼则可能会有性命之忧。所以人们宁肯做农民，也不出海打鱼。人们用这句话来形容海上渔捕生活的凶险。也说“宁到南山做牛马，不到北海把鱼打。”

能受人气，不受脚气

【释义】 鞋合不合脚只有自己知道。鞋若不跟脚，不仅走起路来使不上劲，而且还会磨脚。若是鞋子小，脚指头窝在鞋里伸展不开，会挤得难受，不必说走远路，有时候甚至是寸步难行。形容合脚的鞋子很重要。于是又有俗语说“跟脚的鞋没有扔的”，也有了“穿小鞋”的说法。

能死个“咳咳咳”，不死个“该该该”

【释义】“咳咳咳”指咳嗽有病。“该该该”指活该。意思是人宁可得病而死也不要被人咒骂指责而死，形容人死后要留下好名声而不要背负骂名。

能要个要饭的妈，不要个做官的爹

【释义】 意思是孩子宁愿跟着母亲吃苦受累，也不愿意跟着父亲安逸享乐。因为做母亲的一般心思细腻，疼爱孩子，而做父亲的常常粗心或不顾家；作为母亲，即使是有了新的子女和丈夫，对于孩子的爱也不会减少，而男子没有经历过十月怀胎和分娩的痛苦，自然对孩子的感情相对淡薄，尤其是父母离异或一方亡故，更是如此。做官的父亲可能会给孩子提供好的生活条件，可是孩子更需要的是爱，而不仅仅是物质上的享受。

能应许一头猪，不应许一条鱼

【释义】应许，承诺、答应。农村过去自家养猪的很多，但不可能随时买到鱼。可是人们办酒席还讲究个“无鱼不成席”，也就是说必须有鱼，而且还得是带鳞的鱼。所以人们就会提前想方设法去预定这道菜，但是出海捕鱼的不确定性太大，由于风浪或其他原因，到时候并不一定就会如愿。形容人们对宴席上鱼的重视程度和资源的稀缺，尤其是山区。今天，有了冰箱冰柜，鱼的问题早已不是问题。

能站人前，不站人后

【释义】人都希望自己能够有所作为，实现自我的人生价值，所以大多会努力拼搏，争取做一个出人头地的人。这句话的意思是在一个单位或群体中，要堂堂正正站在最前面，让人们看到你的成就，而不是遇事向后躲，人堆里找不到你。用来鼓励人要积极向上，努力进取，不要畏缩不前，有“宁做鸡头，不做凤尾”的含义。

能找个老头儿，不找个毛猴儿

【释义】老头儿指思想成熟稳重、比自己年岁大的人；毛猴儿指年龄小、性格灵活多变、没有主见、遇事不知如何处理的年轻人。人们认为年轻人没有经验，处事比较幼稚，不定性，就像猴子一样活泼好动不稳重。意思是女子嫁人宁可嫁给比自己大的成熟稳重的人，也不要嫁给太过年轻、性格还不成熟的年轻人。

能走十步远，不走一步险

【释义】能多绕一点路，也不为了少走几步而走险路。意思是人做事情要踏实稳当，不可走捷径，否则会欲速则不达。

你把心扒给他吃他还嫌腥

【释义】生活中不是所有的善良都能被理解，有些人对于别人的帮助不仅不领情，甚至还会埋怨人家。所以我们在帮助人的时候也要看清对方是什么人，对那些不知道感恩、忘恩负义的小人要懂得说“不”。

你才吃了几碗有豆的干饭

【释义】 干饭，即大米饭；豆，这里指豇豆或红小豆等豆类杂粮。胶东地区做大米饭时喜欢加进豇豆等，吃起来比单吃大米饭口感更好，这叫“有豆的干饭”。意思是某人资历浅或经历世事少，看不起他。

你家有黄金，邻居家有戥子

【释义】 戥子，又叫戥秤，是旧时专门用来称量金、银、贵重药品和香料的精密衡器，是一种迷你型的杆秤，以克为计量单位。这句话的意思是邻居家最知道你家的底细，无论是哪一方面，即使是有黄金也瞒不住。这里的“黄金”只是一种指代，并不指实，“邻居家有戥子”极言了解的程度之大。当然这句话并不是说邻居天天盯着你家里看，但因为邻居间住得距离太近，或一墙之隔，或对门或前后屋，无意中就会看到或听到一些“私密”。若是再碰上一个喜欢关心别人家事情的邻居，那么你家的情况在他面前不能说是一览无余也差不多，因而又有俗语说“瞒天瞒地，瞒不了隔壁邻居”。人与人之间，有贫富差距，就有攀比，甚至会有仇富心理，因此“你家有黄金，邻居家有戥子”在一定程度上也表现了邻里关系的微妙。

你家种胡秫，别人就不敢拉红屎了

【释义】 胡秫，即高粱。吃了高粱米后排便颜色泛红。意思是你家种了高粱，你就认为拉红屎的都是吃了你家的高粱。形容有的人霸道不讲理，他有的东西，别人就不能有了，多用问句形式。

你往客屋里请，他偏往驴栏里扎

【释义】 家里来了客人，主人把他往客屋里请，可是客人却一头扎进了驴栏里。意思是人们往正道上引领一个人，他却非往邪道上走。形容有的人不识抬举，不堪造就，自甘堕落。也说“你往人市里拉，他非往驴栏里拱”。

你有千条妙计，我有一定之规

【释义】意思是不管对方有多少神机妙算，自己打定了主意绝不改变。形容意志坚定，不轻易改变自己的想法。也形容某人性格倔强，无论怎样不会改变自己的主意。

年龄七八，上房揭瓦

【释义】孩子七八岁时属最好动、淘气的年龄，且没有分辨好坏的能力。凑到一起就疯打疯闹，有时候闹腾过火了，甚至会跑到自家的房子上，把瓦片揭下来与对方开仗。还有一句俗语“七岁八岁，不当狗意”，都是用来形容这个年龄段孩子们的顽皮。

念书念驴肚子里去了

【释义】意思是读书人应该知礼晓义。多用来数落孩子或晚辈不知礼节，不会处事，白念了那么多年的书。驴自然不会读书，驴也常被人用来骂人，因此这句话里就含了一些不满。

宁拆十座庙，不毁一桩婚

【释义】庙拆了可再造，而婚配成亲，事关成家立业后代子孙命运，应全力促成其珍惜。否则家庭解散，社会不稳，危害极大。

宁舍一块金，不舍一日春

【释义】有道是“春争日，夏争时”，春天是播种的最好时机，如果误了春耕春播，势必会影响庄稼的生长和成熟。意思是宁肯不要金子，也不能舍弃一天的春光，强调春天对于农业生产的重要性，切不可耽误了农时。用来说人，则是激励人们要不负青春的好时光，这样老了才不会后悔虚度了光阴。

宁在小叔腿上坐，不从大伯眼前过

【释义】大伯，丈夫的哥哥。“老嫂比母”，民间有一条不成文的规矩，嫂子跟小叔子间可以随意开玩笑、打闹，没有人会说什么，这里指年龄相差悬殊的叔嫂之间，因为有的小叔子跟自己的孩子一样大。相反，如果是弟媳妇与大伯子哥之间，则是话都不可多说。比如，大伯子哥在的场合，弟媳一般要躲避；大伯子哥见弟媳在，也同样要回避。封建时代，男女之间授受不亲，妇人不能与丈夫之外的其他人言语，家庭中又讲究长幼尊卑。大伯子哥是成年人，加之大伯子的身份仅次于公公，作为弟媳，只能敬而远之，不能造次。

牛不喝水强按头

【释义】人的力气肯定没有老牛大，如果它不想喝水，而你非要强按着它的头，那肯定是按不下去的。意思是尽量不要做那些徒劳无功的事情。同时，也有“强扭的瓜不甜”这层意思。

牛无力拖横耙，人无理说横话

【释义】耙，一种农具，主要用来耙地。畜力时代，农民常常用牛来拉耙，平整土地，方便播种。当牛疲累无力时，就会走不直，因而说胡乱拖耙；人不占理的时候，往往态度粗鲁，说一些蛮横无理的话。前一句比兴，重在后一句，形象地刻画出生活中一些脾气暴躁、胡搅蛮缠的人，正因为自己没理，才靠着说硬话来虚张声势。

暖和暖和上了炕

【释义】胶东的炕与锅灶相通，既做了饭，又暖了炕。炕头位置最是温暖。冬天的时候，客人打外面进来必定是冷的，主人会说“快上炕暖和暖和”，但一般大家都知道这只是主人的客套，炕是不能随便上的，尤其是男人。胶东的炕是人们晚上睡觉的地方，白天一般也是老人、女人和孩子的专属，青壮年的男子不是坐席吃饭不会上炕。因此，原本是客套话，你却当了真，就有了不知好歹，得寸进尺之意。

女轿不可空，空了招歪风

【释义】旧时胶东地方的婚俗是，结婚前一天，吃完早饭，新郎就开始往新娘家出发。一般是两乘轿子，四人一抬，新郎一抬，新娘一抬。红色装饰的是新娘的，绿色装饰的是新郎的。去的时候新郎坐在新娘轿子里，叫“压轿”；新郎的轿也不能空着，找本家一个小男孩儿在里面坐着压轿。轿后面，是抬食盒子的，里面装有面、猪肉等。再往后是吹鼓手，一路上吹吹打打到女方家迎亲。

女人的包袱，男人的钱褡子

【释义】 前一句从穿上说女人的包袱不能空，过去女人收纳衣服、布料等都用包袱，包袱里需有一定的积攒；钱褡子是男人外出背在身上的钱布袋，钱褡子里当然需要有钱。与这句话意思接近的俗语还有“男人的口袋，女人的面缸”。主要是从吃上说，巧妇难为无米之炊，缸里有面，家人才能果腹；而男人口袋里有钱，在外场上遇事才会比较有面子。吃穿是最基本的生活保障，这两句俗语的意思是夫妻二人各司其职，生活才能富足。

女人的清明男人的年

【释义】 意思是女人的清明好过，男人的年好过。体现了过去男女分工和地位的差异。古时，清明节、寒食节、上巳节是三个不同的节日，由于这三个节的节期接近或相重，所以后来就三节合一只过清明，三个节日的习俗也杂糅在了一起。如清明节又叫踏青节，而踏青的习俗就来自上巳节。阳春三月，春暖花开，正是出游的好时节。借着节期出游又名正言顺，所以女人们会在清明节外出踏青，尽情游玩。过年最忙的时间是小年到除夕，那可真的是“忙年”，全家人的吃穿用度，几乎都要经家庭主妇的这双手，准备吃的穿的，里里外外打扫卫生，洗洗涮涮……可以说每一天的活计都是满满的，就是这样“脚不点地”地忙，有的甚至还要忙活到大年初一凌晨。这些在许多男人看来都是家务活，就该女人们做，所以尽管是冬闲时节，男人们还是心安理得地当“甩手掌柜”。而正月里家里来了客人，男人们陪吃陪喝，女人们不仅不能上桌，还要忙活做菜做饭招待客人，最后只能吃点男人们撤下来的残羹冷炙。

女婿是高客，伺候不好是刁客

【释义】 出了嫁的女儿再回来就是客，就算闺女不拿自己当客，因为有女婿同来，娘家也要行待客之礼。再不才的女婿到了丈人门上也被待为座上宾，这“女婿是高客”说的是待客之道，但也体现了岳父母一种微妙的心理。说你高，是人家把女儿看得高贵，婿以女贵，是因为你关系到人家女儿一辈子的幸福，说得直白些，岳父母对女婿好是为了自己闺女，希望女婿因为受到礼遇而厚待自家的“小棉袄”。因此这后半句的“伺候不好是刁客”，意思是怕女婿犯刁对自己女儿不好，可见岳父母小心谨慎的心理。同类的俗语还有“丈母娘疼女婿”“丈母娘看女婿，越看越欢喜”“新姑爷进了门，丈母娘喜塌了神”等。其实，人家疼的可不是女婿，疼的是自家闺女。

P

怕雨点打破头

【释义】 雨点不会把头打破，可是却连这也要担忧害怕。用夸张的手法形容人极其胆小怕事。

跑了和尚跑不了庙

【释义】 这活略加变通稍稍雅致一点，也说成“走了和尚走不了寺”，意思完全一样，而且说这话的神情多半总带着些威胁成分。其背景一般是有人作下什么对不起人的事，应当负责，却一下子躲了起来。这时，受害的一方，或主持公道的人，就会说出这句话，其目的还在于放出风来，要那人老实露面。如若他总不露面，他的土地财产就将有作抵押的可能。

跑了杀猪包，不吃连毛猪

【释义】 杀猪包，民间对以杀猪为职业的人的俗称。杀完猪后杀猪人一般还要负责处理猪皮及猪下水等。如果找不到专业杀猪的人，其他人也能处理，只不过处理得不专业罢了。生活中有的人会凭着某种技能拿大，故意刁难别人。这时候人们就常来一个设问句：“跑了杀猪包，还能吃连毛猪？”意思是离了你也一样能行。

赔了盘缠赚了走

【释义】 盘缠，即路费，多用来付车马钱，能省一些脚力，但由于判断错误，走了一些冤枉路，或者路上出现了意想不到的情况，原本准备的盘缠可能会早早花光。意思是不仅盘缠花上了，还步行走了很多路。形容花了钱出了力，啥也没得到，两下都落了空。

捧着金饭碗要饭吃

【释义】一是说自己不识货，不知道自己有个金饭碗，而且还说自己很穷，也就是说自己大好的资源被白白浪费了；二是说假装不知道自己有金饭碗，故意装穷，去乞求别人的援助或照顾，想得到更多。

偏儿不得偏儿济

【释义】偏，偏向。济，好。意思是越偏向哪个儿子反而越得不到这个儿子的好。生活中总有些父母对待子女不能一碗水端平，而被偏爱的子女因为习惯了而感觉父母对自己好是理所应当的，加上一直以来的偏爱使他们变得格外骄横，不觉得应该回报父母。这话也可用在别的关系上，遇到贪婪、不知满足、不知感恩的人，一方的帮助与付出得不到对方的感激，对方甚至还会恩将仇报。

平时不烧香，临时抱佛脚

【释义】说的是平时不管不顾，遇到事情了方想起求佛祖保佑，道出了国人求神拜佛的功利性特点。祝福祈愿本无可厚非，但若将自己的未来仅仅寄托在神灵的护佑上，而不做任何努力，就过于荒诞而不切实际了。所有的努力都没有白费的，所谓“功到自然成”，没有努力过就不要指望天上会掉馅饼，不要抱怨命运对你不公。没有积累，到头来拜什么神明也来不及。古人早有言：少壮不努力，老大徒伤悲。

破车好揽载

【释义】好，喜好的意思。本义是对车子的损坏与不珍惜，引申义是没本事还多揽事。一般而言，新车、好车多爱惜，不舍得载太多，而旧车、破车常不知珍惜，反正是破车，也不怕用坏。反过来说，明明是破车，装不了那么多，还要往上加，不自量力。由车引申来说人，一种是说有些人自己好揽事，虽是热心，但人的能力有限，不能什么都做；还有一种是混充有本事，为了在人前装大个，自己办不了的事也往自己身上揽，最后又办不好，人家背后就会说他“破车好揽载”，或者“破车揽载多”。

破船能拆三千钉

【释义】 三千非确指，泛指多。旧船废弃被拆，会拆下很多造船的时候用的钉子。形容家大业大，虽已败落，总还有些家底。

破门寨子多，穷人孩子多

【释义】 寨子，楔子。门时间长了，松动了，就需要用楔子来加固，破的程度越重，楔子就越多；而普通人家家里孩子多，开销就多，家境自然就困难。意思是雪上加霜。

铺排铺排，崴骨拐

【释义】 骨拐，脚踝。铺排，有安排打算的意思。原本计划得好好的，却不想突然崴了脚，计划只能落空。意思是有些事不能过早打算，要边干边看，根据形势发展做下一步计划。你提前打算好了，说不定有什么新变化，结果还得重新规划。

Q

七八月看巧云

【释义】 阴历七月开始就进入秋季，加上七月有乞巧节，“纤云弄巧”，看“巧云”因此得名。到了八月，温度开始降低，渐渐会出现秋高气爽的天气，天空会显得格外高远，天上的云彩会格外变幻莫测，姿态各异。

七不办得八不办得

【释义】 七、八，泛指多。事到临头，这也没准备好，那也没准备好。形容有的人办事不利索，拖拖拉拉。用在工作上，意思是有的人工作效率不高，总是不能提前做好各种准备，不能使工作如期进行。

七成熟八成收，十成熟一成丢

【释义】小麦到七成熟的时候就已经成熟了，到八成熟的时候就可以收割了，如果等到十成熟再收就会有许多麦粒脱落，产量就会打折扣，甚至可能丢失一成。形容做任何事情都有一个最佳时机，切不可贻误良机。

七口当家，八口主事

【释义】意思是家里若有七个人，七个人都想当家，若是八个人就有八个人主事。形容一个家或是一个团体指挥做事的人太多，都想说了算，意见难以统一。

七十岁有个家，八十岁有个妈

【释义】这里的“家”指的是父母的家。有妈就有家，有妈爱的孩子是幸福的。人无论多大都需要妈妈的关爱，需要有家庭的温暖。所以哪怕自己七八十岁了也还希望父母健在，说的是妈妈对于孩子的重要。与“一亩地也要有个场，一百岁也要有个娘”同义。

七岁八岁，不当狗意

【释义】七岁八岁的孩子，尤其是男孩子，特别淘气，常常跟大人对着干，越不让做什么越做。意思是七岁八岁的孩子狗都嫌弃，极言这个年龄段孩子的叛逆。

七月十五定旱涝，八月十五定乾坤

【释义】七月十五的时候，雨季已过，当年是旱是涝基本就明确了；到了八月十五，大多数农作物的收成已成定局，当年是丰年还是歉收就可以有定论了。农民把粮食收成看得比天还大，因此说定乾坤。意思是到了一定的节点，事情就见分晓了。

妻贤夫祸少，子孝父心宽

【释义】妻子贤惠，丈夫不仅可以安心于事业，更会受到其贤德的良性影响，规范、改善自己的行为，少犯错误。反过来，妻子如果贪图名利、娇纵孩子、不孝敬老人，会使家庭不安，甚至生出很多祸害。一个孝敬父母、尊敬师长、关怀他人的孩子，会使父母安心欣慰。这样的家庭堪称传统美好家庭的典范。

起了个早五更，赶了个晚集

【释义】 意思是做事情本来打算得挺好，动手也挺早，却还是落在了后面。凡事都有变化，有的是因为突发状况，有的是因为自己太过磨叽。也说“起个早朝，赶个晚集”。

起早的碰见带黑的

【释义】“带黑的”指天黑了才回家。生活不易，有多少人没日没夜地艰辛劳作。不该碰面的两拨人却碰面了，形容为了谋生，众人都是起早贪黑；也有原本不是一类人，却偏偏碰到一起了的意思。也说“起早的碰见拉夜的了”。

千金买产，八百买邻

【释义】 如果用千金去买房产，则应该用八百去寻求好邻居。有道是“远亲不如近邻”，强调好邻居的重要，形容身边环境及人员的重要。也说“千金置产，万金置邻”。

千里不捎针，捎针压死人

【释义】 有两解，一是指给别人捎东西。别人请你捎东西，是因为信任你，于是这份信任就有千斤重，不能给人弄丢了，不能给人弄坏了，可是谁也不知道会出现什么意外，所以要处处小心。二是说自己外出带东西，觉得东西很小很轻，可是出门在外，舟车劳顿，看起来不起眼的东西也很累赘。

千年的草种万年的鱼籽

【释义】 锄不尽的野草，捕不绝的鱼。形容草和鱼的繁殖力都特别强，千年万年生生不息。

千年的大道变成河，多年媳妇熬成婆

【释义】“千年大道变成河”是说古时候的大道都是土路，车马走过，尘土飞扬，天长日久，大道就低洼了。年复一年，越走越洼就成了河流。“多年的媳妇熬成婆”是指早年间的媳妇在家中地位低下，不管婆婆说得对还是错，媳妇都得听着，不能反驳。因此，媳妇们忍着、熬着，盼着自己当上婆婆脱离苦日子。引申义是经过多年耐心的等待，终于达到了目标，实现了自己的愿望，形容一种终于从底层脱颖而出后的释然的心情。

千日管子百日笙，三年胡琴儿轧碾声

【释义】对几种常见民间乐器的难易程度做了归纳。意思是学吹笙，要用一百天；学笛子，要用一千天；学二胡学了三年，还像推碾子发出的噪声一样。形容学艺不容易，学得精更不容易，其实做任何事情都是如此，都需要一定的工夫和努力才能有所成就。

牵着不走，打着倒退

【释义】牵着它，它不走；若是打它，它不仅不走反而往后退。原意是驴的脾气倔，不好调教。形容某人像驴一样，也是个犟脾气，不容易听进别人的劝说，一意孤行。

前怕狼，后怕虎

【释义】遇到事情顾虑重重，畏缩不前。形容有的人过于胆小怕事，干不成大事。

前人栽树，后人乘凉

【释义】十年树木，百年树人。小苗长成大树需要时间，栽树者未必能直接受益，客观效果是惠及后代。为后人着想是一种善举美德，也有不能急功近利的意思。

前一爪，后一蹄

【释义】爪、蹄都是指称动物的手脚。有些动物活泼好动，憨态可掬，常在一起嬉戏打闹。引申义是人会经常动手动脚来逗引自己喜欢的对象。形容人淘气，喜欢疯闹，含嗔怪意，意思是过于好动，不太稳重。

前有车，后有辙

【释义】 旧式大车，轮子用硬杂木打造，因此叫“木轮大车”，这种木轮车的四周都镶着厚厚的铸铁，俗称“车瓦”，所以也叫“铁脚大车”，和后来出现的胶大车相比较，显得分外不灵活，从此又被叫作“笨轱轮大车”。木轮铁瓦大车，轮子非常坚硬，在它经过的地方，会被压出两道深深的小沟，这就叫车辙，俗称为“车辙沟”“车道沟”。经过无数部大车反复碾压，车辙沟的底部变得十分坚硬，车子沿两条辙沟行进，轻松而又自如，若离了这种有旧辙的大车道，行动可就艰难了。“前有车，后有辙”这句话，用在不同的地方，意思不尽相同。一个人要做某件事，苦于没有经验，明白人会开导他说：“这也不难，前有车，后有辙。”意思是用前人用过的类似的做法去做就是了。一个人因某件事被指责，他会理直气壮地说：“前有车，后有辙!”意思是，我所做的事早有先例，有错不能算在我身上。

钱褡子口朝下背

【释义】 钱褡子，一种两端可装东西的口袋，装铜钱、物品、干粮等，一般搭在肩上。这样两端的口袋口都朝上，盛装的东西不至于撒落。如果钱褡子口朝下背，里面的东西就会全掉出来。比喻有的人太能花钱。

钱难挣屎难吃，求人膝盖要弯曲

【释义】 赚钱和吃屎都是十分困难辛苦的事情，求人办事更难，低声下气还要看人脸色。形容生活艰难，为了生存，有时不得不忍气吞声；当你对别人有所求的时候，就要放低姿态，在不得已的情况下要能隐忍。

钱是穷种，越花越涌

【释义】 不但要能挣钱，还要会花钱。用挣来的钱改善自己的生活环境，提高生活质量。这样一来，就会让人产生努力挣钱的动力，从而挣回更多的钱。

强龙不压地头蛇，好汉打不出村去

【释义】 意思是再有能耐的人也只是在自己村子里占尽风头。天外有天，人外有人，能人有的是，别人村子里同样有能人，而且你到了人家村里你是外人，没有了天时地利与人和，必然吃亏。形容人不能过于狂傲，你只不过是在某个区域局部拔尖。

强扭的瓜不甜

【释义】 本义是瓜不熟摘下来吃是不甜的。形容火候不到，时机不成熟，操之过急，达不到理想的效果。

墙倒瓦匠喜

【释义】 瓦匠的职业就是抹泥砌墙。墙倒了，瓦匠有了生意自然高兴，但是墙的主人却不会高兴。世事皆如此，同一件事情，总是有人欢喜有人忧。

墙倒了现出耗子

【释义】 过去农村家里大都是土坯垒的墙，也容易打洞，所以大家几乎成天在跟老鼠打游击战，今天在这个墙边发现一个洞，堵住了，明天在那个墙角又出现一个洞，继续堵……意思是墙倒了老鼠就无处遁藏，形容事情总有水落石出的一天，真相总会大白于天下。老鼠不能永远靠墙来做自己的掩体，人也一样，不能总找靠山依赖别人，有俗话说“有墙倚着，没墙立着”，又说“靠山山倒了，靠人人跑了”，说的都是人，人须靠自己，只有自己变得强大，才可以无所畏惧，活得踏实。

墙坚跳不进狗，篱高飞不出鸡

【释义】 狗跳墙而入是因为墙不结实，鸡飞出去了是因为篱笆架得太矮。意思是若想不造成损失，首先要自身加强防范措施。形容出了事情之后要先从自身找原因，不能去推诿、找理由，埋怨别人。

敲着头脚动弹

【释义】 敲敲头顶脚都动，形容人非常机灵敏捷。意思是不用过多点拨，一指点就明白。

巧木匠不如个拙东家

【释义】 说木匠“巧”是因为他们能做出各种器物，说东家“拙”是因为一般人没有受过这方面的专业学习。实际生活中就是这样，每个东家的情况和要求都不一样，有的东家凭木匠做去，有的则有自己的标准，由于表达和领会的差异，难免会有出入，甚至做成了废品。其实东家最知道自己的需求，虽不会做但会有设想，有自己的期望值。木匠和东家如果能达成一致，皆大欢喜，东家满意，木匠也觉得有成就感；否则，做的成品没打自己心上来，感觉跟期望值相差太多，看着就会不舒服。这话以木匠的口吻来说，体现了木匠们的自谦，也体现了对东家的尊重，更体现了对自己的高标准严要求。

巧人都让拙人使唤了

【释义】 即古语的“巧为拙人奴”。意思是越是手巧的人越忙，因为那些笨拙不会做或者做不好的人会请手巧的人来帮忙，所以好像是手巧的人在为手拙的人做事一样。从这个意义上说，有的人认为手巧还不如手拙，因为一个“不会”就可以推挡掉所有的活计，反而是越手巧的人事情越多，虽说是体现了自我价值，但也确实把自己搞得很忙累，尤其是对于一些不懂得拒绝的人，那就会有干不完的活，受不完的累。

亲个孙子压刀纸，亲个外甥指一指

【释义】 意思是爷爷奶奶疼爱自己的孙子，那将来自己百年后，孙子还能给去上上坟，送刀纸。如果疼爱自己的外甥，百年之后顶多能指认出姥爷姥姥的坟就不错了，根本不用指望外甥还会去祭奠自己。民间认为孙子和外甥与自己的亲疏关系不同，孙子是自己的后代，是自家的香火，而外孙则是外姓人，跟自己没有关系。所以又有“外甥狗，吃了就走”的说法，意思也是要亲孙子，亲外甥没有用。

亲妈絮间，后妈絮边

【释义】 人体上半身最关键的御寒部位是前心窝与后脊梁，因此，殷实之家，棉袄之外还有棉坎肩，也就是说棉袄应该在这两个部位絮得厚一些。这句俗语的意思是说亲妈为了让孩子暖和，总会在关键的部位多放一层棉花，而边边角角处，无关痛痒，可絮得薄些；后妈却将棉袄的底边和袖口处絮得厚一些，中间的重要部位则马马虎虎，说白了，纯粹是为了给人看的，因为谁也不会到前胸后背去摸一下棉衣，顶多摸摸袖口和衣边。古代二十四孝之一“单衣顺亲”或“鞭打芦花”中闵子骞的遭遇就是例证。

亲戚包换包，邻居碗换碗

【释义】“包换包”指的是亲戚间的走动。包指走亲戚带的礼包，盛装礼物的包裹物，是一个泛称。不同时代人们盛装礼物的包裹都不同，但都不会空手去，而回来的时候主家也会有相应的回礼。要么就是换一下，要么就是把客人的拿下一点，再填上自己的。“碗换碗”说的是邻居间的往来，远亲不如近邻，交往好的邻居不亚于亲戚。由于离得近，只有一墙之隔，这家做了什么稀罕食物，一出锅就打发孩子趁热送过去，有时干脆从墙头上就递过去。有的邻居会把食物倒到自家碗里，把邻居的碗刷干净让其带回去；也有的人放下碗就走了，那就下次自家做了什么稀罕吃食又用这碗盛了还回去，如此往来不断。这换来换去，就换出了人与人间的关爱与情义。同义俗语有“亲朋好中赶，邻居碗对碗”。

亲戚是把锯，你不来我不去

【释义】在没有电锯之前，拉大锯是学木工活必须练就的基本功，学徒先要拉两年大锯。拉大锯一个人不行，需两个人才能操作，一送（推）一拉，一来一往，看似粗活，但也需要技术。技术好的人，拉起来轻快不累，走的线还直；技术差，劲不能往一起使，不仅拉起来沉重，还老跑线，锯口还会夹锯条。关键是两个人要配合好，只靠一方就是累死也无法完成。亲戚之间的走动就如同拉大锯，如果仅靠一方的热情来维持，很快就会断了走动，形容任何感情都是一种双向奔赴。

亲戚远了香近了臭

【释义】亲戚之间隔得远反而会关系好，因为不经常来往，所以见面很亲热；而接触得多了，难免会有矛盾，产生龃龉，甚至争吵打斗，老死不相往来。这就是人们常说的“远香近臭”。不独亲戚间如此，所有的关系都一样，都需要保持一定的距离。

亲孙儿，报仇的人儿

【释义】 自己的孙子就是给自己报仇的人。父母大多非常疼爱自己的孩子，但是当父母老了，却不是所有的子女能像父母对待自己那样孝顺老人。意思是如果儿子和儿媳不孝顺自己，那么就会给他们的儿子做下不好的样子，将来他们的儿子也会一样不孝顺他们，这就相当是为爷爷奶奶报了仇，也就是自己对父母的不孝报应到了自己身上。

亲兄弟明算账

【释义】 金钱往来或利益面前，即使是亲人也会生出龃龉。意思是亲兄弟之间也需账目分明，清清楚楚。形容亲情不能替代或混淆事理、法度。

秦琼卖了马，指着什么打登州

【释义】 秦琼，字叔宝，隋末唐初名将，骁勇善战，也是戏曲舞台上的著名人物，京剧曲目中就有《秦琼卖马》《打登州》。好的坐骑和顺手的武器会使人如虎添翼，一员猛将如果丢了坐骑，战斗力自然下降。意思是连最得力的条件都失去了，就没有了优势。

勤不着，懒不着

【释义】 帮了倒忙，把事情办坏了之后的一种后悔的表达。意思是勤也好，懒也好，却非要不勤不懒地去做某件事，结果还把事情办糟了，有“没事找事”的意思。

勤人吃饱饭，懒人受饥寒

【释义】 勤快人衣食富足，懒惰的人缺吃少穿。用勤快人与懒人的生活状态作对比，告诫人们无论什么时候，都要勤快而不是懒惰。

青头萝卜独头蒜，仰头老婆低头汉

【释义】 前一句为起兴，意思是青头萝卜和独头蒜比普通的萝卜和蒜辣。引出后一句说仰头走路和低头走路的男人都不一般。一般来说，女人低头走路，男人昂首挺胸。如果反过来，则认为违背了共性，显得有些与众不同。民间一般认为这样的人有心计、不好惹，女人过于张扬自信显得有些强悍，男人比较低调内敛，多有心计。也作“阴天日头独类蒜，仰头老婆低头汉”。

清官难断家务事

【释义】 家务事琐细而微妙，涉及面广，还糅合着亲情，即便是明察秋毫的清官也难以给个明断，大多用来调解劝和，家人相处以宽容忍让为上。

清官骑瘦马，财主不扎固

【释义】 扎固，穿衣打扮、装饰的意思。意思是清廉的官员骑的是瘦马，有钱的财主不打扮自己。做官的人本来可以骑宝马良驹，但清官因为一身清贫，不看重自己的生活享受；而有钱的人本可以穿戴奢侈豪华，但却因为怕露富，所以穿得很低调。形容人们看到的表象相同，但原因却不同。

清明不烧火，寒食不点灯

【释义】 这是清明节和寒食节的习俗。寒食节在冬至后第 105 天，常常在清明的前一天，由于清明与寒食的日子接近，大约到唐代时候，清明与寒食已合二为一。旧时寒食要断火，只吃冷食。灭掉旧火，提取新火，以示除旧迎新。因此寒食节又称“冷节”“禁烟节”。

清明难得晴，谷雨难得阴

【释义】 二十四节气是我国古代劳动人民智慧和经验的总结，用来指导农事生产。清明和谷雨分别是二十四节气的第 5 个节气和第 6 个节气。胶东地方有“清明耕一半，谷雨种一半”的农谚，意思是这个时节正是春耕春播的关键季节。农谚说“清明宜晴，谷雨宜雨”，但实际情况却是“清明时节雨纷纷”，谷雨时节多晴天，所以有了这句俗语，主要表达人们希望清明前后的天气晴暖，利于耕种播种，而到了谷雨节，庄稼基本播种上了，需要充足的雨水，利于庄稼生长。

擎起棍儿畏畏，落下棍儿挓挲

【释义】 畏，畏惧、害怕。挓挲，意思是张开，不收束。胶东人将违背了某种规矩，或不守规则不服管教，放纵甚至是放肆的行为也叫“挓挲”。一般用来说淘气的孩子，当孩子犯了错，母亲拿了棍子来管教孩子，刚举起棍子，孩子马上就害怕就老实了，可是刚放下棍子，孩子又开始捣蛋。生活中也有这样一类人，面对责罚表现得好像很老实，可是一旦脱离了管辖，就会肆无忌惮地违背规矩，有“阳奉阴违”的意思，用胶东人的另一句话说就是“又熊又不老实”。

请将不如激将

【释义】 意思是用激将法去把某人激出来比直接去请好。现实中，有时候要请某个人出山，这个人却碍于面子或者想摆摆架子，这时候用激将法就管用了。当然，用激将法也需因人而异，要看清楚对象、环境及条件，不能滥用，有的人不吃这一套，用激将法反而不起作用。

请客不到恼人心

【释义】 请人吃饭的原因有很多，或是友朋相聚，或是感恩答谢，或是有朋自远方来请人作陪。无论怎样，东道主盛情难却，被请者一般都会到场。请客不到，如果确实有事不能分身都能理解，若找理由与借口推脱，常会被东道主认为是不给自己面子，心中自然有些悻悻而从此心存芥蒂。

请神容易送神难

【释义】 把神请来容易，送走就难了。俗信认为，人们请神回来是为了祈福求祥，所以要好生供奉，神灵才会降福。这里的“神”指的是一些不好对付的人，意思是招惹了这样的人，要打发他就难了，也形容惹事简单，解决事情却不容易。

穷人家养不起十八岁大姑娘

【释义】 古时候女子十三四岁就可以结婚，如果女孩子到了十八九还没有结婚的话，就会被人耻笑为大姑娘，父母也会觉得脸上无光。因此，这句话一是催促女孩子早点嫁人，好给家庭减轻负担；二是用来形容那些极端贫寒的人家。

穷富不扎根

【释义】 穷富都不会扎根，用来说人生的命运、际遇不是先天决定、一成不变的，一切都在不断变化。穷不能穷一辈子，富也不能富一辈子。穷则思变，富若挥霍败家，都会改变命运。引申义是某个人或某件事总有转机出现。同义俗语还有“穷不能穷到底，富不能扎下根”“穷不留根，富不传辈”。

穷汉儿多，瞎眼眵多

【释义】 穷人儿子多，瞎眼眼眵多。受传统观念的影响，过去的人们认为多子多福。但家庭情况原本不好，儿子多了负担更重，于是家境更加贫寒；盲人由于有眼疾，眼眵更多。形容情况原本就不好，现在愈加糟糕，有“雪上加霜”的意思。

穷汉穷汉，一百个明年

【释义】 生活中，因懒致贫的穷汉有好多。这些人身体条件不错，可就是不正儿八经劳动。有人好心规劝他们，总是有一百个托词在那等着。说急了，他就会说等明年从头再来。可年复一年，还是“外甥打灯笼——照舅（旧）”。这句话也是告诫一些人，早晚要干的事情，就不要一拖再拖。

穷怕亲戚富怕贼

【释义】 没钱的人家怕亲戚来了太寒碜，也招待不起，有钱人家则怕贼来偷盗遭受损失。意思是有钱无钱，都有忧患。

穷人得了一文钱，走一步三蹀躞

【释义】 蹀躞，小步快走，这里有颠的意思。意思是眼界小的人冷不丁地得了什么好处，高兴得不得了，喜形于色，走一步都要颠三颠，用夸张手法来形容从走路的姿势都能看出来他心里的兴奋劲儿。常用来比喻小人得志。

穷人的孩子早当家

【释义】 家境贫寒的孩子，因为家庭条件所迫，自强自立意识强，能较早地接触社会，独当一面，替父母分担。

穷人没吃个饼，三天不离井

【释义】 生活困难的家庭多以稀粥充饥，一旦吃饼，饼太干，所以会喝大量的水。形容突然改变了生活状态，不适应。可自嘲也可用来说别人。

穷人碰上闰月年

【释义】 闰月，指的阴历有十三个月。旧时穷人的生活没有保障，连吃饱肚子都是一种奢望。好的年景尚可，更多时候都是“家无隔夜粮”“吃了上顿没下顿”，冬春之后到夏粮上场的一段日子最为艰难，去年的旧粮已经吃完，新麦还未上场，俗谓之“青黄不接”。人们最盼日子过得快些，却偏偏度日如年，更何况赶上闰月年，又多了一个月，更觉日子难熬。形容本来就在困境中的人，又遇到新的困难。

穷人养娇子，薄地长蒿子

【释义】 生活困难的家庭，不能给孩子提供好的生活条件，心里觉得亏欠孩子，因此多骄纵自己的孩子；土地贫瘠，庄稼就长不好，所以只能长野草。形容环境的重要性，也说“懒人养娇子，薄地长蒿子”。

穷生虱子富长疥

【释义】 虱子，一种寄生虫。疥，疥疮，一种由疥虫引起的传染性皮肤病。意思是旧时穷人没有换洗的衣服，身上的虱子多；富人生活奢侈放荡，染上疥疮的多。比喻不同的生活层次存在着不同的问题。

穷灶口富水缸

【释义】胶东的厨房与卧室相连，厨房的一角会放一个大水缸储水。灶口是烧柴火的进口处。意思是烧火的地方要经常保持干净，不能乱堆放杂草，以免引起火灾；水缸里要一直保持有水，一是做饭洗菜必须用水，二是有备无患防火灾。

秋凉儿叫一声，懒老婆吃一惊

【释义】蟋蟀也称促织，俗名蛐蛐，还有金蛉子、金钟儿、夜鸣虫、将军虫、秋虫、斗鸡、地喇叭、灶鸡子、孙旺、土蜇等别称。一立秋，胶东地方晚上就能听到蟋蟀的鸣叫声。这句俗语有两个意思，一是说天快冷了，贫寒的人家会因没有衣被而愁苦。二是催人自省，时间不等人，要女人们勤快做营生。因各地说法里面多有“懒”字，主要还是取后一种意思，也就是说天气凉了，家庭主妇们要为一家老小准备棉衣棉被了。过去，人们头上戴的，脚上穿的，铺的盖的，棉的单的夹的，林林总总，全靠家里女人的一双手一针一线缝制而成，这对女人们来说是一个浩大的工程，所以勤快的主妇一般在夏季就会把家人的棉衣、棉裤及被褥等拆洗利索再缝好。这个时间是两个多月，要全部做完会很繁忙，若是到了立秋，还没做完或还没开始做的人，听到蟋蟀的叫声怎能不心惊呢！追溯起来，这句俗语至少自汉代就有，汉代崔寔的《四民月令》中即有“蜻蛉鸣，衣裘成。蟋蟀鸣，懒妇惊”的俗谚。胶东各地这句话的说法略有不同，栖霞是“秋凉叫，懒老婆吓一跳”，或“蟋蟀叫，吓了懒老婆一大跳”；莱阳是“蟋蟀叫一声，穷人吓一惊。”

秋雨不过沟，哪儿下哪儿收

【释义】秋天下雨常常呈带状分布，沟那边下雨了，沟这边可能连个雨星都没落。这是人们根据经验总结出来的天气常识，有旱涝不均的意思。

求爷爷告奶奶

【释义】将所求告之人当爷爷奶奶敬着。形容遇到无能为力的事情，无奈之下，到处求人，给人说好话。当然，即使好话说尽，费尽周折，事情也未必能解决，话里有底层人的悲凉。

屈死好人笑死贼

【释义】 好人被诬陷为贼，真正的贼却在暗地里偷着乐。比喻冤枉了好人，真正做坏事的人却没有受到惩罚。形容一定要认清事实，不能良莠不分。

曲蛇看对眼是条龙

【释义】 曲蛇，即蚯蚓。蚯蚓与龙自然没法比，因此，这句话的意思是看顺眼了，对方身上有什么缺点也不在乎。义同“情人眼里出西施”，也说“看对眼是条龙，看不对眼是条虫”。

娶媳妇满家红，嫁闺女满家空

【释义】 意思是当儿子娶媳妇时，家里会是一片红，到处都装扮得喜气洋洋，不仅家里会购置新家具，到处也会贴上红“囍”字，把家里衬托得非常喜庆、热闹，亲戚朋友在这天虽然是到处忙活着，也是从心里为主人家高兴，因为家里将会添个人。嫁女儿时，娘家人的心情就完全不同了，在过去，嫁出去的女儿泼出去的水，自从女儿出嫁后，就几乎很少回到娘家了，常回娘家给外人的印象就像在夫家过得不好，才回到娘家来。在婚礼的过程中，父母送亲时常常是一直哭着送走女儿的。

去了升穇子，来了升大米

【释义】 穇子吃起来口感粗粝，价值自然不如大米，意思是用低廉的物品换了昂贵的物品，其中自有一种喜悦之情。若是倒过来说，就是“去了升大米，来了升穇子”，优质的去了来了个劣质的，心中自是不情愿。这话也可用来说人，那就是从价值和能力上评判谁是“穇子”谁是“大米”了。

权当吃了棵辣葱

【释义】 吃一棵辣葱，当时会很辣，甚至辣得脸通红，但辣味儿一会儿也就过去了。多用在受人批评时，接受批评的人态度不端正，不屑于听或不往心里去，就像吃辣葱以后顶多脸红一阵子，过后依旧我行我素。

劝架不能劝一边，看人不能看一面

【释义】所谓“一个巴掌拍不响”，打架的两个人可能都有问题，所以只劝一个显然不合适；评价一个人需要全面了解，不能根据一件事情或是某一方面就断然下结论。形容看待人或事物要全面，不可断章取义或以偏概全。

缺了黄花不烧纸

【释义】黄花，指黄花鱼。胶东地方一年有两次祭扫祖坟最重要的时候，春天在清明、寒食左右，秋天在阴历的十月朔，春季更为隆重。上坟的供品由近支合族各家共同准备，祭祖之后分而食之。供品中一定要有鱼，胶东沿海一带，这个鱼又必得用黄花鱼。因而这时候的黄花鱼就成了奇缺货，卖鱼的人常常会借机抬高鱼价。这话用在生活的其他方面，碰到有人故意抬高身价，左右不肯答应所求时，人们就会说：“你以为缺了黄花就不（上坟）烧纸了？”意思是大不了我不用你，再想别的辙。

雀儿拣着旺枝儿飞

【释义】旺枝，长得旺盛的树木。鸟雀都是选择理想的树木做窝栖息，用来说优秀的人才也应该选择能发挥自己才能的好职位和善用自己的好领导。是“良禽择木而栖”的通俗说法。

R

让一让，上了炕

【释义】炕不只是卧具，也是胶东人主要的坐具。一般到人家里去，或站着说话，或在杌子上坐，来了客人最高的礼节是请人到炕上坐。大多数人顶多是在炕沿上坐坐，不会脱了鞋到炕里边坐。能上炕坐的一般都是至亲好友，且多是女性。意思是人太实在、不客气，形容得寸进尺。

人不该死天照应

【释义】 在一些重大的意外或变故中总有人全身而退，有的人就会说这是老天照应，认为是天意如此。其实无论何时何事都会有一些巧合，并不能把这些归结为天意。

人不可貌相，海不可斗量

【释义】 人的智慧潜能和发展，不取决于貌相；浩瀚的大海容纳百川，其水之多绝非区区一斗（容器）所能量出，有些事情靠表象是看不出实质的。意思是以貌取人必然片面肤浅，内在的潜能有时从表面上看不出来。

人多出圣人

【释义】 人多主意就多，意思是遇到事情，大家一起商量，就能想出好办法。义同“三个臭皮匠，抵个诸葛亮”。

人过三十，草过天时

【释义】 天时，草木最茂盛的生长时间。不同草木凋落的时间也不同，这里指自然的季节，不确指哪一天。人过了三十岁，就如同野草一样，也过了它生长最旺盛的时间。古代战争频仍，饥荒、瘟疫不断，加上公共卫生和医疗水平低下等原因，造成了古人比较短寿。“人过三十天过午”“人生七十古来稀”，都是说人过了三十岁，基本就走过了半生。形容人生最好的时光已经逝去，含有追悔、不甘和无奈的意味。

人行善，天在看

【释义】 人做善事，老天爷都看在眼里。俗信认为有上天主宰着一切，也认为“善恶有报”。意思是不要管你的善行是否得到了好报，你只管行善就是，人生在世，重要的是要修一颗善心，存一份善念，善待一切。

人活一张脸，树活一张皮

【释义】 树没有皮难以成活，人没有脸面也难以立足于社会。意思是人要知羞耻，要脸面，不要做丧失人格和尊严的事情，那样会毁了自己的声誉。

人家打鱼他涸湾

【释义】 涸，把水舀出去。涸湾，把水湾里的水弄干。能打鱼的水湾不会太小，把这样的水湾里的水涸干不容易，需要时间，而有这个时间鱼也让别人捞没了。意思是人家都打上鱼了，你还在涸湾。比喻经营某种事业（多指工商业），好处已为捷足者先得，后来者即使付出更大力量亦将获利甚微，形容有的人不管做什么事情总是比人家慢一步，因行动迟缓而坐失良机。

人家的孩子拉上怀，自己的孩子打上怀

【释义】 别人家的孩子要亲热需硬拉到怀里，自家的孩子即使打了他，也往怀里扑。意思是孩子还是自己的亲，不会记仇；而别人家的孩子你对他再好，感情上也有距离。

人家偷驴他拔橛儿

【释义】 先有人将拴在木桩（木橛子）上的驴偷走了，后来的人在拔木桩的时候被人抓到了，大家就以为是后来者偷的驴。比喻有些人时运不济，别人得了好处，他去代人受过或承担责任。

人敬我一尺，我敬人一丈

【释义】 人能敬我一尺，我就会还人一丈。别人尊敬我，我会以十倍的尊敬还给别人。《诗经·卫风·木瓜》有“投我以木桃，报之以琼瑶”句，意思是人与人之间的情感交流要平等、真诚，要尊重、理解他人的情意。无论什么时代，人与人之间的感情都应该是双向奔赴的，你尊重别人，别人才会尊重你。

人靠心好，树靠根牢

【释义】 人心地善良才能受人尊重，才能立足于世；树根扎得牢固，树才能生长茂盛。比喻做一个品行高尚的人才是为人处世之道。

人靠衣裳马靠鞍

【释义】 人穿上一身得体的衣服，就会显得分外精神；马背上一副讲究的鞍鞯，就会显得特别骏美。意思是穿着打扮对人形象气质有很大的影响。强调必要的形式也很重要，它可以更好地为内容服务。同义俗语还有“人随衣裳马随鞍”“人是衣裳马是鞍”。

人怕出名猪怕壮

【释义】 人出名了，容易招惹是非；猪长得肥壮，早早就会被宰杀。用来说为人宜低调，不可太招摇。义同“树大招风”。

人怕拉磨，驴怕上套

【释义】 在没有机械化加工粮食的年代，民间加工粮食的工具主要有石碾、石磨、碓臼等，由人工或畜力来完成。最常用的是石磨，有牲畜的人家就会套上驴来拉磨，没有牲口，只有用人力来拉磨。无论是人还是驴，拉上磨就容不得半点偷懒，因为少使一点劲，磨盘就不会转动，于是便一圈一圈绕着磨道走。形容人一旦开始做某件事，再想解脱就难了。

人怕劝，车怕垫

【释义】 人被劝了，常常会推翻自己原来的想法，车被垫了则会颠簸，甚至会翻车。用来说人无形中会受别人观念的影响，不能坚持自己的主见。

人平不语，水平不流

【释义】“人平不语”指的是人的心态平和，不轻易表露内心；“水平不流”则表示水面平静，不见波澜。意思是人心气平和就不会轻易诉说，犹如水平了就不流动。形容人或事物处于平和、稳定的状态，就不易受外物所扰，不会动荡不安或轻易变化，也有深藏不露的意思。

人欺欺不杀，天欺一刀刮

【释义】 意思是被人欺负有时候需忍辱负重，不至于丢了性命；但大自然一发威，一些自然灾害给人类造成的伤害却是毁灭性的。前一句意思是要有度量，像韩信那样忍辱负重；后一句意思是不能破坏自然，要敬畏天命。

人巧不如家什妙

【释义】 在日常生产中，工具改革能在很大程度上提高生产力。古人云“工欲善其事，必先利其器”，聪明人在生产劳动中，会通过不断努力，改良工具，实现事半功倍的效果。

人上一百，形形色色

【释义】 意思是许多人聚在一起，便什么样的人都有。优点是人才应有尽有，好办事情；缺点是人多问题也多，难以解决，不好管理。

人生一世，草木一秋

【释义】 一年有春夏秋冬四个季节，人生也有四季：少年、青年、中年和老年。草木到了秋天就会枯萎凋零，人到了中年也开始走向衰老。这句话感叹人生短暂，告诫世人要珍惜和合理利用时间，在短暂的时间内，努力生长，自由绽放，活出精彩。

人是钱架的，鳖是水架的

【释义】 架，支撑的意思。人没有钱万万不能，鳖没有水也活不成。意思是万事万物都需要有一定的物质条件做支撑。

人是衣裳马是鞍，猪八戒扎固起来赛天仙

【释义】 扎固，打扮修饰的意思。人穿上一身得体的衣服，就会显得分外精神；马背上一副讲究的鞍鞯，就会显得特别骏美；即使是猪八戒装饰打扮一下也会很美。形容服饰和化妆对人体的形象美有极大的影响。

人熟不讲理

【释义】 相互知根知底、交情非常深的熟人之间是不需要讲理的。意思是人与人的交情到了一定程度再讲道理就显得生分了，一个“情”字，

压倒一切。

人死如灯灭

【释义】 当人的生命死亡之时，如同蜡烛、灯火、灯光等熄灭一样，完全彻底地消失了。形容人的死亡是一种自然规律，就像蜡烛和油灯会燃尽一样。也形容人生命的脆弱和短暂。

人死债不能死

【释义】 民间有说法是“人死债烂”，但又有说法是“人死债不能死”，法律对此有规定，民间也自有道德评价标准。生活中也有很多父债子还的实例。人与人之间不仅需要讲究诚信，还需懂得感恩，如果当初别人在你困难的时候借钱给你，后代更应该替自己的父母尽还钱义务。

人死债烂

【释义】 意思是人一旦死亡，他生前所欠债务也就一笔勾销。民间确有此说法，但法律也有明文规定，并不是人死债烂。一个人欠了债务之后，如果他不幸去世，那么他的债务将会由子女继续偿还，如果没有继承人，债务人有遗产的，应当以遗产清偿债务。

人无头不走，鸟无头不飞

【释义】 大雁等鸟群在迁徙的时候都有头鸟率领，即领飞的头雁；人也一样，做事情如果没有人带头，大家就都不做。意思是群体里需要一个引领者，否则就无法行动。所以，家庭或单位都需要有好的领导者。

人误地一时，地误人一年

【释义】 种地是大学问，要会种才能有好收成。我国的传统节日里，跟农事相关的特别多，二十四节气更是指导农耕的依据，也形成了许多农事谚语，什么时候种，什么时候收，都有总结。人们说“庄稼不等人”“农时不等人”，该种该收的时候，不能误了农时。“人误地一时，地误人一年”意思是劝人不要怠惰，要按照作物的生长规律适时种植庄稼。早了或晚了，错过了节气，这一年的土地收成都会受到影响。当然光种上不行，还得用心做田间管理，如除草、施肥、浇水等，人家样样都做了你却跟不上，收成也会受影响。到了收获的季节，庄稼的收成会告诉你勤还是懒了，土地是不会糊弄人的。义同“人勤地不懒”。

人熊有人欺，马熊有人骑

【释义】熊，老实、无能。人忠厚老实，就容易被人欺侮；马温顺老实，骑它的人就多。意思是人要有斗争勇气，不要太过老实。

人要脸树要皮，不要脸没法治

【释义】人要有脸面，要有尊严，就像大树得有树皮一样。树木被剥去树皮之后就无法正常生长，同理，一个正常人把脸面和尊严会看得很重。如果连自己的脸面都不要了，那这个人就无所顾忌，什么都不在乎了。多用来指责一些卑鄙无耻之徒。这里的“不要脸”，是指那些不知羞耻的人。

人在难处莫加言，马在难处莫加鞭

【释义】当一个人有了难处时，不要对他再说消极打压的话语；当马陷于困境或者体力达到一定极限的时候，不要因为它无法前进就用鞭子抽打。意思是每个人都会遇到难处，这个时候需要的是亲人和朋友的关爱和帮助，而不是雪上加霜，过多的指责只会增加他的压力。

人争一口气，佛争一炷香

【释义】一个人要有上进心，有好胜心，就好比佛还要去争一争谁的香火更盛一样。意思是人要有骨气，要在心中树立一个目标，不论多么艰难困苦，都要保持不达目的不罢休的顽强意志。

日头不能从哪一个人家门口过

【释义】日头，太阳。太阳不能只经过一户人家的门口而不照到别人家。意思是好运不可能永远垂青于某一个人，风水轮流转，人都有得意失意的时候，得意时不可沾沾自喜，失意时也不可垂头丧气。守得云开见日出，终会有时来运转的时候，就像阳光普照大地，会照到每一个人。用来鼓励人们遇到难事不要放弃希望。

日头从西边出来了

【释义】从我们的视角看，太阳每天东升西落，不可能从西边升起来。用来说从前根本没有的事或不可能的事竟然出现了，令人吃惊。常用来打趣人，有“破天荒”的意思。

日子要待好，三辈没老少

【释义】意思是日子要想过好，就得一家人和睦相处。在日常生活中，有的人家和和睦睦、其乐融融。仔细观察就会发现，在一些生活小节上，他们基本不讲究那些陈规陋习，而是构建了一种随和、舒适的生活环境。上下几辈人，从不为些小礼节吹毛求疵。用来说生活中有了幽默，贫穷的日子也会充满欢乐。

软面饺子硬面汤

【释义】包饺子的面团要调得适当软一点，否则包出来的饺子皮发硬，口感不好。而擀面汤（面条）的面团则应硬一些，一旦软软的就擎不住擀面杖了。比喻做事情要有针对性，不能千篇一律。

S

三把韭菜两把葱

【释义】俗语“远亲不如近邻”“能得罪远亲，不得罪近邻”说的都是要与邻居搞好关系。左邻右舍之间，抬头不见低头见，大小事情都不免要打交道，在日常生活中互通有无、相互关照。大葱与韭菜，是时时用得到的调味品，急着炒菜，没了大葱，赶紧到邻居那里讨一点，对方是绝不会不给的，要拌凉粉，没有鲜韭，知道近邻的园子里有，打个招呼，便去割一把，和自己家的一样。“三把韭菜两把葱”与“三碗饺子两碗面”同义。说的都是细微处见人情。

三辈学穿，五辈学吃

【释义】三、五，泛指多，非确指。中华服饰文化、饮食文化博大精深。吃穿看起来是很简单的事情，但其背后的精髓并不是很容易就能理解的。用来说任何事情要研究透彻不是短时间就可以奏效的，需要经过长期的积淀和学习。

三尺肠子闲了二尺半

【释义】三尺的肠子有二尺半都是空的，形容极度饥饿，肚子里一点饭食也没有了。义同“肚皮贴脊梁筋”。

三春不如一秋忙，秋忙不及麦上场

【释义】一秋，指秋收。一个春天的耕种不如秋收时节忙，而秋天再怎么忙，也不如麦收忙。因为麦子成熟需要抓紧抢收，时间紧任务重，尤其担心冰雹、阴雨等恶劣天气，所以是最忙累的时候。

三个黄豆支着牙，就不知姓什么了

【释义】吃了三个黄豆就美滋滋的，不知道自己姓什么了。意思是条件刚好一点，就忘乎所以了。比喻容易满足，不思进取。也说“有一粒黄豆支着牙，就忘了姓什么了”。

三个老婆顶面锣，三个妇女一台戏

【释义】女人生性擅长聊天，凑到一起自然要说说自己的秘密，交流近期的新闻，发发心中的感慨，你一句我一句地抢着说，话多了，热气腾腾，自然就成戏了。尤其那些中年妇女，没了半点年轻女人的矜持，高声大气，其音响效果绝不亚于一面铜锣。

三集樱桃两集蒜，转过集来就磨镰

【释义】农村下来了当季的时令蔬菜水果，集市上就会有卖的。意思是樱桃吃个十几天，新蒜就可以上市了，再过几天就要准备磨镰刀收割小麦了。用来说作物的成熟时间紧密相接，也形容时光飞逝，农活催人。

三九天听“蝲蝲蛄”叫

【释义】蝲蝲蛄，即蝼蛄，是一种害虫，雄虫能鸣。梁朝宗懔的《荆楚岁时记》中写道：“俗用冬至日数及九九八十一日，为寒尽。”从冬至开始就“入九”了，也叫“进九”“入冬”，意味着冬天的开始。民间各地都有“数九歌”，“三九四九冰上走”，“三九天”是一年中最寒冷的时候。蝼蛄一般夏秋两季活动最旺盛，常理说三九天肯定听不到蝼蛄叫。意思是对于毫无根据的流言完全不必理会。

三两鸭子二两嘴

【释义】一是说某个人特别能说，就像话痨一样；二是说某个人的嘴特别会说，嘴上说得好却不见实际行动。

三邻不搿，四邻不和

【释义】搿，搿合，交往。和，和睦。有道是“远亲不如近邻”，邻居间互帮互助，相互有个照应，这是历来为人称道的淳朴民风。可是有的人却跟所有的邻居都处不好关系，那这个人一定是性格过于孤僻或者在为人处世上有问题。于是，人们说那些封闭自己的社交圈，跟谁都处不好关系，甚至不与任何人交往的人就是“三邻不搿，四邻不和”。

三猫瞪着六只眼

【释义】猫眼圆睁，意思是都在瞪眼看着。形容一件物品或某件事情有好多人在惦记着，有僧多粥少的意思。

三人同行，小的受苦

【释义】过去的学徒中，师弟都要比师兄多做一些，等他做了师兄也同样，这是行业中约定俗成的规矩。

三十年河东，三十年河西

【释义】表达大自然的变化无端，有沧海桑田之意。遇到水灾，河流改道是常有的事情。这话具体到各地，时间长短表述有异，说“三年河东，三年河西”“十年河东，十年河西”都有。多形容人事之变，如有的人曾经是某人的下属，可是几年之后，位置可能就会翻转，因此，不可以一时的情形来下定论。

三十年前看父敬子，三十年后看子敬父

【释义】意思是人在年轻的时候，世人怎么对待你是根据你父母的身份地位；而等人老了，世人会根据子女的身份地位来对待老人。既形容人生匆促，也形容世态的炎薄。

三十无子半辈儿孤

【释义】孤，指孤独而年老的人。过去认为养儿防老，有儿子才是老有所依，有人赡养，没有儿子的都称为孤老。意思是到三十岁还没有儿子，半辈子已经是孤老。古时的人寿命短，能活到六七十岁就算高寿了，因此三十岁即是半辈子。形容过去人们对生儿子的渴盼。

三四月里种不好田，七八月里乱埋怨

【释义】三四月的时候不好好种地，到了七八月该收获的时候，自己的收成不如别人，这个时候再去埋怨这个埋怨那个，再怎样也为时已晚。意思是没有耕耘就没有收获。形容做任何事都需一步一步踏实去做，不能前边不努力，后边乱埋怨。

三岁观老，薄地看苗

【释义】三岁看老，通过一个三岁孩子的行为举止，便可以感知这个孩子将来会是一个什么样的人；土地瘠薄，但苗子好一样可以长成好庄稼。意思是只要本质好，就是可造之才。也作“三岁看大，七岁看老”。

三岁孩儿证死娘

【释义】三岁的孩子尚不具备分辨能力，答话具有随机性。所以仅凭孩子回答的“是”与“不是”，就来断定母亲做了什么没做什么，根本不足为凭，可是有的人却将此作了证据，令母亲百口莫辩。

三天不念口生，三天不练手生

【释义】这话常被人们用来说戏曲演员持久练习基本功，意思是三天不练习，技艺就会生疏。我们看到演员在舞台上的唱念做打都是一朝一夕不间断地练出来的。不只是演员练功需要勤学苦练，世上所有精湛的技艺

也莫不如此，用来告诫人们不能有惰性，勤奋与坚持才能成功。含有“温故知新”和“业精于勤荒于嬉”的意思。

三天爬不到河沿

【释义】 形容人动作迟缓，就像乌龟爬行那样慢，多用来说人做事效率低，暗含讥讽义。

三条腿的蛤蟆不好找，两条腿的人满街都是

【释义】 三条腿的蛤蟆不好找，因为它在月亮里。仙境中的物种自然比人间奇异，于是在先民创造的上古神话里，太阳里有一只三足乌，月亮里则有一只三足蟾，因而月宫又有蟾宫、蟾阙、蟾窟的别称，与月宫里的桂花树相组合，也便有成语“蟾宫折桂”，成为古时读书人的理想。这只三足蟾还出现在“刘海戏金蟾”传说里，这个素材广泛出现在民间剪纸和民间年画等民间美术中。纹样多为一蓬发少年以连钱为绳戏钓蟾蜍构成，所戏蟾蜍即是一只口吐金钱的三足蟾，寓意财源兴旺。因“蟾”谐音“钱”，蟾蜍又成为财富的象征，被称为“金蟾”。这话所用的语境大多是合作者半途撂挑子了，人们就会说这句话，言外之意，不是非你不可，还会找到更好的新伙伴；更多的时候这话则用来劝解失恋的人，劝人放下前任，意思是人有的是，这个不行再找下一个，何必一棵树上吊死，也含有后来者会更好的意思。这就像有人化用东坡“枝上柳绵吹又少，天涯何处无芳草”句来劝人一样，可谓一雅一俗，各有妙趣。

三月三，大燕小燕做一千

【释义】 民间传说寒食节、清明节都与介之推有关，古时候人们就用面粉和着枣泥，捏成燕子模样，用柳条串起来，插在门上，召唤他的灵魂，叫“之推燕”。胶东民间清明时节有蒸面燕子的习俗，则较多地表现出上巳节祛病求吉和欢爱祈孕的节日内涵。栖霞称为“燕窝窝”“疙瘩燕”“饽饽鸡”，当地人说，小孩吃了不害眼病。这个时节蒸面燕子，一是此时正是北方燕子归来的时候，所谓“大雁不过九月九，小燕不过三月三”，燕子这时候都飞回来寻故垒旧巢孵育后代，此时做面燕子是与节令相应，表达人们对春天到来的喜悦。二是俗信认为“燕子不进愁家门”，

人们喜欢燕子，希望燕子给自家带来吉祥安康。三是有祈孕的寓意。燕子，古称“元鸟”“玄鸟”。传说殷商部族的始祖契是母亲简逖吞元鸟卵而生，因此，燕子是古老的鸟图腾崇拜，也是原始的生殖崇拜，是生育的象征。烟台西部的一些地方三月三蒸面燕子祈孕的色彩尤浓，龙口的新媳妇三月三要送春燕，莱州地方干脆就叫三月三是“小媳妇节”，小媳妇指当年结婚还未生育的新媳妇，民间俗传小媳妇过不好这个节日不利于生育，因而小媳妇们过节前回娘家做许多面燕，三月三带回婆家分送给邻居亲友，谣曰:“三月三，大燕小燕做一千。”

三月三，荠菜当仙丹

【释义】三月三，指阴历，在清明前后。仙丹，求仙的丹药。荠菜是春天很早发芽的野菜，立春前后最为鲜美，有的地方人们在制作春盘的时候，还会将荠菜作为礼物互相赠送。到了阴历三月，荠菜已经变老开花，可是人们却说可以当仙丹，是说的这时候的荠菜花，可以用来驱赶蚊虫、辟邪。清明有吃鸡蛋的习俗，人们还会采了开花的荠菜与鸡蛋一起煮，既有营养，又有一定的药用价值。

扫地要扫边，不扫扫三天

【释义】每次扫地的时候，应该把边边角角都扫到。如果不注意这些小的方面，就会使灰尘越积越多，还要花费专门的时间来打扫。同理，如果把小问题积攒成堆，就会导致发生大的问题，再处理就难了。

扫帚叉鳖头绪多

【释义】叉鳖需用钢叉，两叉或三叉，刚劲有力；扫帚齿多，力量分散，力度不大。形容事情太杂乱纷繁，处理措施不得力。

臊鼠狼子专咬瘸鸭巴

【释义】臊鼠狼子，胶东对黄鼠狼的俗称。鸭巴，鸭子。因为瘸腿的鸭子行动不灵便，所以黄鼠狼专门咬瘸腿的鸭子。一是形容灾难总是落在不幸者身上，二是形容对手总是专找最薄弱的地方下手。解决的方法便是自己强大起来，才能抵御外敌。

纱帽底下没穷人

【释义】 意思是做了官因为有不少捞好处的机会，难免会滋生贪污腐败，因此做官就等同于享受富贵荣华。这话虽然不免绝对，但也反映了自古以来贪腐现象的普遍存在及民众对贪官污吏的痛恨。义同“三年清知府，十万雪花银”。

善门好开，善门难闭

【释义】 意思是做好事容易，可是一旦开了头，想再停下来就难了。开始给人帮助的时候，他会感激你。可如果让其形成了依赖，一旦停止帮助，反而会招来怨恨和指责。以此告诫好心的人们，持续的救济会让某些没有底线的人认为不劳而获是对的，认为好心人的援助是理所当然的。济人可一时不可一世。与“升米仇斗米恩”义近。

上辈子杀老牛了

【释义】 古代法律规定不允许私自宰杀耕牛。而且，牛曾经作为主要的畜力帮助农耕，是重要的生产劳动工具，农民把牛当作通人性的动物朋友，牛以其埋头苦干、默默负重、任劳任怨赢得了人类的尊敬和爱护，即使是牛因为生病或衰老不能劳作，人们也不忍心杀它，而是任它自然死亡，得其善终。俗信上一辈的人做了伤天害理的坏事，下一辈的人会遭报应，而民间认为杀牛就是伤天害理的事情。因而，如果谁家的后代遇到不测和意外等，人们则会议论说“上辈子杀老牛了”。反之，如若谁在意外事故中躲过了灾祸，人们认为这是不幸中之大幸，一定是家族中的前辈人积德所致，其中不杀牛就是其中之一。则会说“上辈子没杀老牛”。

上勾不着天儿，下勾不着地儿

【释义】 向上勾不着天，向下勾不着地，形容不上不下，两头没有着落，也有处境“不尴不尬”的意思。也说“上不着天，下不着地”。

上炕认得孩子老婆，下炕认得灶神老爷

【释义】 灶神老爷，即灶马上的灶王神像，贴在锅灶后面。上炕、下

炕，形容活动范围很小。用来说有的男人除了自己的老婆孩子和灶马上的灶王老爷像谁都不认识，比喻其社交能力差。

上梁不正下梁歪

【释义】 梁在房屋建筑中起关键的架撑作用。用来说如果起决定作用的关键部位不正，上行下效，下面的也必然好不了。多用来说单位领导或家长。也做“大梁不正二梁歪”。

上拢着不是亲戚，赶拢着不是买卖

【释义】 亲戚间需互相走动，不能单凭哪一方主动、热情；买卖双方也是你情我愿，不能强买强卖。意思是涉及双方的事情不能勉强而为，一厢情愿做不成事。

上马饺子下马面

【释义】 胶东地方，来人待客，饺子、面条就是待客的标配主食，有道是“上马饺子下马面”，也说“开路饺子团圆面”，其中包含了出行和饮食两种习俗，即离家的时候要吃饺子，回家的时候要吃面。同样，客人进门要吃面条，表示热情，说要缠住腿脚多住几天，体现胶东人的热情待客；待客的第一顿饭忌吃水饺，认为水饺是送行的食品，意味着客人不受欢迎，俗称“滚蛋箍扎”。送客时则不吃面条，认为缠住腿旅行会不顺利；因饺子的形状像元宝，送行吃饺子，象征出门发财赚元宝。

烧香招来小鬼

【释义】 诚心烧香拜佛，原本是为祈福消灾，不料却引来小鬼添乱坏事。比喻事与愿违，事情没有向希望的好的方向发展，反而更麻烦了。

勺子长到树上去了

【释义】 胶东乡间以正房正间为厨房，正间里东西各有一个锅灶，分别通东屋与西屋的火炕，一般的炊事就在锅台上来操作完成。锅台的使用是分区而有秩序的，勺子一般挂在“锅台后”壁子上，取用方便，也就是说勺子不会长到树上。用来比喻不可能发生的事情，义同“痴人说梦”。

少年受贫不算贫，老来受贫愁煞人

【释义】 年轻人没有积累，生活相对会贫寒些，但年轻时候就应该是努力拼搏的时候，所以受点苦过点清贫的生活不算什么；可是人老了，没有能力去打拼，这个时候生活还是清贫就让人发愁了。这句话常用来给年轻人励志，鼓励年轻人发奋努力。

舍不得孩子套不住狼

【释义】 有的方言将“鞋子”称作“孩子（音）”，意思是要打到狼，就要不怕跑路，不怕费鞋。比喻要达到某一目的获得更大的成功，必须付出相应的代价。这句话传到胶东，成了真的为了套住狼用孩子做诱饵。

舍命不舍财

【释义】 遇到危险时，情愿丢掉生命也要保住钱财，形容过分贪财。用来说人生要知道什么是最重要的，没有了钱财还可以再赚，而丢掉了性命有钱财又有何用？

身大力不亏

【释义】 身材高大壮实的人，比身材矮小的人力气要大。用来说无论是孩子还是老人，看着似乎并不强大，但只要个头大，还是有一定实力的。

身正不怕影子斜

【释义】 身子正而影子斜的话，是因为光的角度原因。指行得端，做得正，无愧于心，就不怕恶意中伤，流言蜚语。义同“不做亏心事，不怕半夜鬼敲门”。

身子掉井里了，耳朵挂不住

【释义】 身子已经掉进井里，靠耳朵自然挂不住。形容大势已定，细小的补救根本无济于事。

什么爹妈什么孩儿，什么木头刻什么塞儿

【释义】 塞儿，方言，指木匠用于加固的小木楔。意思是父母的基因和言传身教对孩子的影响非常大，父母什么样子，孩子就什么样子。在评价某个孩子的行为的时候，常用这句话来说孩子随家门，随父母。

婶子大娘不是妈，十个褂子赶不上一把花

【释义】 花，指棉花。婶子和大娘对自己再好也不如自己的亲妈妈，穿十层褂子也不如一把棉花暖和。意思是不要只看外表与形式，而要看实质内容。“十个褂子赶不上一把花”与“十层单赶不上一层棉”同义。

生得伶俐长得乖，谁也不知招什么灾

【释义】 天有不测风云，人有旦夕祸福。无论人多聪明，长得多漂亮，也保不齐会遇上灾和难，比喻人生的境遇难以预料。

生姜断不了辣气

【释义】 生姜无论怎样总是辣的。意思是事物的本质不会变，形容某人的秉性、脾气（多指负面）难以改变。

生就的骨头长就的肉

【释义】 动物生长到一定的阶段发育成熟，就不会有大变化。形容人生来性格已定，或者说某人性格固执；也形容事物的状态已定，不可改变。

生米煮成熟饭

【释义】 生米已经做成了熟饭。意思是有意或无意把事情做错了，已成既定事实，无法改变，只能接受或默认了。

省了不知，费了不觉

【释义】 节省了多少不知道，浪费了多少也不知道，意思是有的人日子过得有些糊涂。生活还是需有计划有打算才好。

省着省着，窟窿等着

【释义】 日常生活中，节约固然重要，但是不能一味地节省，有时候节省来节省去，不定什么时候就会有“窟窿”出现，等着拿钱去填。如小病不舍得花钱去看，等到酿成大病再去看，结果花的钱更多。看似这里省了，其实那里又花掉了，有时候省的钱还不够堵窟窿的。形容凡事都有一个度，不能过于奢侈，大手大脚，也不能过分节省，近乎吝啬。

师傅领进门，修行在个人

【释义】 师傅是指传道授业的人。修行指的是学业、技艺的进取与长进。意思是师傅只起着引导作用，学业或技艺上的钻研与提高，还得靠学艺人自身的努力。师傅教的只是基础，而真正能学到多少东西，修行到何种程度，还得看学生的领悟能力以及努力程度了。

虱子多了不咬人，饥荒多了不压人

【释义】 饥荒，即欠债。虱子多了觉不出来痒了，外面欠人家的钱太多了也不急了。意思是压力太大，反而麻木了，不觉得是事情了。形容人懒惰，积压了许多工作没做。

十层单赶不上一层棉

【释义】 过去的棉袄都是棉花絮成，有的人嫌棉衣臃肿衬得身材不好看，在入冬刚冷和入春刚有点暖和的时候，能不穿棉衣则不穿，老人们见了就会说“十层单赶不上一层棉”，说单衣穿得再多也不顶一层棉衣保暖。形容内容永远比形式更重要。

十个和尚里头夹个秃子

【释义】 意思是看着都是光头，但可能并不全是出家人。形容出家人里面有的并不是真心向佛，或者原本就是夹了个普通人在里面。义近“滥竽充数”。

十个老头九个好汉

【释义】 都说好汉不提当年勇，但有些老人爱向后辈显摆年轻时的一些自认为有能耐有面子的事，“想当年如何如何”，言外之意，谁没有年轻过，其中确有值得骄傲的过去，也不乏不吹自擂倚老卖老之嫌。年代已久，当年是不是好汉，已无人去考究，人们多是姑妄听之罢了。

十个指头还不一般齐

【释义】一般，一样。十指有长有短，意思是要承认事物的多样性、差异性，处理起来应该区别对待，不可一刀切。形容人或事不可能十全十美，没有缺点；有时还指同是一母所生的兄弟姐妹，品德和行为相差很大。

十匠九落，不死老婆

【释义】落，读là，留下的意思，即匠人在给人干活的时候总是会留下点材料。不能留多，多了太明显，一般就是一些在别人看来做不成什么的下脚料，积攒起来日后做成合适的物件，比如，木匠留下点木头做个小板凳，铁匠留下点铁皮做个水桶之类，总之留下的这些材料还能做一些器物，可以自用也可以卖给他人，也算是一种额外的小收入。民间曾有个故事，说有这么一个裁缝，给谁做衣服都落点布。有一次，给他自己的丈母娘做衣服也照样落，丈母娘很生气，说：“你落张落李不要紧，怎么连我的布也落！”女婿赶紧赔不是说：“唉，我也没法啊，俗话说‘十匠九落，不死老婆’，我落吧，准知道你不乐意，不落吧，又怕你闺女有个三长两短，你叫我怎么办？”丈母娘听了，还是自己的闺女要紧，赶紧说：“叫你这么一说，就随你，使劲落吧！”笑话归笑话，这句话的意思是在各类工匠那里，这已经是行业潜规则。

十年九不遇

【释义】十年里有九年遇不到，形容很少有，多年也难遇到一次。用来说机会难逢，不要错过。

十七八岁力不全，二十四五正当年

【释义】十七八岁的时候，身体还不是太健壮，力气还不足够大，二十四五岁是身体状态最好的时候。人生的好时光没有几年，青春最珍贵。

十七十八坐着等，十九二十没了影

【释义】 这说的是月亮升起的时间。每月十四到十六这三天是最佳赏月期，每到月亮升起，不知道有多少人在仰望这一轮明月。因为同一地点月亮每天出现的时间要推迟 50 分钟左右，所以每天我们在同一个地点看到的月亮要晚升起近一个小时，如果十五这天是 18 点升起，那么到十七这天就是近 20 点升起了，所以说十七十八还能等到，而到了十九二十，月出的时间更晚，而且这时候也只能看到半个月亮。从这句俗语可见人们对月相等自然现象观察之细致。

石硼顶上都能抓了吃

【释义】 石硼，巨大的岩石。光秃秃的石头上无土无水，寸草不生，没有任何生物，说有的人能从石棚顶上抓吃的东西，是形容这个人特别能吃苦、肯下力，能做到别人无法做到的事情，在最艰苦的地方都能生存。

拾的儿郎不养爹

【释义】 拾，捡的，指非亲生。意思是没有血缘的养父子关系终究隔了一层，感情不深，将来也不会像亲生的儿子那样孝顺奉养父母。社交关系中也是这样，不是嫡系的亲密关系，可能也不会有真情意。

屎壳郎多了能垫翻车

【释义】 屎壳郎很小，但数量多了聚在一起也能把车垫翻。比喻人多力量大，众人拾柴火焰高。不可小觑微小者形成的合力。

是蚕就得眠个茧

【释义】 蚕在结茧前要休眠蜕皮，不吃不动，就像睡着了一样，实际上蚕是在蜕皮，也就是脱去旧皮，换上新皮，以便继续生长，人们说的“眠一眠，长一长”，就是蚕的这个过程，眠的结果就是准备结茧吐丝，于是就有了“是蚕就得眠个茧”这句俗语，比喻人做任何事情总要有个结果，干出点成就，如此就需专心致志，就像蚕努力地结茧一样。与“吃桑就得绣个茧”同义。

是个碌碡，是个炮

【释义】碌碡是常见的农具，石炮是少有的武器，形状虽然有些类似，用处却大大不同。如果敌人当前，误认碌碡为石炮，是万万使不得的。生活中真有一些本为碌碡偏要充炮的人物，使大家不得不小心。因为炮是紧急应敌的武器，充炮而不是炮，会误御敌的大事。因此，当人们说“是个碌碡，是个炮”这句话的时候，意思是那个自吹为炮的人，实则不过是个碌碡。

是火热起炕，是亲三分向

【释义】灶膛里烧火做饭的时候，炕也就热了。人情关系上也是这样，一事当前，总是把自己的亲人或者朋友考虑在先，立场会倒向他们那一边。形容遇到事情，总会格外偏向与自己沾亲带故的人。

手打鼻子眼就见

【释义】鼻子和眼睛同属于人脸上的五官，鼻子就在眼睛下方，两者距离很近，手碰了鼻子，眼睛一定会看到。比喻预料的事情或后果很快就会出现或应验在眼前。也说“手打鼻子眼前过”。

手大遮不住天

【释义】再大的手也不可能遮住天，比喻个人的能量再大，也不能遮掩住一切。多用来说一些有权有势的人，做了坏事，想要掩盖事实的真相是办不到的。

手心手背都是肉

【释义】手心手背都是肉，碰着哪个都会疼。多用来表达父母对待子女的态度一视同仁，都非常关心，并不存在偏向哪一个的问题。

手中有了米，唤鸡才能灵

【释义】 用米才能唤来鸡，甚至不用唤，鸡看到你撒米就会自动过来觅食。意思是不能空手套白狼，有了好处自然会吸引到你所需要的，引进人才莫不如此。

守好邻学好邻，守着巫婆会跳神

【释义】 平常人很容易随大流，被环境同化，除非定力特别强的人。时下流行一句话“圈子很重要”，说的就是这个道理。过去，民间的巫婆通常以装神弄鬼、搞迷信活动来骗取钱财，与她们经常接近的人，常常也会羡慕她们不劳而获，从而走上邪路。比喻接近什么人就会受什么影响，跟着好人会学好，跟着坏人会学坏。义同“近朱者赤，近墨者黑”，强调环境影响之大。

守着馋的没有攒的，守着勤的没有懒的

【释义】 守着馋人就攒不下东西，守着勤快人就没有懒人。意思是人很容易受到环境和身边人的影响，因此结交什么样的朋友很重要。一个团队里也是如此，勤奋或懒惰都会起带动作用。

守着大树，草不沾霜

【释义】 大树下的小草因有树的枝叶遮挡，不会受到霜打。比喻有强大的外力庇护，弱小者会沾光受益。

瘦驴拉硬屎

【释义】 没有能力，却硬要逞能；实际空虚，却硬要摆架子装样子。讥讽人本来不行还偏要逞强。

瘦死的厨子杀八百

【释义】 八百，非确指，只是表达体重不轻。一个厨师再瘦也不会瘦到哪里去，因为近水楼台先得月，厨师每天做饭，怎么也不会饿着自己。形容每种职业都有各自的便利条件，有“靠山吃山”的意思。也说“饿死的厨子杀八百”。

瘦死的骆驼比马大

【释义】再瘦的骆驼也比马大许多。意思是本身躯体庞大，即使再瘦也有骨架在，不会显得太小。比喻家大业大，再怎么穷也比小户人家强。

树大分杈，儿大分家

【释义】树长得高大就会分出许多的杈枝，儿子大了娶妻生子，一大家子人不适合在一起生活，就会分家单过。用比兴的手法来说，事物都是在发展变化的，时间长了，不可能永远保持原状，要接受现实，顺其自然，以平常心对待。

树大荫凉大

【释义】树冠可以遮蔽烈日，洒下荫凉，树越大，阴凉自然越大。比喻有势力的人物或豪门，能够荫庇不少相关的人，在“荫凉”下的人都可以沾光。

树根不动，树枝干摇晃

【释义】只要树根扎得稳，树梢再摇晃也是白摇。用来说主干不动摇，树梢再怎么动也无关紧要。遇到事情，要有定力，不要受外界的干扰。譬如，一个团队，主事人不发言、不表态，其他人说得再多也不起作用。

树老半心空，人老百事通

【释义】树长老了易形成空心树；与树相反，人年纪大了，什么样的人情世故都通晓。形容人年纪大，经历多，见识广，诸事都精通。

树老根多，人老话多

【释义】大树根多，人老了多爱唠叨，这是必然规律。意思是老人总想用自己的生活经验来指导或教训年轻人。

树挪死，人挪活

【释义】种树都是种小树苗，因为小树苗根系还不发达，容易成活；

而将长了多年的大树连根拔起移到别处，可谓伤筋动骨，成活率会很低；人则不一样，如果在某个地方陷入困境，换个地方换个行业，可能就会打开一片新天地。告诉人们不必一条路走到黑，可随时调整生活道路、方向，思路一换天地宽。

耍猴子还为了两把豆子

【释义】 耍猴子，过去卖艺的一种。无论哪行哪业，总要有一定的收益才能维持基本的运作。意思是人做事情总有目的，没有白做的。

谁还没吃过过年的饺子了

【释义】 农家日子再怎么穷，过年也要包顿饺子吃。意思是不足为奇，你家有的，我家也有；你能做到的，我也能做到。

谁家大门开得早，谁家日子过得好

【释义】 大门开得早，即早起。意思是谁家早起，谁家的日子就过得好。起得早的人都是勤快人，就像早起的鸟儿有虫吃一样，靠勤劳致富。若是天天睡懒觉，再大的家业也会坐吃山空。

谁家门口儿也没挂无事的招牌

【释义】 人生无常，住家过日子，一家有一家的难处，谁家也保不齐会摊上什么事情，因此，当别人家出了意外，能帮则帮，不要说风凉话，更不能看人家的笑话。这样当你家有事情的时候，别人也会这样对你。

谁也没长前后眼

【释义】 谁也不知道明天会发生什么，说的是为人处世无法前后观照。生活中，人们后悔做了某事时，常会说："我哪知道，我要是知道……" 旁人就会劝他说："谁也没长前后眼，都会有看不准的时候，谁都会犯错。" 比喻人无法预知未来。

谁知道哪块云彩下雨

【释义】 看云识天气，一般来说，下雨需要有积雨云出现，但不是有了云彩就一定会下雨。意思是不能绝对肯定或否定人或事，后来的结果如何，不能过早下定论，也形容不能完全指望某一个人。一般是用在劝别人对待儿女上。意思是你不知道将来哪个孩子会孝敬你，所以现在不能看着哪个孩子顺眼就对哪个孩子好，而忽视了另外的孩子。也说“谁也不知道哪块云彩能下雨”。

水停百日臭，人停百日病

【释义】“流水不腐”，水只有流动起来才不会发臭，一旦水不流动了，就会逐渐发臭。人也一样，如果长时间不活动，身体功能也会出现问题。同样，人也要做事情，如果什么事情都不做，不仅不能为社会创造价值，也实现不了自身的价值，如同行尸走肉，成为一个废人。

水罐难免井上破

【释义】过去民间饮水主要是井水。由井中取水，用铁桶、木桶在当年都属少见，最常用的是易得又价廉的瓦罐，为区别其他用途的瓦罐，打水用的便叫作“水罐”，其形状多为缩口、鼓腹、平底，罐口四周有四个鼻儿，拴上小绳做系儿，就可以担到井边取水吃。用瓦罐取水，因为本身较重，下井即倒下，不像铁皮桶那样容易浮起，所以取水极为方便，但瓦罐容易碰碎。比喻人大概率会在经常做的那件事上出问题。也说“瓦罐难免井上破”。

睡到果木园里了

【释义】胶东是水果之乡，这里的丘陵地貌和气候条件非常适宜水果的生长，几乎所有北方的水果都有出产。从春果第一枝的樱桃，到春夏之交的杏子、草莓、李子，到夏天的桃子、甜瓜、西瓜，再到秋天的苹果、梨、山楂、葡萄、石榴、枣、柿子等，一年四季有三个季节都有时令鲜果，因之也有许多俗谚:“七月桃，八月梨，九月的柿子乱赶集。”“八月梨枣九月楂，十月板栗笑哈哈。”即使是冬天，也有耐储存的苹果、梨等可以大饱口福。胶东人将水果总称为“果木儿”或“瓜果梨枣”，成熟的水果自然是香气四溢，甜美可口。因此就有了这句将睡得香甜比喻为“睡到果木园里了”。若是你起晚了，人们就会开玩笑说:“怎么起不来了，睡到果木园里了吗？”多用来打趣别人，也可以自嘲。

顺着梯子下楼

【释义】 人在高处，必须借助一定的工具才能下来，比如梯子。生活中有时候人会主动或被动地将自己置于尴尬难堪的处境，这时候就要趁合适的机会或他人的帮助“下台阶”，摆脱困难窘迫的处境。也说“借着梯子下楼”。“就着坡儿下驴”也是这个意思。

说得呱呱的，尿得哗哗的

【释义】 有些孩子小时候有夜里尿床的现象。因此，白天大人常会教育孩子不能尿床，孩子答应得很好，可是到了晚上照常还是会尿。孩子尿床是他自己不能控制的，而生活中有的成年人，当别人说到他的错误时，他的认错态度极好，而且嘴上说得也天花乱坠，保证自己再不会出现这样的情况，可是转过身去，他还是我行我素。比喻那些言行不一的人，有的人不能听他说得是否顶呱呱，而是要看行动是否落到了实处。

说的比唱的还好听

【释义】 唱歌具有独特的艺术魅力，深受人们喜爱。说有的人说话比唱歌还好听，是说有一些人善于用花言巧语骗人，光耍嘴皮子不干实事，含贬义。

说溜话，不挨打

【释义】 说溜话，方言，意思是附和着别人说话，即人云亦云，也有“拍马溜须”的意思。用来说随着别人的话说总不会被责怪批评。也正因为这样，生活和工作中也多了许多不敢有自己的见解，不敢说真话的人，尤其在领导面前。

死了孩子来了奶

【释义】 刚生下孩子的时候，当娘的却没有奶水，生生把孩子饿死了。可是等孩子死了，奶水却下来了，而这时候的奶水没有任何作用了。

用来说不是所有的补救都来得及，有些事情是无法补救的。

死了杀猪包子，还能连毛茹吗?

【释义】屠夫，俗称杀猪包子或杀猪巴子，每逢杀猪的当口，都要由他们来完成，过程很烦琐。尽管如此，假如没有杀猪包子，肯定也会想出办法，不至于吃带毛的猪肉。比喻即便少了某人或某种条件，照样能办好事情。同时是要告诫一些人，不要把自己摆在别人不可替代的位置。也说“死了杀猪包子，还能吃连毛猪？”

四两拨千斤

【释义】出自太极拳术语，用四两的力气就能拨动千斤的重力。所谓的顺势借力，以小力胜大力。比喻处于关键或决定部位的事物，虽然很小，却能起到相当大的作用。

四六不成材

【释义】本义是“四”和“六”这两个数字不能用。“四”和“六”指什么，有人认为是源自《易经》里天四是阳爻的起点，地六是阴爻的起点；有人认为是不懂“四书”“六艺”；也有人认为是骈体文的四六句。在民间，确有一些事项上，认为不可以用“四”或“六”，其一是盖房子，忌讳盖四间房或六间房。标准的四合院布局是正房五间，东西厢房各三间。二道门外，南屋（倒座）五间，其中过道占一间。如果只有盖四间房的地方也要盖三大间，每边再盖半间，美其名曰:“四破五”。其二是钉扣子，不缝四个或六个扣子，一般小孩子缝三个，大人缝五个，总之就是避开“四”和“六”。引申义是做什么都不行，没本事成不了大事，不堪造就。也说“不着四六”或“四六不懂”。

四六不对齿

【释义】两排相同数量的牙齿，第四颗和第六颗是不相对应的。比喻两个人根本合不来，也用来说两个或多个对象之间的不协调，比如处事方式和工作作风等都不相契合。

四面光八面亮

【释义】 形容人处事圆滑，八面玲珑，各方面都不得罪。生活中确有这样的人，做事周全，面面俱到。也形容外表看起来光洁明亮，但其内在实质并非如此，不过是面子工程而已。这句话使用范围灵活，可褒可贬，可以说建筑装饰，也可以说人的穿着打扮，还可以表达有的人只是嘴上说得漂亮，行动却大打折扣。

随着尿跑了

【释义】 即偷懒的意思。形容有的人不愿付出，经常会找一些借口溜之大吉。就像在劳动中，有的人借口上厕所就溜走了，估计人家干完了他才回来，或者干脆再也不见影儿。

T

他那个胆儿晒干了有笸箩大

【释义】 山东民间各地，都有一类以去皮的白柳条为料，麻缕勒编的器物，有各种大小的笸箩、各种大小簸箕、升与斗、箢斗、柳条箱等，而以笸箩与簸箕最为多见。最小的是作小孩玩具的笸箩儿，方寸大小，玲珑可爱；盆口大的，是女人用的针线笸箩；最大的笸箩直径三四尺，又大又深，称“笸箩箱”，是同类盛器中的老大，晒粮、罗面、装东西等，用处很多。大笸箩在所有的盛器中称雄，因此常以之比拟某物之大，在这里说“他那个胆晒干了有笸箩大”，极言某人胆大，与“胆大包天”同义。

贪多嚼不烂

【释义】 吃饭的时候，嘴里塞了太多的饭食，就会嚼不过来，于是等不到嚼烂，就囫囵吞下去。形容人的能力是有限的，不可能所有好事都是你的，告诫人们做事不必贪多求全。

贪贱吃穷了人

【释义】 生活中有一类人，买东西只买便宜的，久而久之，看到便宜的东西，用不用得着也买，就只因为它便宜。所谓就那么几个钱，伤不了筋动不了骨，商贩们嘴里常吆喝的“过了这个村，没有这个店”“买不了吃亏，也买不了上当”，就是迎合了这部分人的心理，他们心里想的是少花钱，但价位便宜的东西，一般来说质量也较为粗劣，用不住。所以，这样的人看似很节俭，结果最后不但钱没少花，反而还造成了浪费。况且，再便宜的东西也怕天长日久地买，累积起来，数目也会很惊人，所以人们说“贪贱吃穷了人”。

摊个好儿子，不如摊个好媳妇

【释义】 儿子孝敬父母无可争议，但儿媳妇属异姓之人，和婆婆家没有血缘关系，因此，婆媳之间的关系很微妙。如果摊上个贤惠孝顺的儿媳妇，再遇上个通情达理、行事大方的好婆婆，一家人就会和和睦睦，其乐融融。反之，即便当儿子的再孝顺，也只能夹在婆婆和媳妇之间两头受气。

提起头就知道尾

【释义】 有一类人，别人刚说了一件事的头儿，他马上就接了下句去，好像什么都知道。这话用来讽刺某些人对什么都一知半解，却混充自己知道得多，把自己当作“百事通”。

剃头赚了风凉

【释义】 剃头只赚了个凉快。形容原本希望有所收获，结果却不是期望的那样。生活中常有达不到期望值的时候，有时候付出与回报就是不成正比，有做无用功的意思。

天不怕地不怕

【释义】 不怕天不怕地。形容无所畏惧，什么都敢干。人生天地间，还是应该有所畏惧。这话常用来说淘气顽劣的孩童，也说那些做事大胆的人。

天不生无用之人，地不长无名之草

【释义】 普天之下，所有的人都有自己的可用之处，正如地上所有的草芥都有自己的名字一样。意思是每个人都有自己的长处，关键是能否发挥出来。因此，一个人要想成为一个有用之人，不要抱怨自己无能，而是要找到自己的优势，做自己能做的事情，一展身手。有“天生我材必有用”之意。

天不收地不管

【释义】 上天不收，大地不管，即无人管。形容活得自由自在，谁也管不着。也有谁也管不了的意思。

天老爷饿不死瞎家雀

【释义】 天老爷，就是老天爷。“瞎家雀”指眼睛瞎了的麻雀，比喻能力弱的底层人。意思是境遇再糟糕也有办法生存下去，常被弱势群体用来说自身可以自强自立，有自尊、有自嘲也有自我安慰的意思。也说“天老爷饿不死瞎眼的野鸡”。

天上差到地下去了

【释义】 两者相比有天上人间的差别，用天地相距之远来极言两者差距之大，根本不在一个层级，是成语“天壤之别”的通俗说法。

天上的星儿靠天河，地下的媳妇儿靠公婆

【释义】 天河，指银河。地下，指人间。天上的星星以银河为背景，银河里星汉灿烂；而人间的媳妇儿要靠公婆，公婆决定了儿媳在家庭中的地位。古时的女子出了嫁就与娘家没有了关系，以后过得好与不好就看公公婆婆了，因为丈夫也要听公婆的，所以公婆待你好，帮衬你，你的日子就舒心幸福；反之就会无比艰辛。从某种意义上，公婆确实是媳妇强大的支撑。世间的所有关系也是这样，有背景有靠山的人就会强大许多。

天上的星儿朗朗稀，孩子做事娘不知

【释义】 用起兴的手法，重在后半句，说儿女在外，所作所为有许多是父母不知道的。受了委屈可能不会说，闯了祸犯了错也不会说，因为怕父母担心，好多孩子在外是报喜不报忧。

天上的龙肉，地上的驴肉

【释义】 龙是一个虚拟的动物，谁都没见过，也没人吃过龙肉，于是想象龙肉是好吃的。驴肉不似牛羊肉有腥膻味道，人们就称赞驴肉像天上的龙肉一样味美、好吃。

天上难找，地下难寻

【释义】 形容非常少见，极为难得。多用来说人，可褒可贬，可以说好得难得，也可以说坏得少见。

天上星多月不明，河里鱼多水不清

【释义】 月明星稀，反之，星星多的夜晚，是因为不是满月夜，月光不明亮；河里的水不清，是因为鱼多。自然现象说明自然规律，所有的现象一定都是事出有因。

天塌了有高个子顶着

【释义】 一是说即使有天大的灾难，也总会有人挺身而出，迎难而上。另一层意思是说，出了麻烦，有了难事，一般人用不着去担心忧虑。含消极义。

天塌下来有地接着

【释义】 意思是即使天塌下来也不怕。比喻无论形势怎么险恶，问题多么严重，总有应对的对策办法。

甜瓜梨枣，谁见谁咬

【释义】 瓜果梨枣是美味，尤其是靠近路边地头上的水果，会很方便地被路人摘来吃。意思是好东西自然谁都喜欢，引申为只要有利益，人都想着去争一份。

挑肥的拣瘦的

【释义】 这话与买肉有关，买肉的时候，因为个人喜好和目的不同，有的人喜欢买肥肉，有的人喜欢买瘦肉，但事事难以完美，不可能都打自己心上来。有的人达不到自己的要求便觉得不满足，心里不高兴，非要达到要求才心满意足。于是，对于过分挑剔的人，人们便说他“挑肥拣瘦”，含贬义。

跳到碑上没有个鳖高

【释义】 鳖，这里指赑屃，我国古代汉族神话传说中龙之九子的第六子，又名霸下、鳌、龟趺、天下、龙龟等，是一种祥瑞之兽。外形似龟，善驮重物，多用来做碑座，以驮负石碑，民间称为“驮碑龟”。这话说人站到碑上还没有一只龟高，是侮辱人个子矮小的骂人话。

跳在干枝上哨

【释义】“哨”是指鸟的叫声婉转动听。生活中，身边的同事、朋友出了点事情，大多数人都会表示同情和安慰，或者提供帮助。却偏有一种人，与大家不同，他事前没有过规劝，事后却要多嘴多舌，喋喋不休地说些当初应该怎样不应该怎样的话，惹得大家心烦。于是就用“跳在干枝上哨”来说那些净说没用的、于事无补的废话的人，也含有讽刺他就会说好听的，不见实际行动的意思。

铁大将军屎壳郎，各人觉得各人强

【释义】 铁大将军是指天牛等带甲壳的昆虫，因身披铠甲，民间戏称为“铁大将军”。字面意思是天牛和屎壳郎都带甲壳，但它们都觉得自己更威风些。形容人过于自信，自我感觉良好，总是觉得自己比别人厉害。

听话听音，看人看心

【释义】 听话要听说话者的弦外之音，看人要看到他真实的内心。用来说听话或看人不要停留在表面现象上。与“听话听声，锣鼓听音”同义。

听见风就是雨

【释义】 下雨前常会刮风，但是刮风未必一定就下雨。一是说有的人听见刮风了就觉得要下雨，本来没多严重，却把事情想得很严重，夸大事实。二是说别人一说什么就相信，不经核实，听信谣言，信以为真。形容一个人没有主见，人云亦云，没有独立思考能力，多含贬义。

听见兔子叫还不种豆了

【释义】 野兔的繁殖能力很强，它们对庄稼有一定的破坏力，尤其喜食豆苗。但总不能因为有兔子吃豆苗就不种豆子了，于是人们就用这句话来说不能因为事情有隐患或者有担忧就不去做了，明知有困难也还是要按计划照常进行。也有不怕对方恐吓、吓唬的意思。同义俗语还有“听见蝲蝲蛄叫还不种豆了”。

听景有景，看景没有景

【释义】 听别人说的景色很美，可是等自己真的去看了却发现并没有那么美。这是因为听景时，听的不仅是风景本身，还有说者的情感、认知、心境与心得，也就是加入了说者感受的风景，是说者经过自己的体验再创造而成的风景，再加上听者的自己的想象，那个可能平淡无奇的风景就有了别样的美。用来说所有的事情不能听别人怎样说，而要自己去亲身体验和感知；也用来说有些东西不过是徒有虚名。

听某某某的话，临死都得光着腚

【释义】 胶东风俗，人死后要穿寿衣走，不能光着身子。意思是若听某某某的话，能被骗得临死都没有衣裳穿，极言某些人说话没有影，净说谎话。

听人劝，吃饱饭

【释义】 能听进别人的好言相劝，就不至于饿肚子。意思是人能虚心接受意见，就能给自己带来切实的好处。生活中，有的人性格偏激，容易走极端，这时候，如果采纳亲朋好友给的一些好的建议，会使事情向好的方面转化；但有的人一意孤行，听不进别人的话，这样就往往会使事情变糟。当然，也不是所有的劝说都是良言，还需具体情况具体分析，该听则听，该坚持则坚持。

铜锅遇着铁刷子

【释义】 铜、铁都是硬金属，两者相遇，意思是硬碰硬，双方都不是善茬，不好对付。

偷鸡不成反蚀把米

【释义】 原想用米引来鸡好偷走，结果，鸡没偷走，米却被鸡吃了。用来说事情没做成，反而失去更多。义近“聪明反被聪明误”。

偷人的人爱骂贼

【释义】 自己是贼却先出来骂贼。意思是偷窃的人想掩饰自己，急于把自己摘干净，就贼喊捉贼，结果是欲盖弥彰，终究掩盖不了自己偷窃的实质。

头不抬眼不睁

【释义】 意思是也不抬头，也不看人。这话有两种生活场景，一是指有的人忙事情忙到顾不得其他事情，即使是熟人来了也顾不上抬头；二指有的人傲慢或是不懂礼貌，见到人来爱答不理，缺少基本的社交礼仪，目中无人。

头三脚难踢

【释义】 形容事情开头难。刚到一个新岗位，或者一件事情刚开始的时候，往往不好做，等到熟悉了或者打开局面就好了。因此，做任何事情刚开始不要急躁，了解情况后才好开展工作。

头痛医头，脚痛医脚

【释义】 意思是只治疗疼痛的部位，不追究病根。比喻处理问题不能从根本上着眼，只是就事论事，缺乏全面考虑。用来表示遇事敷衍应付，对问题不作根本彻底的解决。

秃驴不拔橛，拔橛咬满山

【释义】 驴被拴在橛子上的时候，没有办法挣脱，看起来似乎很老实，可是一旦没有了管控，就会暴露出野性。用来说表面看起来性格温和的人，也会有发脾气的时候，而且发起脾气来可能很出人意料。

土地佬没见垛供儿

【释义】 在民间信仰里，土地爷是小的神灵，除人死了到土地庙报庙之外，一般没有人去求他，也就没有大的奉祀。胶东民间较隆重的祭祀，上供要蒸供饽饽，一垛为五个，一共两垛。土地爷够不上这个档次，享受不了这个待遇。设若真有人给供了，自然是欢喜无比。于是人们说那些没见世面，眼目低的人，见到一点好处，就得意忘形地乐不可支，含鄙视、看不起的意思，也说“土地佬敬不得大香火”。

吐口唾沫砸个钉

【释义】 意思是不光是说出去的话，即便是吐出去的唾沫，也绝对要掉在哪就定在哪，也就是掷地有声、惜言如金的意思。这句话还有这样一层意思：作为一个有一定社会阅历的人，应该懂得为自己说出的话负责的重要性，应该知道祸从口出，言多有失，失言伤人的道理。

吐舌老婆言语多

【释义】 吐舌，指大舌头，说话呜里哇啦得听不清。意思是有的人越说不清楚越爱说，也形容爱传嘴舌惹是生非的人。

兔子不吃窝边草

【释义】 兔子不在自己的窝旁边吃草，留着草做隐蔽遮掩洞口，这是它的生活习性。有些人做了伤害身边亲戚、朋友的事情，人们便会说：“兔子不吃窝边草。”以示鄙夷。

兔子多了吃老虎，蚂虮蛘子多了垫翻车

【释义】 蚂虮蛘子，蚂蚁的俗称。兔子与老虎、蚂蚁与车子相比，力量相差悬殊，但是兔子多了能把老虎吃掉，蚂蚁多了也能把车垫翻。形容团结的力量、集体的力量之大，只要人心齐，也一样能制服或推翻比自己强大的势力。因此，不能忽视弱者，不能忽视群众的力量。

兔子转山坡，转来转去回老窝

【释义】 兔子为穴居动物，有道是狡兔三窟。出去觅完食，最终还

是要回到窝里。本义是某个人在外面漂荡了很长时间，最后还是回到了家乡。形容做了许多行当，最后还是干回老本行。也可自嘲恋家，在外面待不下。

推完磨杀老驴

【释义】庄稼人养一头毛驴，十几年间，用它拉犁送粪，推磨压碾，走亲赶集，朝夕相处，虽是人畜有别，也挡不住产生感情。但也有心狠冷漠之人，若驴老了不再有用时，会把驴杀掉。形容一个人在没有了利用价值之后，被弃之不用，甚至替人背了黑锅、担了罪责。

腿长赶得上

【释义】长，音 cháng。意思是好事总能让某人赶上。也形容某人有口福，比如他到的时候人家刚要准备吃某种美食，也可说“嘴长赶得上”。

拖倒公，拉倒婆

【释义】娶一个什么样的媳妇对于一个家庭至关重要。公婆眼里的好媳妇不仅要孝顺、能相夫教子，还得心灵手巧，做事麻利，样样拿得起来，这样的媳妇才是“有活计”“活计好”。而那些笨手笨脚的媳妇会被公婆所嫌弃。形容某人干活不利落，如动辄摔个盘子打个碗，一会儿把凳子碰倒了，一会儿又被门槛绊了一下，等等；也比喻那些不能独立做好一件事情，做事要依靠别人的人。

脱了孩子皮

【释义】二十四孝之“戏彩娱亲”说的是老莱子的故事，他孝顺父母，拣尽美味供奉双亲，70 岁尚不言老，常穿五色彩衣，手持拨浪鼓如小孩子般戏耍，以博父母开怀。生活中，若是谁顽皮搞笑，人们常会笑说他没脱孩子皮，意思是他没长大，而人只有在父母面前才会觉得自己没长大，因为凡事有父母可依赖，等到父母双亲都走了，就再也不是孩子了，这就叫“脱了孩子皮”。

脱了裤子还勒三勒

【释义】 勒，即勒腰带。脱了裤子没有必要勒腰带了，却还要勒。意思是已经没有多少利了，还要再克扣，常用在生意场上，形容某人擅长讨价还价；也形容某人斤斤计较，过于吝啬。

W

歪脖子好治，犟眼子难治

【释义】 歪脖子属生理缺陷，可以求医治疗。犟眼子指生性倔强的人，禀性难移，只要他认准的理儿，要想让他认输根本没门儿，即便他知道自己错了，口里也不会服软认输。

外财不发家

【释义】 外财，指正常收入以外的收入。意思是靠外来的财富不能发家致富，因为外财具有偶然性，非长久之计。用来说人要懂得自力更生，靠自己的奋斗去增加财富。也说“外财不发家，捡来也白搭”。

外行看热闹，内行看门道

【释义】“热闹”指表面现象，“门道”指本质或技巧。外行人因为不懂，只能看看热闹；内行人才能看出端倪看到实质。意思是一行不懂一行。也说“会看的看门道，不会看的看热闹。”

外噘嘴，里流水

【释义】 农民对山堪梯田管理的经验做法。意思是地的外沿要高，就是噘嘴，便于保存水土；地的里边，即靠地堰处低，有排水沟，便利排涝。做任何事都应顺势就理。

外面哄哄，里面空空

【释义】 与之相对应的是“外面空空，里面哄哄”。意思是有些人家里看似日子过的挺好，其实并不怎么样，家底并不厚实；有些人家则深藏不露，外面看着不怎么样，其实家里还是很殷实的。

外甥狗，吃了就走

【释义】本义是说姥姥姥爷就算再疼爱外甥，等孩子长大了还是跟爷爷奶奶亲，这是血缘造成的。多用来戏谑小儿。

碗大勺子有则

【释义】则，准则。吃饭的碗再大，但盛饭的勺子有准儿，该盛几勺还是盛几勺，不能因为碗大就多分多得。比喻不论情况怎么变化，都有一定的准则，即主管分配的人需心中有数。

碗底下有肉

【释义】生活困难的年代，吃肉就是生活好的标准之一，也是贫富差距的明显指标，甚至有俗语说："吃肉垫饥，别告诉穷人。"其实，告诉了也吃不起。不止没有肉，油也吃不起，普通人家大多吃熥菜、腌菜、煮菜，由于菜里很少见到荤腥，所以就有了以下的场景：其一，某次如果菜里有了一点肉，可是孩子多肉少，谁多吃了谁少吃了，如何分配就成了问题。放在菜的上面一目了然的话，馋嘴的孩子们必定会先将肉吃掉，而吃了肉再吃后面的菜就索然寡味，无奈的母亲们就把菜分到每一个孩子碗里，每人的碗底放一块肉，给孩子们最后来一个惊喜。其二，由于一年到头吃粗粮，菜里又没有油水，饭菜单调又难以下咽，小孩子不懂事，难免不爱吃，母亲艰难得没办法就哄着孩子说："快点吃，使劲吃，碗底下有肉。"比喻把最好的留在最后。于是，若最精彩的看点在后头，或最大的福利在后面，或结果揭晓真相大白的时候，人们常会惊呼出这句"碗底下有肉啊"；有人若想吊吊别人的胃口，也会说："别着急，耐心等待，肉在碗底下。"

为个虱子着床被

【释义】着（zhuó），点着。本义是为了消灭一个虱子，把一床被子烧了。有"宁为玉碎，不为瓦全"之意。20世纪80年代以前，农村的虱子很常见，衣缝里、被缝里都很多。被子是重要的生活用品，而那个时代生活艰难，许多人家缺衣少被，孩子多，两个人盖一床被子就是好的，一家一床被子也不是编故事。这样的情况下还宁肯把被子烧了，可见决绝之心。引申义有二：一是自我明志，表达自己的决绝，一般是性格刚烈之人，面对强权，绝不屈从，即使牺牲大的利益也要保全自己认为重要的东西，有威武不能屈的大丈夫气；二是用来劝人，“可不能为个虱子着床被”，或做问句“还能为个虱子着床被”？劝人不要因小失大。

为人不当差，无官一身轻

【释义】 不当差没有人管束自己，就自由；不为官身上没有责任，就轻松。意思是人自由清闲最好。但这都是不用为稻粱谋的过来人的感触，普通百姓，没有为官当差的烦恼，却要为生计奔波挣扎，过得最苦。与“为人不当差，当差不自在”同义。

为人三门亲，姐夫舅子捎连襟

【释义】 连襟，姊妹的丈夫之间互称或合称。亲戚间也有亲疏远近，一个人最主要的亲戚就是，自己的姐夫妹夫、妻子的兄弟和妻子姐妹的丈夫。意思是这几门亲戚在需要的时候真正可以帮上忙使上劲。

尾巴长打自己的苍蝇

【释义】 马、牛等大的牲畜身上会招苍蝇，它们会用自己的尾巴去甩打驱赶。意思是你自己的尾巴长留着打自己身上的苍蝇，不要去管别人的事情。讽刺有的人胳膊伸得太长，多管闲事。

蚊子不大，嘴伤人

【释义】 蚊子的叮咬不仅能造成人的皮肤痛痒，还能传播病毒。用来说那些习惯以尖酸刻薄之言讽刺别人的人，只图自己嘴巴一时痛快，却伤害了别人。

蚊子腿也是肉

【释义】 再大的蚊子也没有多少肉，更不用说蚊子腿了。形容事、物或人虽然不是很大或很重要，但仍然有一定价值或意义。引申义有二：一是夸张说要懂得积少成多，要懂得珍惜，即使利益很小，但总比没有要强，有“聊胜于无”的意思；二也用来说一些贪婪的人，不放弃任何好处，哪怕很小的利益。也说“苍蝇腿也是肉”。

屋脊上开门，还要插棘针

【释义】棘针，俗称“酸枣棵子”“棘子”，山坡、海滩、茔盘、路边，到处生长，因为它浑身是硬刺，常会给人带来许多不便。但乡人扎好了篱笆之后，常会在篱笆上遍插棘针，用来防鸡防狗。篱笆上插棘针是极好的防范方法，但若有人在自家的大门上插棘针，拒人于门外，就实在有些过分。加之大门不开在平地上，而是开在高高的屋脊上，这就更是谁都不想交往了。屋脊上开门又插棘针的事虽然不存在，却形象地指称那些自私自利、人际关系极差的主儿。同义俗语还有“屋笆开门，灶坑打井”。

无利不起早

【释义】人生在世，谋生不易。做买卖的人常常要起早贪黑地干活，为的就是多赚点钱。用来说无论做什么，必与其目的直接相关，尤其是在财富金钱方面。

无鱼不成席

【释义】胶东人热情好客，尤其体现在待客的宴席上。无论多少菜，无论哪种席制，酒席上必须有鱼。一般是第一道菜为鸡，最后一道菜是鱼，所谓鸡打头，鱼扫尾，组成“吉”庆有“余”。胶东海边的人一般不吃淡水鱼，鱼要上整尾的，还有“无鳞不成席”的说法，也就是说一定要是带鳞的鱼，特别是婚嫁等喜庆宴席。人们认为这“鳞”的含义有二：一是大多数鱼的鳞是圆形的，与古钱币形似，鱼，“余”者，谓之钱财有余也；二是无鳞之鱼体光滑似木棍，与“光棍”之意隐联，用于婚宴有绝后之说，为人所不喜。蓬莱地方更有“无加吉鱼（鲷鱼）不成席”之说，喜庆宴席上，红鳞加吉比黑鳞加吉更受人青睐。海阳西乡则认梭鱼，尤以开冰梭最为鲜美，当地人家盖房上梁、结婚娶媳妇，必须有梭鱼，所谓“无梭不成席”。实在没有鲜鱼的时候就用干鱼替代，而不临海的中部山区一带或家境贫寒的人家，过去过年的时候上供和待客时只好用木头鱼来充当真鱼，真可谓是“无鱼不成席”，体现出胶东沿海独特的饮食文化特色。

五家搬一起去了

【释义】五家，即五官，指人的眉、眼、鼻、口、耳。人在愁苦的时候面部表情也会体现出来，因为愁眉不展，所以面部表情也不舒展。意思是五官都挤到一起去了，形容人愁眉苦脸的样子。

五里变风俗，十里变气候

【释义】相隔五里地风俗就不一样，相隔十里地，气候就有可能不一样。因为民俗的多样性，距离很近的地方风俗常不同；天气也是这样，因为小气候的原因，很小的区域内，经常会有“东边日出西边雨”的现象。事物总是在发展变化中，没有什么是一成不变的，所以人一定要懂得变通。

五里不同风，十里不同俗

【释义】意思是生活中习俗之多，强调地域差异大。实际上确实如此，虽为同一个市或同一个县，但习俗差异还是很大，尤其是边缘地带，会受相邻地域的影响；若村子大的话，一个村子的习俗还不一样。因此，这句话的异文就有很多，“三里不同风，五里不同俗”“十里不同风，百里不同俗”“百里不同风，千里不同俗”等都有人说。生活原本如此，习俗皆由人定，能为人所用就好。

五月端午的猴儿，四月八就贴出来了

【释义】胶东地方五月端午有在门上挂布猴、贴猴子剪纸的习俗，以避邪祟。一般是端午头天或当天贴，早也不过在五月初一（胶东称小端午）贴。四月八就把猴剪纸贴到了门上，意思是说人性子急，而“贴”的话外之音则是形容某人脸皮厚。

武功再高，也怕菜刀

【释义】手持菜刀行凶的人多是亡命之徒，穷凶极恶，不讲套路，不计后果；而会武功的人讲武德，照规矩办，不是怕他，是不愿和他纠缠。

稀泥抹光墙

【释义】 开始抹墙的时候，和的墙泥需要有一定的稠度，因为太稀挂不住，所以说“稀泥抹不上墙”；抹墙到了最后一步，想让墙面光滑的话，又需要稀一点的泥，泥太稠又不行。说的是事物都有其两面性，原本不被看重的事物，用到合适的地方，就能发挥其积极作用，所以看问题不可绝对，要辩证着看。

席上掉在炕上

【释义】 胶东人的起居都在炕上，炕由土墼盘就，土炕上铺苇席或高粱篾席。有的人家会在炕面上铺一层薄的稻草再铺席子，大多数人家是在炕面上直接铺席子，两者是紧贴着的，形容两种事物相差无几；表示两家关系亲密如一家的时候也会说，他们两家哪家都一样，不过是“席上掉在炕上”。

媳妇踩婆脚

【释义】 走路时，与走在前边的人跟得太紧才会踩了对方的脚后跟。意思是儿媳妇跟着婆婆的脚步走，跟到都要踩到脚了。这句话还有一个说法是“媳妇趋婆脚”，小步疾走为“趋”，即紧跟的意思，所以有成语“亦步亦趋”。生活中，常见有的家庭婆婆大方贤惠，媳妇也端庄温婉，令人艳羡，但也不乏一些因鸡肠雀肚的小事而闹得鸡飞狗跳的婆媳。媳妇踩婆脚，一般说的是后一种现象。说来也怪，有些媳妇在性格、行为上确实与夫家人相似，常常是婆婆计较，媳妇也计较，婆婆厉害，媳妇也不是善茬，一样的脾气秉性，所以常常有矛盾，小则一天吵三次，大则大打出手，闹上法庭的也不少见。遇到这样的人家，街坊四邻就会说一句“媳妇踩婆脚，学也学会了”，言外之意是婆婆没有起到好的表率作用。有时候这话也用在警示媳妇上，如果有的媳妇对婆婆不好，人们就会说，小心你以后的儿媳妇跟你学，也不孝敬你。

瞎猫碰上个死老鼠

【释义】 猫捉老鼠是天性，但捉住老鼠也不容易。意思是原本没有办某事的能力，但碰巧就把事情办成了。多用来讽刺人，含有轻视人的意味。

下雨刮水沟，刮风捡石头

【释义】 刮（方音 kuā），用工具清理的意思。意思是农民辛苦，一年到头没有闲着的时候，不管什么天气都有活干。同义的还有“刮风拾石头，下雨搓草绳”。

先打个兔子别在腰里再说

【释义】 要做某一件事，暂时还难得有较大的成绩，或者最终的结果难料，但总不能空手而归，好歹要先做些什么，这时就会说：“罢罢罢，先打个兔子别在腰里再说吧。”形容做出了一定成绩后的自谦。

闲人生巧计

【释义】 闲人，没有事做的人，闲着的人。巧计，原指高明巧妙的计策，这里含贬义，指的不是什么好主意。形容有些没事的闲人瞎琢磨，想出一些歪点子。

现喂的鸡不下蛋

【释义】 从小鸡雏开始，母鸡要喂养近四个月才开始产蛋，并且有自己的产蛋周期和规律，不能你刚喂了食就指望鸡马上下蛋。形容要想得到预期的结果，就要做长久的努力，不能一蹴而就。世上不存在没有付出就能轻松得来的成功。

香花不一定好看，会说不一定能干

【释义】 香气芬芳的花不一定很美，嘴上会说的人不一定能干事。前一句用来比兴后一句，意思是有的人只是嘴上功夫，光说不练，说得比谁都好听，但是没有实际行动，没有实干精神。

乡也耽误了，城也耽误了

【释义】“城”“乡”相对应，比喻两头都耽误了，什么事也没办成。生活中常有同时做两件甚至几件事的时候，但人的能力有限或者外力因素，往往会导致难以两全，最后全盘落空。这话也在告诫人们不要贪多，一件事一件事去做，准备充分，才能稳扎稳打，获得成功。

响鼓不用重槌敲

【释义】响亮的鼓用不着重的鼓槌敲打。意思是鼓面质量好，不用很大的劲敲就会很响。比喻聪明人悟性高，一点就明，不用多说。

想冷手抓热馒头

【释义】事先未参与，未出力，却想不劳而获享用别人的劳动成果。有“不劳而获”的意思。

想起一出是一出

【释义】这句话出自戏曲演出。一出，指一出戏。戏曲演出中，一部完整的剧目或者其中的某一折戏，都可以称为“一出戏”。唱戏原本是按照剧本有序演出，如果随意变换，就可以称得上是“想起一出是一出”。形容没有明确的人生目标，没有长远规划，遇到事情拿不定主意，尤其指已经决定了的事情又临时改变主意。

小车不倒只管推

【释义】小车，又名独轮车、二把手、小推车，相传为三国时诸葛亮所发明，就是史书上所记载的木牛流马。早先的小车为木结构，车轮、车轴，全部用枣木制作，行走起来，“吱吱呀呀”作响，因名“响车子”。驾驭小车，特别是从前的木脚小车，不是一件容易的事，关键在于保持平衡，但这平衡必须在运动中寻求，左右轻重，前轻后沉，装车时要留心，行进中更要灵活调整，在不断调整中，才得顺利前行，若一有趔趄就停下，车子反易于翻倒。“小车不倒只管推”，是驾车人的经验之谈，但如何能让“小车不倒”，需要一定的技术，不是谁都能推得好的。比喻做事贵在坚持，只要还有最后一分力气，就要坚持到底。

小胳臂扭不过大腿

【释义】胳臂自然扭不过大腿。比喻自己拗不过对方，是因为双方力量相差过于悬殊，属无奈之举。

小孩属破车，掂巴掂巴强老些

【释义】 掂巴，敲敲打打，修理的意思。小孩子就像破车子一样，总是会出现各种毛病，需要不时地修理一下，修理一下就会好很多。非常形象地表达了小孩子需要管教才能成才。

小孩欲要安，得受饥和寒

【释义】 小孩子如果想要平安不生病，就需要忍受一点饥饿和寒冷。也就是说不要给孩子吃得太饱，容易积食不好消化，也不要穿得太暖，因为穿得太多出汗多反而容易感冒。意思是一些适用于自己的观点不一定就适合于别人，尤其是你认为对的不一定就是对的，不能想当然地去做事，而是要视具体情况而定。

小鸡不尿尿，自有它的道

【释义】 原意是看不到鸡排尿，但也不耽误它排尿。形容人们办事的方式多样，同一件事，可以有不同的处理方法。比喻每个人都有自己的办事风格或手段，或者人生各有不同的活法和途径。

小姐身子丫鬟命

【释义】 古时，大户人家的女儿和丫鬟身份地位相差悬殊，待遇和遭遇自然不同。意思是有些人心气高，娇气足，只想享受不愿吃苦，但命运、际遇往往与其主观愿望相反。

小看苗，老看梢

【释义】 老树只要枝繁叶茂，就说明它仍具有旺盛的生命力。重在说前一句，树木小的时候看小苗子就能看出将来是否成材，即由小就能看到老。树人与树木一样，孩子如同小树苗，苗好就错不了。所以说对孩子要从小培养。

小嫚儿脚挓挲着

【释义】挓挲，张开，不收束。胶东人将违背了某种规矩，或不守规则不服管教，放纵甚至是放肆的行为也叫作“挓挲”。并且在表达这个意思的时候往往还说：“你看你，小嫚儿脚挓挲着”，或者说“小嫚儿脚扎挲开了”，再重一点还会说“小嫚儿脚扎挲上天了”。这句俗语当源于历史上缠脚这一陋习。胶东人称小女孩叫“小嫚儿”，过去，有的人家女孩子连名字也没有，干脆就大嫚儿二嫚儿三嫚儿小嫚儿依次叫下来。为何是“小嫚儿”，因为长大成了“大嫚儿”就错过了包脚的最佳时间；小嫚儿的脚为何不能挓挲着，因为挓挲着就不能包出好形状；脚定型后也不能挓挲着，因为要随时包着裹脚布，不能随便让人看到自己的身体部位。脚不挓挲才能包好，人不挓挲才能听话，如此，裹足不前、足不出户的女人们就更容易被封建思想所愚昧。现在，胶东还有这种称小女孩叫“小嫚儿”的叫法，但缠足陋习早已像那又臭又长的裹脚布一样，被扔进了历史的垃圾堆里，一去不回。

小庙里的鬼见不得大香火

【释义】小庙去的香客少，香火自然就寥落。小庙里的鬼没有见过大庙那么旺盛的香火，见了有些不知所措。形容有些人见识浅，没有见过大场面，含讥讽义。

小时偷针，大时偷金

【释义】孩子小的时候如果偷针，长大就会去偷金。意思是有毛病从小改好改，防微杜渐；如果容忍迁就，习惯已养成，长大再改就难了。

小鱼串在大串上

【释义】胶东沿海，从前零售鲜鱼一律用马蔺草拴提。用马蔺拴鱼，要先备一根鱼针。鱼针为铁制，约二尺长，比筷子略细些，顶端有尖，尖下有一个较大的针鼻儿，拴鱼时，先将几根马蔺纫入针鼻孔内，然后，一条一条地由腮入由嘴出，将鱼成串地穿在鱼针上，因为鱼针相当粗，穿大鱼干净利落，自不必说，遇到小鱼，硬要上串，就会弄得破头烂腮，勉强串起，夹在大鱼的中间，样子很不中看，若走路摆动，说不定就落在了地上。比喻不是一个级别、一个档次的人和事，勉强被拉在了一起，形容不是一个圈子的不要往一起凑。

孝顺闺女在道上，生分儿子在眼前

【释义】“生分”，即不孝顺。一般闺女比儿子要贴心细心，知道心疼父母。可是闺女出嫁在外，再怎么孝顺也离得远，来回都跑在路上了。儿子在眼前却不孝顺，人老了很无奈，需要子女的照顾与陪伴。

鞋子好不好穿脚知道

【释义】鞋子舒不舒服关键在于是否合脚，因此，鞋子好不好穿只有自己的脚知道。比喻凡事只有亲力亲为，才能感知得失，做出正确的选择，找到最适合自己的。也暗含对当下“鞋”的不满。

泄底就怕老乡亲

【释义】从小看你长大的同乡人最了解你，最知道你的底细。所以无论你在陌生人面前是什么形象，伪装得多好，牛吹得多大，都瞒不过同乡的人。意思是最怕遇到熟悉的人，会把你所有的秘密说穿。

新绑鞋不换，新丈人爹不换

【释义】绑，过去的用动物毛皮做的鞋，适合冬季穿。猪皮绑最常见，手工制作，样子很难看，但却十分暖和。绑的大致做法是：将鲜猪皮切成长方条，然后对折，两边用粗壮的麻线缝起来，收口即成。穿的时候里边铺很柔软的茅草，也有的是在里面揎一些当年的新玉米皮，或是棉花、毡、皮毛等，是青壮年冬季主要的鞋。新做的绑，穿着柔软、舒适。意思是儿子才有了丈人，就不那么与自己的父亲亲近了。而刚结婚的新女婿，受到岳父一家的厚待，感觉岳父比亲爹还好。重点在说新的翁婿关系融洽。

新姑爷进了门，小公鸡掉了魂

【释义】自古“杀鸡为黍”就是待客的美食，胶东地方正式的家宴也必须有鸡，第一道菜就是鸡，最后一道为鱼，所谓“鸡打头，鱼扫尾”，寓意吉庆有余。女婿是高客，进了岳父家都会受到高规格的款待，尤其是新女婿上门肯定要吃鸡，所以就有了这话。

新婚不如久别

【释义】本义是离开了很久的恋人或夫妻再次重逢，就像是刚新婚一样的甜蜜和快乐。形容距离会产生美，人只有在相伴自己左右的人离开的时候，才会知道孤独，这时候积攒在平淡生活中的琐碎烦恼都忘记了，只剩下了对亲人的思念。

新媳妇乍贤

【释义】刚嫁过来的新媳妇都是勤快、贤惠的，这是人之常情，无可厚非。实际上不只是新媳妇，初见谁都想给人留下好的印象。因而这句话并不全是指责、讥讽之意，说的只是一种普遍的人性，可以用来说自己，也可以说别人，形容做事情开头做得好却坚持不了多久的现象，与常说的做事“三分钟热度”同义。

性子急吃不了热豆腐

【释义】刚出锅的豆腐太热，这个时候如果着急去吃容易烫伤自己。意在告诫人们，遇事不要过于急躁，要保持冷静和耐心。过于急躁，往往无法达到预期的效果。也说“性急喝不了热黏粥”。

学好三年，学坏三天

【释义】一个人要想学好需要好几年的时间，良好的修养和品行，需要长久的坚持和养成；而要学坏，几天就可以了，甚至不用几天，一念之差，就可能万劫不复。告诉人们学坏容易学好难，不可以放纵自己。

寻个虱子头上挠

【释义】头上如果有虱子，挠很正常，可是头上本来没虱子，却自己去找个虱子放上面，就是没事找事了。形容自找麻烦，自讨苦吃。

言多语失，食多伤身

【释义】 话说多了，总会有说错话的时候，或者总会暴露出一些问题，授人以柄；饭吃得太多，肠胃吸收不好，会对身体造成伤害。意思是无论做什么事情都要把握一定的度，尤其是告诫人们要谨言慎行，避免自己受到损害。

阎王爷不嫌鬼瘦

【释义】 有些宗教迷信认为人死后会变成鬼魂，人活着的时候有胖有瘦，鬼自然也有胖瘦之分。阎王不会因为鬼瘦就放过他。形容即使没有多少油水也照样压榨盘剥，残酷之极。

眼经不如手经，手经不如常摆弄

【释义】 凡事用眼睛看，不如动手去做，要想做得好做得熟练还得经常做。其中包含“眼高手低”和“熟能生巧”两个成语的含义。

眼睛长到头门顶上了

【释义】 眼睛没有长在脸上，却长到了头顶上。为什么有这种反常现象？引申义有二：一是说某人高傲，眼睛向上看，只看到领导什么的上级人物，看不到普通人，言外之意是说这人势利眼；二是说这个人很精明，头顶上都长眼睛了，有眼观六路之意，两个意思都含有一定的贬义。

眼皮耷拉到脚背

【释义】 眼皮耷拉到脚背自然是看不到别人。引申义有二：一是说有的人只看到自己，看不到别人，比喻人自私自利；二是说不抬眼看人，形容人傲慢，目中无人。

眼是草鸡蛋，手脚是好汉

【释义】 同义的俗语有“眼是埋汰货，两手是好汉”。“草鸡”“埋汰”，在胶东方言里都是“熊”“无能”的意思。引申义有二：一是事情光看不行，必须真正去做。看得再多也不如动手去做。二是许多事情在没干的时候觉得发愁打怵，但等到干起来也没有想象的那么难。义同“一千个嘴把式不如一个手把式”。

眼悟灵手拙

【释义】“悟灵”即心灵手巧，胶东人说人巧就说是个“悟灵人”。意思是看着别人干觉得很简单，对别人的作品评头论足，挑出一大堆毛病。可一旦轮到自己要动手做的时候，还不如别人做得好。形容做一件事情之前，要认真观察，虚心请教，切不可在力所不及的情况下，随便对别人品头论足、妄发议论。义同“眼高手低”。

燕子不进愁家门

【释义】 意思是燕子喜欢那些在快乐和睦的人家屋檐下垒窝，燕子选择了谁家就证明这户人家家中无愁事，所以很多人会把燕子来筑巢当作是自家的一种福气。燕子又称家燕、新燕、归燕、喜燕，它们喜欢与人类比邻而居。燕子是一种非常聪明的鸟，一般将窝筑在房檐下，家是要能遮风挡雨的，自然在比较宽大的房檐下更好。过去，条件好的人家才能盖起有宽大房檐的房子，所谓的“青堂瓦舍”。这样的房子构造精美牢固，多年不用维修，燕子要成家繁育后代，自然会选择在这样的屋檐下筑巢，这就是“旧时王谢堂前”燕子多的原因；而普通人家的房屋一般都比较低矮，屋檐狭小，且常会因风吹雨淋而被损坏，在这样的屋檐下筑巢不安全，甚至会有覆巢之灾。因而，这句俗语又说成“燕子不进苦寒之门”。

养儿想着养个好的，养女儿想着养个巧的

【释义】 想着，希望。好的，指代很广，可指前程好、有出息等，也包括孝顺父母。巧，指心灵手巧。意思是为人父母都希望子女有出息，能够出人头地光耀门楣，也能让父母少操心，但是“好”还是“巧”这并不是想不想希不希望的问题，儿女好不好有很多原因，包括自己的家

庭教育。

养儿一世，怕儿一世

【释义】养儿养女一辈子，也为儿女担惊受怕一辈子。意思是为人父母的辛苦与担忧。小时候怕孩子生病或有意外而长不成人，长大了怕儿女不学好，结婚了又怕儿女婚姻不幸、家庭不和，等等。总之只要生下孩子，父母一辈子就有操不完的心。

养起猪套起圈，将起媳妇管起饭

【释义】将，娶的意思。养猪和娶妻都需要一定的投入，相比娶亲和买猪仔的花费，媳妇吃饭和套猪圈的消费就寥寥了。比兴手法，重点说的是娶得起媳妇就能养活媳妇。将养猪套猪圈和娶妻放在一起说，从前女人在夫家的地位可见一斑，即有口饭吃就行。

咬人的狗不露齿

【释义】狗乘人不备突然咬人，形容某个人深藏不露，阴险狡诈，防不胜防。这种表面看不出什么，暗中害人的人最为歹毒。义同“咬人的狗不叫唤”。

药罐子陪倒了柏木筲

【释义】药罐子，民间熬汤药的器具，也叫药锅子、药铫子，砂质，很容易摔破。久病的人总是守着一个药罐熬药吃，人们顺口就称这样的人为“药罐子”。柏木筲，指用柏木做的水桶，柏木材质细密又带些油脂，是做木桶的上佳材料，但柏木生长缓慢，料不易得。一旦得了这样的材料，匠人必加意用心制作，一对柏木筲真抵得上几副普通的水筲来使用。可是这样的柏木筲倒被极易摔破的药罐所陪倒，是说久病的人并不一定短寿，他们久病成医，很善于自我调理，虽然还是一副瘦弱的样子，却正如乡语之所谓“蔫蔫萝卜根儿偏壮”。眼见得一个个素日无病的人相继过世，那“药罐子”依旧不紧不慢地活在世上。此情此景，使许多人感慨道：“这真是药罐子陪倒了柏木筲！”

要错错一回，再错是棒槌

【释义】 棒槌，指人愚笨。人非圣贤孰能无过，谁都可能犯错误，犯错误不可怕，怕的是总犯同样的错误。因此对那些同样的错误又犯第二次的人，人们就会说他是棒槌。意思是人不光得改正错误，还得吸取教训，不要再犯。

要饭吃还嫌乎凉

【释义】 有人对别人给予的帮助不但不领情，达不到他的要求他还不乐意。意思是有的人不知道感恩，不知道大小。也说“要饭吃还挑挑拣拣”。

要饭吃也赶不上门

【释义】 过去有的大户人家会定时施舍粥饭给乞讨的人，过了时间就关门。说讨饭也赶不上人家开门的时间，用来挖苦有些人遇事不积极，连起码的谋生本领也没有。

要饭还得有个闯棍的地方

【释义】 “闯”，方言意思是竖立。意思是男子长大了，要打拼自己的天下，首先要有个落脚的地方，就是要有房子住。媒人在给男方介绍姑娘时，会劝说男方早早把房子盖好，这时就会说到这句话。

要麸子不给黑面，要星星不摘月亮

【释义】 小麦加工到最后，出来的就是麸子和黑面。意思是孩子要什么就得给什么。形容家长对子女的娇惯程度达到极致。

要想吃好饭，围着福山转

【释义】 福山是烟台市的一个区。意思是要想吃美食就来福山。鲁菜位居全国八大菜系之首，福山是“鲁菜”的主要发祥地之一，是国内外闻名的“烹饪之乡”，广受赞誉。

要想发得悬，不是打鱼就是放蚕

【释义】 悬，悬乎，危险、不安全的意思。意思是如果发财要想发得悬乎，不是打鱼就是养蚕。海上作业比陆地上更危险，遇上风浪的话就是九死一生，生命都可能受到威胁，更不用说发财了。而放蚕也有许多不可知的因素，如温度的调剂、虫害的防御等，如果遇上病虫害，就会歉收甚至绝产。因此说，打鱼和养蚕可以挣到钱，但收入很不稳定。因为危险系数高，所以出海捕鱼和做放蚕工都是人们尽量避免做的行业。

要想嘴享福，须得身吃苦

【释义】 要想享受美味，得达到一定的经济条件，这就需要先努力劳作赚钱。意思是幸福是努力出来的，不是天上掉下来的。

也就是圆了圆梦

【释义】 圆梦，根据梦中的一些现象来解释、附会、推定，预测人事的吉凶。请人圆一圆自己的梦，就是想对梦有一个合理解释，自圆其说之后，做梦者心里会觉得解脱轻松了许多。那些职业解梦者则是投其所好，见什么人说什么话，吉凶喜忧随口说，基本就是凭想当然。做梦者很紧张，可是解梦的人并不往心里去，毕竟不是感同身受，甚至敷衍几句了事。可见圆梦之说并不科学，也不足为信，而人们对待圆梦，也不过是姑妄言之，姑妄听之，做梦者也未必真信圆梦之说，所谓的“圆圆梦”只是想得到一个心理上的安慰，因而这“圆梦”是敷衍凑合，只不过是走走形式。生活中，人们看到谁做事情不用心，如地板拖不干净，洗衣服随便洗洗就完事，就会说他“也就是圆了圆梦”，或者说“不过是圆圆梦罢了”。

一辈没好妻，十辈没好子

【释义】 如果一个男人的妻子品行和各方面都不好的话，那么这个家庭后面十代都不会有品行好的孩子。女子嫁到了夫家，不仅要上事公婆，还要相夫教子，在家庭中的作用非常重要，在智商、情商及性格方面都对孩子影响非常大。可以说，选择一个好妻子对于家庭的发展、家族的兴旺都有着至关重要的作用，因此，选择自己人生另一半的时候要谨慎。

一辈子狼十辈子羊

【释义】 这里的“狼”和“羊”指性格、能力等方面的强与弱。意思是一个家族里面，如果某一代人过于强大，那么后面几代人可能都不尽如人意。譬如，上一代积攒的家底殷实，后代便不再努力，或滋长骄纵奢靡之风，坐吃山空等。又如父母太过强势，孩子可能会变得失去自信，懦弱没有主见，甚至胆小消极。这句俗语并不绝对，但生活中确实存在这一类现象。

一步丢一颗，十步丢一车

【释义】走一步丢一颗的话，走十步就能丢一车。这里的“十步”不是确指，泛指多。意思是看起来是一颗颗地丢，但长此以往，会聚少成多。用来说要懂得珍惜粮食，不能因为丢得少就不在乎。

一步赶不上，步步赶不上

【释义】人生关键处可能只有几步，有的人一路顺畅，步步都走在点上，反之如果在关键节点上被耽误了没赶上，如升职、评级等，可能这辈子都赶不上了。比喻人运气差或错失了良机。

一步赶不上，十步看不见

【释义】一起赶路的时候，开始只比别人落下了一步，觉得差得不大，可以很快赶上，却不想越落越远，等落下十步远后，再一会就看不到别人的踪影了，再追赶就难了。意思是不能跟别人差太远。

一场秋雨一场寒，十场秋雨要穿棉

【释义】秋，指立秋节气，立秋之后差不多两个半月的时间就是立冬了，在这期间，下一场雨就会感觉天气较之前要凉一些，几场雨之后就要加厚衣服了。“十场秋雨”是泛指，不一定非得是十场。一般是老人用来督促年轻人适时加衣，也有感叹时光匆促的意味。

一朵鲜花插到牛粪上了

【释义】一个好女子所嫁丈夫相貌或人品都让人不敢恭维，别人就会如此感慨，意思是丈夫配不上妻子，为妻子惋惜。

一个半斤，一个八两

【释义】旧时的秤，一斤为十六两，半斤即八两。意思是两者分量一样，只是叫法不同。比喻两方面（人、物）都不怎么样，多含贬义。

一个包袱皮解的

【释义】过去，人们用包袱来包裹物件。包袱就是一块正方形的布，因此也叫包袱皮。包袱的颜色、大小等根据使用用途而不同，如结婚时新娘子要准备红包袱。包袱的用途广泛，几乎无所不用，可以收纳衣物或小件食品、日用品等，起到了归类和遮掩的作用。一个包袱里包的东西基本都是同类的，便于找寻，解开包袱，就能找到同类的物品。这里“一个包袱皮解的”用来指同一个父母的兄弟姐妹。

一个槽里拴不住两头叫驴

【释义】叫驴，指公驴。公驴比较好斗，脾气也暴躁，因此把两头公驴放在一起养的话，可能就会相互撕咬，直到分出胜负。人也是这样，两个很有能力的人在一起，就会互不服气，很难共事，把这样的两个人放在一起，不仅达不到预期的效果，生出许多嫌隙。把他们分开，反而能发挥每个人的最大作用。义同“一山不容二虎”。

一个篱笆三个桩，一个好汉三个帮

【释义】“三”在这里是泛指多的意思。独木难支，篱笆不可能靠一根木桩。同样，独力难撑天，有挑头的，还得有帮衬的，再有能耐的人，也需众人合力才能成事。强调团队的重要性。

一个萝卜一个坑

【释义】“坑”喻指机会或者工作岗位，萝卜自然是代表人了。本义是每个人都有自己固定的位置，没有选择的余地。引申义是本本分分干工作，踏踏实实做事情，不挑肥拣瘦，坚守岗位始终如一。

一个馒头还没有掰个顶儿

【释义】一个馒头连顶部还没有掰掉，比喻事情刚刚开始，更重要更艰巨的任务还在后面。

一个模子搕出来的

【释义】 胶东妇女将面食做得极为精美。除了手工塑形、染色的花饽饽，还用馃模子来搕制。馃模子的图案多样，都具有吉祥寓意，其中以莲子、寿桃、鱼等最受人们欢迎。一个模子搕出来的图案无疑是相同的，形容人或物相似度高度吻合，比如父母与子女、兄弟姐妹之间的长相一模一样。

一亩园，十亩田

【释义】 一种意思是一亩菜园的收入，抵得上十亩大田；另一种意思是一亩园所花费的精力和时间与种十亩大田一样。菜园面积虽不及大田，但无论是种菜还是种植其他经济作物，管理上要求更为精细，所以人力物力投入也多。生活中，人们在说到虽小但投入多产出也多的事物时常会用到这句话。

一个牛儿是看，两个牛儿也是放

【释义】 看一头牛和两头牛是一样的，不管数量多少，都要付出时间、精力。意思是顺便捎带做某事。也说“一只羊是看，两只羊也是放”。

一个人一个性儿，一个将军一个令儿

【释义】 每个人都有自己的个性，每个将军都有自己的一套指挥方法。工作中常遇到这样的情况，原来的领导那样说，新领导又这样说，意思是不同的领导，各自发号施令，下面的人只有服从的份儿。比喻领导常常是各搞一套，按照各自认为对的去做。也说“一个将军一个令，一个和尚一个磬”。

一根肠子八下挂

【释义】 形容需要操心的事太多。操心分两种，一种是被动操心，事业、家庭，总是有各种事情，特别忙乱；还有一种是主动操心，生活中有些人就是爱操别人的心，该他管不该他管的都要插一杠子，这属于操闲心。不管哪一种操心，都需要量力而行，这个世界上离了谁都一样，不必太把自己当回事。

一柜子两箱子，到老都光着

【释义】一柜子两箱子，指的是嫁妆。胶东女子出嫁的时候尽可能多地准备嫁妆，希望婚后的日子不至于太过艰苦。意思是结婚后还得靠自己的勤奋努力，不能靠结婚时置下的家当，嫁妆再多，也有坐吃山空的时候，如果就靠吃老本，年老的时候日子会很难。与“好女不穿嫁时衣”同义。

一鸡去了一鸡鸣，小鸡打鸣更好听

【释义】这只鸡不打鸣了，有那只鸡打，老鸡没了，有小鸡继续报晓，小鸡打鸣更充满新生的力量。形容新旧更替是自然现象，一代更比一代强。

一家不知一家难

【释义】每个家庭都有自己的难处。你看到人家光鲜亮丽的一面，可是你不知道人家为此付出的汗水与努力；你觉得自己已经很悲催，可是别人比你还要难上百倍。外人看到的只是表象，日子过的是自己，看似幸福美满的家庭，可能早已千疮百孔，危机四伏。所以，每个人过好自己的日子便是，不必去羡慕也不必去笑话别人，大家都不容易。义同“家家都有一本难念的经”。

一句话把人说笑，一句话把人说跳

【释义】语言是人类最重要的交际工具，而说话是一门技巧。同样一件事，有的人巧舌如簧，会把它说得幽默风趣、妙趣横生、引人入胜。有的人则正好相反，笨嘴笨舌，生生把事情说炸锅了，让当事人暴跳如雷，以至于引发双方拳脚相向。

一俊遮百丑

【释义】人若一个地方长得俊美，就会遮掩其他不那么美的地方，意思是有的人在某一个方面特别出色，人们往往就看不到他其他方面的缺点。

一口“哈”不出个豆就摔碗

【释义】“哈”，方音，即喝。粥熬稀了水多，米粒豆粒一般沉在碗底，第一口有可能喝不到，这就到了要摔碗的地步。意思是有的人性子太急，沉不住气，想要的就要立马到手才行，比喻过于急功近利；也形容有的人眼中只有利益，得不到好处就急眼。

一口吃不成个胖子

【释义】意思是饭要一口口吃，事情要一点点做。用来说凡事应循序渐进，由量变积累到质变，不能急于求成，否则欲速则不达。很多事情都是有前期积淀，厚积才能薄发。也可用设问句：“你还能一口吃个胖子？”同义俗语还有“一锨挖不出个井”。

一块臭肉带累满锅

【释义】有一块腐败的肉，使得一锅汤都不能喝。比喻由于某个人不光彩的行为，牵连了整个集体。对于一个集体而言，整体效率和名望取决于内部成员的个人行为，所以个人要顾全大局，不能因为自己的原因损害集体的利益。同义俗语还有“一颗老鼠屎坏了一锅汤”。

一筐木头砍不出个寨子来

【释义】寨子，方音，即楔子，是用来填充器物的空隙使其牢固的小木橛、小木片。做楔子用很小的木头即可，一筐木头却连个小木楔找不出来。用来说人虽不少，却找不出一个有用的有才干的。常指某一个群体，如一个家庭、一个小组、一个小队的成员都能力欠佳。

一母生下儿百般，一窑烧下百样砖

【释义】同一口窑能烧出一百样砖，因为砖坯不同；同一个母亲生出的孩子也不一样，因为秉性不同。意思是世间的人和事存在着一些天然的差异。

一亩地得有个场，一百岁得有个娘

【释义】 前一句为起兴，极言场院对于农事生产的重要。无论田地多少，都需要一个平整干净的地方打场晒粮；后一句极言母亲对于一个家庭的重要，无论多大年纪，都需要母亲的关爱。不种庄稼的人不知道场的重要，母亲健在的人也体味不到失去娘亲的悲伤。场院对于农事至为重要的时代已经远去，但母亲对于孩子却永远重要，最为重要！

一千不如在先

【释义】 一千，泛指多，并不是确指。后面找一千个，都没有第一个好。这是对婚姻的一种认识，意思是结多少次婚，都不如原配好，意在劝告夫妻不要轻易离婚。这句话有一定的道理，人都是有缺点的，生活中又充满了琐事，无论跟谁结合，都会出现矛盾，最后往往都是一地鸡毛。

一去不回乡

【释义】 过去通信不发达的时候，有些离乡谋生的人经常杳无音信，甚至终生不再返乡，人们就会说这是"一去不回乡"。比喻原本有承诺在先，但最终没有兑现。

一人难服百人心，一墙难挡八面风

【释义】 百人，泛指多。一个人很难说服众人，一堵墙很难挡住几个方向同时吹来的风。比喻势单力薄，个人的力量极为有限。

一人一把号，各吹各的调

【释义】 意思是吹号的人员调子不协调。形容一个团队里的人都按照各自认为对的去做，各行其是，各搞一套。

一扫帚掠到脚后跟

【释义】 用扫帚从头掠到脚。因为一件事或一句话得罪了某人，就把以前对他所有的好处都忘了。比喻从头到尾不留余地。

一天省一把，十年买匹马

【释义】一天节省一把米，十年就攒够买一匹马的钱了。意思是积少可以成多，节俭可以致富。勤俭节约是中华民族的优良传统，从个人和家庭的居家过日子，到集体和国家的生存发展，都离不开勤俭节约。现在生活水平提高了，更需要保持勤俭节约的传统美德。与“一天省一口，一年省一斗”同义。

一碗凉水看到底

【释义】一碗清水，一眼就可以看得很透彻。形容事情很明显，一下子就可以看清楚。常用来说人没有出息，意思是一眼就能看透某个人将来没有什么大的发展，含鄙视义，带有一定的偏见。

一碗米汤扣在页灵盖上

【释义】页灵盖，即额头、天灵盖。米汤扣到脑门上了，自然是糊住了眼睛，看不到别的。形容只顾自己，不顾别人。一般用在与人交往上。

一碗水端平

【释义】能把一碗水端平不容易，需要不偏不倚，不摇不晃。意思是要公平，一视同仁，不偏不向。

一窝貔子不嫌臊

【释义】狐狸俗称貔子，身上天生一种狐臭味，不受人待见。可它们之间相处得很融洽，因为气味相投，从不相互嫌弃。意思是自己的亲人，尽管有这样或那样缺陷和毛病，也都能理解和包容。

一物降一物，卤水点豆腐

【释义】做豆腐时，豆浆烧好后需用卤水作凝固剂使之成型。比喻事物之间相互制约，一种事物总会有另一种事物可以制服它。也指人，再厉害的人也有他忌惮的对象。

一针不缝，十针难补

【释义】 衣物破了，开始的时候只是破了很小的一点地方，缝一针就可以；如果觉得不碍大事不及时缝补，破的地方很快就会越来越大，再缝的时候，十针也缝不好了。意思是事物出现了纰漏，应尽早纠正修补，否则就不好补救了。义同“千里之堤，毁于蚁穴”。

一只巴掌拍不响，一块砖头难垒墙

【释义】 两手相击才会发出响声，垒墙需要很多砖头才行。意思是许多事情都需合力而为，靠自己做不成。前一句常常单用，用来说发生了问题，应一分为二来看待，不可片面地强调单方面的原因。

一只脚八只船

【释义】 有的人同时做几样事情或者同时与多方面保持关系。形容有的人只要是有利可图的事，什么都想占上一份。也形容玩弄他人感情的行为，含有贬义。比“脚踩两只船”程度还要强。

一枝不动，百枝不摇

【释义】 一枝，指树干。树的主干不动摇，其他枝干就不会动摇。强调一个集体需要有强大的主心骨，这样其他成员才有定力，不受外界的干扰。比喻事物的关键部分稳定不变，整体就不容易发生变化。

衣来伸手，饭来张口

【释义】 拿来衣服他只伸手穿即可，拿来饭他张开嘴吃即可。自己什么都不做，只等别人伺候。形容懒惰成性，坐享别人劳动成果的人。

倚着破鞋扎了脚

【释义】 穿了一双破鞋还想倚仗着它别扎了脚，岂不知已经破了的鞋根本保护不了脚，被扎是必然的。意思是不好的人或事物根本靠不住，信任不可靠的人就会吃亏或者导致失败。

阴天日头独娄蒜，善死也不善

【释义】 独娄蒜，方言，即独头蒜。善，不厉害的意思。不善，即很厉害。阴天的太阳没有晴天那样炙烤，但仍然有紫外线，在室外时间长了也会对皮肤造成影响；一般认为独娄蒜比多瓣的蒜辣。形容有些人表面看不出什么来，实则很厉害，只是藏在暗处不外露而已。

用着人往前，不用人往后

【释义】 有求于人的时候上赶着套近乎，不用人的时候则连招呼都不打。形容一些势利小人，用着你的时候巴结、奉迎你，用不着你或用够了你的时候就把你甩在一边。

油多菜不坏，礼多人不怪

【释义】 油放多了，不会对菜的味道产生很大影响；一个人礼数方面做得很好，别人不会怪罪于他。起句为比兴，重在后一句，意思是人生于世，待人接物的基本礼节不可欠缺。

有被的不会盖，会盖的没有被

【释义】 比喻有的人有良好的生活条件或工作条件不会利用或不珍惜，有的人会利用却没有这种条件。

有爹的哭爹，没爹的瞎咧咧

【释义】 早年间，有的人家为了把父母的丧事办得体面一些，就会花钱雇专业的哭丧人陪灵。这期间，按照丧事主持人的安排，时不时就要嚎哭一阵做悲伤秀。形容有些人不管与自己有无关系，人家做什么他也做什么，有人云亦云的意思。

有多大碗，吃多大饭

【释义】 一是指经济条件，指根据自己现有的经济条件，量入为出，有多大的家当，做多大规模的用度。二是指能力方面，自己有多大能力，就做多大的事，就过什么样的生活。意思是自己有多少本事，只有自己清楚。既然达不到他人的水平，就不要同别人攀比，不去追求不属于自己的财富。

有粉都知道往脸上搽

【释义】 脸上搽了粉自然光鲜漂亮。意思是谁都知道要脸，事情若能做得好，大家肯定会好好做，但是由于条件不允许目前只能做到这样。常做反问用："有粉谁不知道往脸上搽？"

有个侄儿门前站，就不算是孤老汉

【释义】 早年间，如果没有儿子，就意味着断了香火，即便女儿再多，也没有继承产业的权利。这种情况下，常常要把侄子过继一个做儿子，继承产业、传宗接代。这种观念现在已经不复存在，但侄子还是家族中与自己血缘关系最亲的男性，没有儿子的人把侄子也当亲儿子待，而老人百年之后，侄子一般也会为老人料理后事。

有了锅上愁锅下

【释义】 锅上，指饭菜。锅下，指烧柴。"吃"是生活的第一要义，否则生命就难以为继。炊事中缺不了柴草，"柴米油盐""不当家不知柴米贵"中都体现了"柴"的重要。山区人家尚可去山上打柴打草，烧柴不足的人家只能买来烧，所以集市上都有规模可观的草市与柴市。买柴的开支不可小视，生活不宽余的人家不免出现"有了锅上愁锅下"的局面。比喻要做成一件事，资金或材料不足，这头有了条件，那一头又短缺不全。

有了连毛茹，没有把嘴束

【释义】 茹，吃。有了东西就大吃特吃，连毛都吃了；等到吃完了，才知道节省，恨不能这时候把嘴扎起来。意思是有的人不会过日子，只管眼前能吃饱肚子，不管以后挨不挨饿。形容做事情没有打算，只顾眼前享受，不会细水长流。

有了猪头还怕找不到庙门吗

【释义】 过去祭祀的祭品一般是猪牛羊三牲，条件达不到的情况下多以猪头代之。意思是说庙有的是，只要有了猪头就能找到庙去达成自己的愿望。比喻只要自己条件好就不怕找不到地方施展身手。

有理三扁担，无理扁担三

【释义】处理双方矛盾，不管对错，不分青红皂白，两方都予以批评。过去有衙门对原告、被告不问是非曲直，打了再说，胡乱判案。现在常用来形容父母对待犯错的子女或者讽刺不负责任的官员。

有骡子不吹驴

【释义】生活中有些人爱吹牛，什么大吹什么。拿骡子和驴来说，因为骡子比驴大，所以有骡子就不吹驴。极为生动形象地表现出有的人吹牛不怕吹大的。

有毛谁也会挽髻，有钱谁也会装大爷

【释义】如果你的头发长得很好，就可以梳成自己喜欢的发髻。如果你有钱，就会把自己打扮得体体面面、风风光光。形容不管做任何事情，都必须要有先决条件，不能一味空口说白话。

有苗不愁长

【释义】意思是孩子很快就会长大。将孩子比喻成“苗”十分恰当，所谓“十年树木，百年树人”，树人与树木一样，孩子如同嫩苗，俗话说：“小时候看苗，长大看梢。”有了苗，怎么长，能不能成才，还需要修剪培育，需要细心管理，对孩子而言，家庭教育和父母的关爱至关重要。

有奶便是娘

【释义】有奶吃就以为是娘，不管是不是自己的亲娘。形容一些人只要有利益就会凑上去，拉关系联络感情，不分是非曲直，只要能达到个人的目的就行，投靠谁不在乎。比喻贪利忘义，谁给好处就投靠谁，含贬义。

有钱不买半年闲

【释义】半年闲，一年的时间里有半年用不到，指利用率很低的物品，也就是可买可不买的物品。人们常说要把钱花在刀刃上，但生活中常有这样的现象，碰上心仪的物品，目前用不上可能也会买，心里想的是买了留待以后用，以后是什么时候呢？也许就永远没有了以后。对这种情况，人们就会说一句：“有钱不买半年闲。”中国人历来有勤俭持家的优良传统，“成由勤俭破由奢”，要合理支配和使用钱财，钱再多也不能浪费，有多余的资金可以做投资或经营，而不是买了东西闲置在那里。

有钱不买河沿地，有钱不娶活人妻

【释义】 有钱不买河边的田地，是因为容易被水淹，一旦被水淹则颗粒无收，所有的辛苦都打了水漂；娶妻是人生大事，不能娶被休的或是丈夫在外面生死不明的女人，她们可能和“前夫”会纠缠不清，到时候可能会导致人财两空。意思是做事要先求稳妥保险。

有钱不要哑巴货

【释义】 生活中，经常会遇到这样的情况，有时候找一件东西，怎么找也找不到；但是等到不找了，它自己又会出现在某些地方。急等找不到的时候，难免会上火，这时就会说这句“有钱不要哑巴货”，意思是能出声就好了，就怕这闷不吭声的。

有钱买种，没钱买苗

【释义】 有钱就去买好种子，而不要拿钱去买苗。这里并不是说真的没有钱去买苗，而是说等到误了农时，有钱也买不到苗了。如果买的种子不合格，等到出苗了，发现出苗效果不好，这个时候你再去买别人家的苗就已经来不及了。形容种子的重要性，庄稼的质量取决于种子的好坏。当然，不但要重视种子本身，也要做好相关的播种管理，让苗生长更好，减少二次育苗。

有钱难买回头看

【释义】 要起身离开原地，带齐自己的东西，再回头看看是否有遗忘的，否则回来再取，可能会误事误时，这是一个好习惯。形容人应该时刻回头看看自己走过的路，走得歪了还是走得直了，不断吸取经验教训，有则改之无则加勉，以使自己前面的路走得更好。

有穷人没穷山，扒拉扒拉一大摊

【释义】 扒拉，即扒开，意思是寻找。山上有的是野菜、野果和药材，这些都可以帮人致富。“靠山吃山”，大自然养育了我们，但也得是勤快人才行，所以说人穷大多是因为懒。

有山就有路，有河就有渡

【释义】 只要有山，就一定有路可以通行；只要有河，就一定有方法可以渡过去。形容人们克服困难的信心和决心，无论遇到什么困难，只要充分发挥人的主观能动性，就能想出办法来克服它。义同“没有翻不过的山，没有渡不过的河”。

有事叫公公，无事脸朝东

【释义】 有事的时候才跟公公说话，没事的时候连看都不看，或者看到了也会转过脸去。说的是过去的翁媳关系，生活中，媳妇一般只需与婆婆沟通即可，和公公基本没有交集，甚至要避嫌。形容有些人有事用着你的时候才看到你，用完了又跟不认识你一样。

有事为什么不搭棚

【释义】 主要指红白喜事时搭棚。从前，富足的人家红白喜事总要操办一场，一般是在大门前搭乐棚，请吹鼓手作乐，大院里搭拜棚，作举行仪式的场所。这种操办，民间习称为“做事”。正式仪式前一二日，就先请人来搭棚了。这样说来，“有事”必有如搭棚之类的先期活动作声兆，不是空口白牙说说就能令人相信的。空说“有事”，别人讥诮你，就有现成的这句话：“有事为什么不搭棚？”

有他也五八，无他也四十

【释义】 乘法口诀里有五八等于四十，即五八和四十是一样的。意思是某人在某个方面没有什么作用，有没有这个人，结果都一样，含轻蔑之义。

有闲人没闲力

【释义】人因病长期卧床，身体就会很虚弱。健康人也同样，时间长了不活动，体力会损耗下降得厉害，所以，人可以闲，但不能停止锻炼。因此，生活中遇到人懒散，长时间不干活的，人们就会提醒这一句。

有心下蛋无心抱窝

【释义】在没有现代化孵蛋设备的年代，很多人家为省钱，都是自己家庭孵化小鸡来饲养。开春后，鸡开始交配，阴历四月十八前后就可以有“踩蛋（受精蛋）”孵化了，顺利的话，端午前就能出第一批小鸡。家庭孵化鸡苗的任务是由“抱窝母鸡”来完成的，民间称为“老抱子鸡”。不是所有的母鸡都能成为抱窝母鸡，都能将自己的蛋孵出小鸡。同样，也不是每个人都能成功实现自己的计划和理想。对只有计划不见行动，或者半途而废的人；还有那些这件事做两天，那件事做两天，没有定性的人，人们都称之为“有心下蛋无心抱窝”或者说“有心下蛋无心抱”。义同“思想上的巨人，行动上的矮子”，但表述更加形象，更体现生活的经验。

有一搭无一搭

【释义】搭，搭话。意思是两个人说话，有时搭一句腔，有时也不回话。形容可有可无，无足轻重。也形容做事不专注，有随意、凑数的意思。也说“有一搭没一搭”。

有一哭就有一笑，有一干就有一涝

【释义】有人哭就有人笑，有人喜就有人悲，不亲身经历不可能感同身受；有地方干旱就有地方水涝。人生充满了喜怒哀乐，一切都充满了变数，有得到就有失去，所以不必过分纠结得与失，该哭哭该笑笑，以平常心过平常日子。

有一粒米不喝稀的

【释义】用米可以做成干饭或稀饭，干饭用米多，稀饭用米少，生活困难的年代，人们多以稀粥果腹。意思是有一粒米也要做成干饭，形容人不会过日子。

有雨亮四方，无雨顶光光

【释义】如果乌云都集中在中间部位，四方的天是亮的，就会有雨；如果四周黑，头顶的天光明亮，没有乌云，就不会下雨。

有志不在年高，无志空长百岁

【释义】人有没有志气，有没有远大志向，不在于年纪大小，一个没有远大志向的人，即便活到100岁也是虚度光阴。意思是人这一生一定得有目标，尤其是从小就应该有远大的理想并为之奋斗。

又是秧歌又是戏

【释义】在民间，秧歌和戏各是各码，不是一个档次，那么什么时候能又有秧歌又有戏呢？最可能的场合就是庙会。庙会上各种表演形式都会出现，呈现出非凡的热闹场面。“又是秧歌又是戏”不是一般的高兴，极言心情之愉悦。人高兴了，神情、表情、言语、动作上都能表现出来，就如扭秧歌唱戏一样，手之舞之足之蹈之，大人尚可控制，孩子表现尤甚，因此，这句话常用来说孩子，说：“看把你美得，又是秧歌又是戏。”也常用来表示情绪落差大，说：“你刚才还又是秧歌又是戏的，转眼这怎么还哭上了！”

又想吃又怕烫着

【释义】刚出锅的食物，很想吃，却又怕烫着。比喻想得好处，又怕惹了麻烦或者吃亏上当，自己有损失。用来说人胆小犹疑，患得患失。

又要马儿跑，又要马儿不吃草

【释义】想要马跑得快，又不给马吃草。形容一心只想索取却不肯投入，天下没有这样好的事情。比喻要善待人才。

鱼见食不见钩，人见利不见害

【释义】鱼总是只看见钓钩上的食物，而看不见食物里的钓钩，所以鱼吞食美味的结果就是被钓；同样，当别人用利益做钓饵诱惑你的时候，背后可能就是一个很深的陷阱，可是人往往也只看到眼前的利益，而看不见背后的危害，结果就是万劫不复。警示人们任何时候都不能被利益冲昏了头脑，不可贪图眼前利益而不顾后果。

与人不睦，劝其盖屋

【释义】 修房盖屋本是富足的表现、喜庆的事，怎么一下子变成了与之有嫌隙的人报复手段了呢？无论何时，盖屋是一个家庭中的大事，建房的资金要经过几年甚至十几年的积蓄，待到实施建房计划时，百般事涌到眼前，备钱备料，邀工请匠，要件件周全，天时地利人和，也要有几分运气，整个过程操心出力非平日事可与之相比。其中的各种艰辛，不身经其事，很难体会其中的道理。

遇上吃生米的了

【释义】 熟米软糯，生米干硬，生米吃起来自然不如熟米口感好、好消化。“吃生米的”指的是态度蛮横、言语强硬的一类人。意思是碰上了硬茬儿，遇上了不好说话、不好对付的人。

远敬衣帽近敬才，出门要有好穿戴

【释义】 虽说以貌取人有些片面，但与人交往，初次见面，首先看到的都是外表，也就是穿着打扮；等到熟识了、了解了才能知道这个人有没有才华和学识，意思是最开始人们大都是以貌取人，从人的外表和穿着打扮来判断人。外表不仅反映着内心世界，更藏着一个人的精神气质和生活态度。正因为穿戴能体现人的修养和气质，所以，正常情况下，人的穿衣戴帽要根据不同的场合而定。穿着得体，不仅能给别人留下好印象，也是对他人的尊重。

远来的和尚会念经

【释义】 同样是念经，远来的和尚可能会念得好，也可能念得不好。如果不根据实际情况，一味地认为远来的和尚比自家和尚念得好，就不免有些盲目崇拜相信所谓的新奇事物。比喻凡是从外面来的人或物就受到重视，而不重视身边的人才。含讽刺意味。

远亲不如近邻，近邻不如对门

【释义】远方的亲戚不如周边的邻居，周边的邻居又不如住对门或一墙之隔的近邻。生活中常见邻居之间如亲友一样友善，出远门可以请邻居照看一下门户，有急事可以托邻居帮忙。亲戚虽亲，但远水救不了近火。近邻却能在第一时间出手相助，所以多用来说要与邻居搞好关系。

月子里的孩子丑起驴

【释义】月子里的孩子大都不好看，“丑起驴”是夸张的手法，无贬义。等孩子满月后，慢慢地五官长开了会越来越好看。尤其是长成少男少女时就会发生脱胎换骨的变化，女孩子如花似玉，男孩子一表人才。用来说事情不能看到开头就觉得已成定局，要用发展的眼光看问题。

越吃越馋，越坐越懒

【释义】人一旦养成好吃懒做的惯性之后，就不想再做事情。用来告诫人们不能做一个又馋又懒的废人。

越咸越给盐吃

【释义】意思是专门戳人家伤疤，揭别人短处；也形容本来人家已经身处困境，还要推波助澜，使事态越来越糟糕，有落井下石之意。

越有越挣，越穷越蹭

【释义】蹭，干活的时候故意磨蹭，不出力，有“磨洋工”的意思。越有钱的人越拼命干活赚钱，越穷却越懒惰不想干活。反过来说，正是由于懒、蹭，人才穷。有“恨铁不成钢”的意味。

Z

再好的月亮不如灯亮，再好的媳妇不如闺女

【释义】前一句比兴，再好的月光也没有灯光亮，为的是说后一句，

再好的儿媳也不如女儿亲。闺女是亲生的，血缘关系联结更紧密，加上自古婆媳关系好的不多，即使好大多也是表面上过得去，心里也不会像母女那样亲。当然，拿媳妇当闺女的婆婆和拿婆婆当亲妈的媳妇也不是没有，这里只是说大概率现象。

在家敬父母，强似远烧香

【释义】“父母本是在世佛”，在家孝敬父母，是为人子女最大的功德，比跑很远去烧香求神拜佛强。“百行孝为先”，一个人连自己的父母都不孝顺，这个人的品德修为又能好到哪里去呢？所以，一个不孝顺父母的人拜什么神仙菩萨也没用，人还是应该做好自己最该做的分内之事。

在家靠娘，出门靠墙

【释义】在家靠父母，出门没有人再做靠山，只能靠墙，但是“靠墙墙会倒，靠人人会跑”。所以人还是要自强自立，不能依赖任何人。同义的还有“在家靠爹娘，出门靠朋友”。

在家事事好，出门事事难

【释义】在自己的家门口，不管发生了什么事情，都会有亲人护着、熟人帮着，处理事情的途径也是轻车熟路。可出了远门情况就不同了，人生地不熟，两眼一抹黑，遇到困难，求告无门。引申义是不要认为自己有多大能耐，人多半是“家门口的汉子”。与“在家千般好，出门万事难”同义。

糟蹋不净，不进老茔

【释义】意思是不把钱花完，不能安心死去。一些老人临终前往往因为住院治疗等，花销很大，几乎把生前的积蓄全部用完，没有给后人留下多少遗产。

早晨好天不是好天，小时好命不是好命

【释义】天气总是阴晴不定，变化莫测，有时候早晨看着天很好，可是很快就会下起雨雪来；有时候看着天不好，却又逐渐云开日出。同样，

人小的时候磨难比较多，不一定后面的人生就没有坦途；小的时候事事顺利，不一定后来就没有波折。意思是不能根据开端就断定结局，一切都在变化发展，家庭的变故、个人的努力、是否有机遇等，很多方面都有可能会改变一个人的人生轨迹。

早起三朝顶一工

【释义】 早起三个早晨所干的活，抵得上一整天的工作量。每个人一天都是 24 小时，但是 24 个小时做的事情却是不一样的，时间是可以合理利用是可以挤出来的。用来劝人珍惜时间，努力勤奋。

早晚能遇着吃生米的

【释义】 生米硬，不好吃，能吃生米的是厉害角色。意思是早晚能遇到厉害的人。形容那些倚仗势力或力气常常欺负人的人，迟早会受到比他更有势力或更有力气的人的惩罚、打击。

早养儿早得济，早娶媳妇早生气

【释义】 意思是早生育，儿子长大能很早帮助家里分担点压力；但同时也带来一个问题，那就是，生孩子早，儿子结婚也早，结婚后往往会有家庭矛盾，可能会与儿媳失和。事物都有两面性，利弊并存。

枣儿核桃一揽数

【释义】 把枣和核桃混在一起数。意思是对人、对事不根据具体情况作具体分析，而是不清不楚地搅在一起。

贼不打三年自招

【释义】 偷盗为人所不齿，被抓后常会挨打，表明人们对做贼者的痛恨。有些高明的贼可能一时没有被人抓到现行，过些时间，他以为风头已过，忘乎所以，自己说漏嘴，把某次偷窃的事情说出来。引申义是某人把自己做过的一些原来不想为人知的事情说了出来，形容事情总有败露的一天。

贼老婆看家，拿人家当她

【释义】贼的老婆看家，总觉得有人会来偷自家。意思是偷窃的人认为全天下的人都有偷窃之心，以为别人都跟她一样。是“以小人之心度君子之腹”的通俗表达。

贼咬一口，入骨三分

【释义】被人反咬，需要时间和精力去澄清事实。形容被坏人诬陷的滋味太难受了，心里冤屈却百口莫辩。

贼走抡扁担

【释义】担杖，类似扁担，两头带钩，是挑水桶的家什。这句话是人们常用的口头禅，意思是晚上某人家里来贼了，这人吓得用大被蒙着头，一声不敢吭。等贼走了，爬起来把担杖舞弄得“哗哗”响。形容有些人是事后诸葛亮，等事情都过去才来本事了，但于事无补。

怎个悟灵怎个会，难以缝个周正被

【释义】悟灵，胶东方言，指人心灵手巧。周正，端正、平整的意思。意思是再怎样手巧的人，要想一个人缝一床周正的被子也有一定的难度。缝被子要把被面、被里和棉花，这三层完美地缝在一起不容易，常常是这里歪了那里皱了，所以民间缝被子，常常是四邻五舍几个女人凑在一起缝。意思一是说被子不好缝，二是说有些事情还需有人帮忙，不是一个人可以搞定的。

扎一千锥子不出血

【释义】“一千”，形容多，不用“一千”，扎一锥子就能出血。形容反应迟钝或无动于衷。一是说人过于老实，性格木讷，遇事不愿作出反应；二是说人迟钝，反应极慢；三是形容脸皮很厚，不知羞耻，不可救药。

沾到毛三两肉

【释义】有的人不能沾着他，沾着一点毛就会少三两肉。意思是有的人非常善于占他人的便宜，叫人不敢结交。

占着茅厕不拉屎

【释义】茅厕，厕所。比喻占着位置却不作为。工作中，这样的人并不少见，自己不用也不让别人用。

站客难打发

【释义】家里来了客人，最先要做的就是让客人坐下，无论来多少客人，都要给客人提供座位，这是待客之道，也表示主人的热情。如果到了人家里，主人连座都不让，这就叫“有立处无坐处”，可能是主人不欢迎你，不想让你久留，这就是下逐客令了。如果对方坚决不坐，那极有可能此人是因为什么事要来说理或是来要账的。

站着说话不腰痛

【释义】腰痛多是因为弯腰或者做重体力活所致，只是站着说说话一般累不到腰。形容有些人没有亲身体验，只会动嘴；或者与说话者没有直接利害关系，却在一旁说三道四，指手画脚。一般用来回答别人的劝说，也形容对方不亲力亲为。

张口三分利

【释义】一是说开口问一下，稍加争取就可能有所获利，不问可能对方就想不起来，你一分也得不到；二是说有的人眼里只有利益，做事情首先问清楚自己能得多少好处。

朝赶狍子夜赶鹿

【释义】早晨追赶狍子夜里追赶鹿。用猎人从早忙到晚追逐猎物，形容一个人非常忙。狍子和鹿在这里指代利益。意思是人为了利益天天奔忙，还不知道最终能不能捕获到猎物。

长得和面码儿一样

【释义】胶东地方的面条是招待客人和仪礼、节庆时必吃的饭食，平常也为许多人所喜食。胶东的家常面条有多种做法与吃法。但来人待客必须是打卤面，也叫“开卤面”“过水面”，即煮完面条之后过水，捞出后再加面卤。面卤，各地叫法不同，有的叫“汤卤”“卤子”“卤汤”，也有的叫“浇头”，烟台、威海等地则称之为“面码子”，做面卤叫“开码子”。至于为什么叫码子，应该是面条之外另有加码和码在面条之上的意思。番茄、芸豆、白菜、蘑菇等都是开卤的好食材，鸡蛋更是不可少的。这样各种菜加上鸡蛋，红、黄、绿各色基本就全了，盛上一大碗面条，在白面条上撒上漂亮的菜卤，泛着油光，很是好看，以至于烟台养马岛一带有俗语说人漂亮，竟会说“长得和那个面码儿一样”，有极光鲜亮丽之意。

丈夫满街走，带着老婆一双手

【释义】早年间，一家男女老少从头到脚的穿戴，都是由当家女人一针一线缝出来的。有的女人心灵手巧，缝出来的衣服有模有样、板板正正，让人艳羡不已。可那些拙笨女人就不同了，缝出来的衣服让人嗤笑。就因为这些，一个男人在街上走，只要看他的衣服，就知道他家女人是灵巧还是拙笨。

这辈儿不还下辈儿还，托生个鸡还给你下个蛋

【释义】面对别人的救助表达感恩的话。意思是对方的恩情这辈子还不了，下辈子还，哪怕下辈子托生为一只鸡给对方下蛋。在民间，鸡蛋就是好东西，形容对对方的感激之情。

这个耳朵进，那个耳朵冒

【释义】人有两个耳朵，从这个耳朵进来，又从那个耳朵冒出去了。意思是根本没有听到别人的话，或者是不把别人的话放在心上。也说“这个耳朵进，那个耳朵出”。

这山望着那山高，到了那山把脚跷

【释义】好容易爬到了山上，站在山上看，远处还有高山；等到了刚才看到的那座高山上，看远处还有更高的山。形容人不珍惜眼前已拥有的，好高骛远，疲于奔命，终一事无成，倒不如脚踏实地，安稳做事。

针大的窟窿，瓮大的风

【释义】 风吹进针眼大小的洞，却像是从大缸口那样大的窟窿里吹进来的。到了冬天，北方家家户户都要采取措施，力求让门窗严实一些。虽然门窗上的窟窿很小，可由此灌进来的寒风，却会大大降低室内温度。意思是提醒人们注意，虽然有时候犯了很小的错误，却会产生很严重的后果。也说“针鼻大小的眼儿，斗大的风”。

真爹真妈就一个

【释义】 世间所有的感情中，最深厚最真诚的当属父母对子女的爱，无与伦比，无可替代。别人对你好也许是有着某种目的，只有父母对子女的爱是真正无私不求回报的。引申义是在任何事情中，只有一方或一个人是真心对你的。

真亲不恼百日

【释义】 双方有了矛盾，如果是真正亲爱的人不会超过一百天就好了。譬如，孩子与父母之间，再批评，甚至打骂，过后照样亲，不会记仇。反过来，如果不是真心交好的人，可能因为一句话就从此老死不相往来。引申义是真正的好朋友不会真的结下梁了，过几天冷静下来就会和好如初。

争之不足，让之有余

【释义】 互相争夺，本来很充足也变得不足；而互相谦让，本来不足也会变得富余。意思是遇事彼此相争，双方都会受损；相互谦让，双方都能得益。

睁着眼说瞎话

【释义】 睁着眼睛却说瞎着眼睛的话。意思是肆无忌惮地胡说八道，满嘴跑火车。义同“指鹿为马”。

挣大钱凭命，挣小钱要撅着腚

【释义】 生意行讲的是大本大利、小本小利。其中，挣大钱通常要靠机遇，也就是所谓的命运。而普通的小本生意或工薪阶层，没有投入，也就无所谓机遇，自然就只能靠撅着屁股出大力了。

只管肚子肉囊囊，不管身上纸来挡

【释义】 只管把肚子吃得肉嘟嘟的，身上哪怕用纸来遮蔽御寒也不在乎。形容生活中有一类人，好吃喝，在吃上很舍得花钱，其他方面都不舍得，哪怕是没衣服穿也不管。比喻酒肉之徒只求满足口腹之欲，没有大的生活目标。

只和邻居比种田，不和邻居比过年

【释义】 过年是一年中最大的节日，也是民间最看重的节日。一年的辛苦终于到了一个节点，所以过年的时候人们习惯吃好一点穿好一点，以犒劳一年来的辛苦，也祈盼来年一切丰稔有余。但如此也形成了攀比之风，有的人家花销巨大，左邻右舍，接山合墙，熟悉情况也最容易形成对比，谁家采办了什么年货，谁家过年吃穿用度如何如何，若有的人家过年也不铺张，就会有人议论说连过年都不舍得花钱等，自家孩子有时也会有些抱怨。这时候，人们就常会说一句话："只和邻居比种田，不和邻居比过年。"意思有二：其一是过年这几天吃好喝好并不能说明什么，把地种好才是真本事；其二是过日子要细水长流，长流不断才是正理，形容人既要本分种地又不能浪费粮食。

只勤不俭，端着个没底的碗

【释义】 只勤劳不节俭，就像端着一个没有底的碗，盛不住饭。勤劳可以积攒财富，可是如果不知道节俭，就是端着一个没有底的碗，有多少东西装进去也漏掉了，永远攒不下东西。强调节俭的重要性，无论有多少财富，如果肆意挥霍，很快就会消耗殆尽。意在告诫人们，勤与俭相辅相成，不可偏废。小到一个家庭大到一个国家，勤劳节俭都是过日子的根本。

只有不孝的儿和女，没有不下雨的天和地

【释义】 天不言自高，地不言自厚。天降雨露滋润万物，大地生长五

谷养育人类。父母就是儿女的天和地，无私哺育儿女长大，儿女的付出永远少于父母的付出。这句话深刻、准确地表述了父母与子女间的情感考量。

只有二糊人，没有二糊老爷儿

【释义】二糊，迷糊、糊涂。老爷儿，老天爷。意思是有糊涂的人，但没有糊涂的老天爷。民间俗信认为，人间的一切都有老天爷主宰，认为老天爷是公平的，尤其是在自己受到不平的待遇时，寄希望于老天爷能为自己主持公道。

只有恼人的儿和女，没有狠心的爹和娘

【释义】恼人，使人烦恼。有的儿女天天发生各种事情让父母烦恼，但是再怎样，父母也不会狠心不管他们，可是却有狠心不管爹娘的子女。也说“只有不孝顺的儿和女，没有狠心的爹和娘”。

只有靴子啃袜子，没有袜子啃靴子的

【释义】鞋子不合脚就会磨脚，鞋子比袜子硬，所以说只有靴子啃袜子，没有袜子啃靴子。意思是习惯上只能让卖主占买主的便宜，或是子女占父母的便宜，而不能是相反。

只有状元徒弟，没有状元师傅

【释义】状元是国之良才，一般是不会去做教书先生的，所以不见状元师傅；但普通老师会教出很多的弟子考中状元。意思是青出于蓝而胜于蓝。

指望笊篱捞不着汤

【释义】炊具中的笊篱带洞眼或缝隙，用笊篱是为了从水里汤里捞取食物而不带汤水，舀汤则需用勺子等不漏的器具，笊篱、勺子各有所用。意思是做某事不能指望某人，或者对某人不抱希望。

指望着你，黄瓜菜都凉了

【释义】黄瓜一般人们喜欢凉拌来吃居多，凉菜放多久也是凉，所

以时间长短没有什么区别。生活中遇到急事，该到场的人事后才到，等待的一方就会用这句话来抱怨，意思是事情已经结束了，你来了也没用，有你没你事情都办好了。也用来说不管什么事，都不能指望别人，要靠自己办。

至死不离荞麦地

【释义】过去胶东有种荞麦的，意思是有的人除了荞麦就想不到种别的。用来说到死都不离开某个地方或者某个行业。比喻某人固执且坚决，不懂得变通。

朝喂猫，夜喂狗

【释义】民间养猫为捕鼠，养狗为守门。猫在夜里捉鼠，夜里喂了猫，猫吃饱了就不想去捕鼠了。早晨喂，以犒赏它夜里的辛苦。晚上喂狗，是让狗有精神，夜里好看家护院。

治不得瓜，捏花

【释义】一是指有的人欺软怕硬；二是指累及旁人。形容有的人治不了他想对付的那个人，就拿那个人的身边人出气。

种谷打到囤儿，养儿送到坟儿

【释义】种谷是为了最终能收到粮囤里保证一家人的吃饭问题，养儿子是为了将来能把自己埋到坟墓里。用比兴的手法形容养儿子能为自己养老送终。

猪头烂在汤里

【释义】猪头煮烂了，肉都烂在了汤里。比喻表面上看财物有损失，但实际上还是落在自家手里。也说“猪头烂在锅里”。

竹竿好扶，灌绳难扶

【释义】灌绳，井绳。一根竹竿可以扶直立起；一根井绳可以扯起来，但立不起来，一松手就掉在地下了。意思是如果一个人具备一定的素质，别人拉扯一把，就会顺势而起，成为一个有作为的人。反之，一个人自身素质太差，无论怎样扶持，也不可能有作为。义同“扶不起的阿斗”。

抓不净的虱子，拿不尽的贼

【释义】 贼和虱子一样都是抓不尽的，意思是这两者数量太多，不好根除。有时也用来说事情多而杂乱，顾不过来。

抓个疥疤子赶生日

【释义】 乳山地方，每逢有人要过生日，总会有亲朋好友笑嘻嘻地说：“抓个疥疤子给你赶生日。”疥疤子是蟾蜍，它作为财富的象征，被称为“金蟾”，主要跟刘海戏金蟾有关。“刘海戏金蟾”的传说不一，但主要寓意都是财源兴旺，幸福美好，有“刘海戏金蟾，步步钓金钱”的说法。把金蟾与金钱联系起来，可能是由于蟾身布满类似金钱斑纹的缘故。有意思的是，胶东方音中舌面音（q）和舌尖后音（ch）发音基本一致，因此，金“钱”和金“蟾”的发音几乎是一致的，因而胶东民间称之为“老财神”。二月二的时候，荣成地方的人们会剪一只蟾蜍，后面剪一串元宝贴在卧室墙上，名曰：“老财神拉元宝。”民间传说蟾寿命长，可活三千年，得蟾者得大富贵。民间祝寿也将其列入仙班，有歌谣唱：“众仙长，抬头观，刘海跳着个大金蟾，手捋红绒团团转，岁岁步步撒金钱，金钱撒在宝宅内，长命百岁到永远。”所以，如果有人对你说抓个疥疤子给你赶生日，那就是在给你送财神，祝你长寿。

抓虱子也要贴铺衬

【释义】 铺衬，做补丁用的碎布头或旧布。身上若有虱子，一定会依附在衣服上，所以抓虱子要在布上抓。意思是说话办事要有依据，不能凭空捏造。如果有人说些没影儿的事，也会说他“抓虱子都不贴铺衬”。

抓猪抓不了圈

【释义】 买猪仔总不能连人家的猪圈也给买了去吧，只要猪仔好就行了，不要管猪圈好赖。比喻娶人家的女儿，只要姑娘好就行了，不用管姑娘家庭什么样。

抓鸡都得看看根儿

【释义】 每到春天，农家常会抓小鸡回来饲养，多为了嬎蛋。看根儿，是说要知道孵小鸡的蛋是哪个母鸡下的，根据母鸡来推测小鸡将来嬎蛋能力的强弱。比喻孩子怎么样，看其父母就知道了。

拽着根儿烧蔓菁

【释义】 蔓菁，是像如今腌咸菜用的芥菜疙瘩一类的东西，只是个头要小得多，比芥菜疙瘩光滑，有圆的，也有长的，叶子也与芥菜相似。深秋初冬吃蔓菁的期间，农妇们常为自己的小孩烧个蔓菁解馋。用刚做饭烧完火的热灰，将蔓菁埋在里面，用余热慢慢地煨着。烧好后，内里白嫩，又香又甜。孩子任性，说要吃烧蔓菁，一时也等不得，蔓菁刚埋进热灰，便在灶间里候着，恨不得一手拽着蔓菁根儿，一旦熟了，立马拉出来下肚。形容急于求成，想要立刻见到成果。

拽着笼头要驴

【释义】 笼头是役使驴子的重要工具，系在驴头上，然后在笼头上拴上牵引的缰绳。牵驴出门，手握缰绳，遇有紧急情况，一把抓住笼头，也就能牢牢控制住驴子，万无一失了。偷驴的人把驴卖了，但失主在小偷处找到了自家的驴笼头，拽着笼头跟偷驴的人要驴，类似抓了现行。意思是在直接证据面前，得理的人一步也不退让，必致理亏的人低头认罪而后已。也形容有了直接的证据，再抵赖也无用。

拽着猫尾巴上炕

【释义】 乡村人家多养猫防鼠，胶东有炕，白天的时候，猫常常就赖在炕头上睡大觉，主人赶了下去，一会又跳了上来。猫跳上跳下自是轻巧，但有的人上炕下炕却并不容易，炕一般有 80 厘米左右高，幼童和老人上下都困难，若真能拽着猫尾巴上炕自然会省许多事。“拽着猫尾巴上炕”是一个玩笑话，比喻一些善于投机取巧的人，借别人的力实现自己的目的。

庄稼不上场，不敢说短长

【释义】上场，指庄稼收获回来放在场上开始打场晾晒。庄稼不等到收获，不敢说收成好坏。意思是庄稼在生长过程中，变数太多，即使长势喜人，眼看丰收在望，一场突然的天气灾害也会造成不小的损失。用来说凡事话不能说早了，事情不到结束的时候不敢随便就下结论。

庄稼墩里一棵草，赛过毒蛇咬

【释义】庄稼的根部周围如果有杂草，就会与作物争抢养分和水分，影响庄稼的生长，所以说“赛过毒蛇咬”。夏季是庄稼生长的重要时期，同时杂草也会迅速生长，因此农民对于田间除草非常重视，不容许地里有杂草出现。由于夏季多雨，下一遍雨，草就会长出一层，所以夏季的田间管理非常辛苦。比喻做事情要去除一些干扰因素，否则会影响事情的整体进程和效果。

自己背着二升半，还嫌人家不够斗

【释义】升和斗是旧时的市制计量单位，也是旧时计量粮食的工具，10 升为 1 斗，10 斗为 1 石（dàn）。“自己背着二升半，还嫌人家不够斗”，形容自己水平不如别人却还去笑话别人，比喻那些没有自知之明的人，一味看到别人的缺点，与“五十笑百步”同义。

自己吃了填坑，人家吃了传名

【释义】坑，指厕所。胶东人待客热情，重礼尚往来。家里有好东西一般不舍得自己吃，认为自己吃了没有价值，而是留了招待客人或者礼尚往来用，这样会得到人家的赞誉，提高自己的美誉度。用来说要大方待客。

自己的坟还哭不过来，还有工夫去哭人家的乱葬岗

【释义】乱葬岗，随意丢弃埋葬不能进祖坟的夭折幼儿和无主尸骨的荒地。字面意思是，自家死去的人都哭不过来，还去哭与自己无关的逝者。用来说自己的事都忙不过来，还有时间去管别人的事。生活中确有人过于热心肠，自己能做不能做的事都去做，看似是帮助人，有时未必能帮到，甚至帮了倒忙，招惹一些是非。形容管好自己就可以了，不要去管一

些跟自己没有关系的事情。

自己的孩子是金箔，人家孩子是狗屎铁

【释义】金箔，用黄金锤制成的薄片，是一种黄金工艺品，比黄金还金贵。狗屎铁，即黄铁矿，其浅黄铜色和明亮的金属光泽，常被误认为是黄金。意思是自己的孩子是精美的金箔，别人家的孩子就是块破铁。有些人总觉得自家孩子比别人家孩子高贵，对自己的孩子过于偏爱。岂不知在所有的父母眼里，自己的孩子都是宝贝。

自己看不见自己脖后的灰

【释义】人的眼睛长在前边，后脑勺没长眼，当然看不到自己脖子后的灰，这就需要别人指出来。引申义有二：一是说自己往往看不到自己的缺点，别人诚意的批评是必要的；二是说不能只看到自己的长处，看不到自己的短处，无自知之明。也说“自己耳门后（耳根后）的灰看不见”。

自己吣了自己吃

【释义】吣，猫狗等呕吐后又自己将呕吐物吃掉。意思是父亲与亲生女儿乱伦。委婉地骂人是畜生。

自己身上的虱子都是双眼皮的

【释义】一般来说，双眼皮的人比单眼皮的人好看。生活中，有的人什么都觉得自己的好，经常夸赞自己贬低别人，再不济的东西在他那里也能夸成一朵花。虱子是寄生虫，是害人的，而且谁也不会去分辨它是单眼皮还是双眼皮，这里用诙谐幽默的说法，形象地讽刺那些过于自以为是、自尊自大的人。

自己有儿和女，不敢笑话人家做贼养汉

【释义】做贼养汉，即男盗女娼。自己有儿子，就不要笑话别人做贼，因为你不能保证自己的儿子日后不会成为盗贼；自家有女儿，就不要笑话别人为娼，因为你不敢保证自己的女儿就一世清白。意思是不了解别人的情况，就不要对别人的行为评头论足，要多关心一下自己的孩子是否

会走弯路。

自屎不臭，自尿不臊

【释义】 自己的粪便自己不会觉得臭，自己的尿自己不觉得臊。比喻涉及自身问题，人们往往就会短视，觉得自己就是好的、正确的，忽视或者看不到自己的缺点和错误。

总得有个铭旌

【释义】“铭旌”原是旧丧葬礼俗中的物件，是一种竖在灵柩前或敷在棺上，标志死者官衔和姓名的长幡，以显扬表彰死者的名号。在乡语中，“没有铭旌”是说某人或某事无闻于众人；“不上铭旌”是说某事或某人不上档次。都有不被重视的意思。意思是无论做完事情或是人离世后，盖棺定论，总得有个说辞，不能悄无声息地结束，所以人们对这个“铭旌”很重视。

走动亲戚两家费

【释义】 费，破费。民间讲究礼节，逢年过节亲戚之间要互相走动，无论到谁家里去，客人要带礼物，主人要想方设法招待好客人，走时还要回礼。这都需要一些费用，因此说两家都破费。有“两败俱伤”的含义。

走快了赶上穷，走慢了穷赶上

【释义】 无论快走慢走，怎样都摆脱不了贫穷的命运。说的是有的人命运多舛，人生的磨难太多，屡屡被厄运所缠，与幸运无缘。

走了葫芦不卖油

【释义】 葫芦，走村串乡卖香油的油匠所用的量器，用扁圆的小葫芦制成，在这种葫芦上镶上一个竹木的长柄，就成了油匠打油的用具，称“油葫芦”。油葫芦有大有小，按旧时的十六两为一斤的秤，有半两、一两、二两、四两、半斤种种，齐排排挂在油坛上方，随手取用，极其方便。葫芦很小，天然长成一定的容量，调整多少的方法是在葫芦里加填高粱梃秆。有了这样一套油葫芦，可以配出顾客要求的各种斤两。油葫芦就成了油匠与人交易的主要依据，不管是怎样的一种配置，每一个葫芦的斤两是万万不可马虎的。有人问起油匠，这样许多葫芦，这样不断变化的交易，你怎能确保不出错，油匠就会说：“反正走了葫芦不卖油。”意思是不管情况如何变化，只要掌握既定的标准，终究是不会吃亏的。

走路不施礼，多走几十里

【释义】 意思是如果你向人问路却不讲礼节，别人可能就不愿意告诉你正确的路线，甚至还故意给你指错。人生地不熟的地方，找不到路是很常见的事情。若想很快找到目的地，最快捷的方法是向当地人问路。一般人们都会很热情地给你指路，可是有的人张口就是“喂！老头儿”“喂，小孩儿”，人家心里当然会不高兴。谁都喜欢受人尊重，你求人家还不讲礼貌，人家给你指了路心里也不痛快，甚至本来想帮你也不帮了。形容对人要以礼相待，你尊重别人，别人才会尊重你。

嘴馋腚受苦

【释义】 嘴馋的人见什么都想吃，吃多了引起肠胃消化不良，就容易拉肚子。告诫人们吃东西要有所节制。同样，人在某个方面有欲求，就要在那个方面努力，而努力就伴随着吃苦。

嘴大吃四方

【释义】 民间俗信认为男人嘴大四面八方都有饭吃。形容男人本事大，走南闯北，能干一番大事业。

嘴上没毛，办事不牢

【释义】 嘴上没毛，指还没有长出胡须的人。形容年轻人阅历浅，办事不老练不牢靠，把事情交给做他们不放心。

嘴上小蜜钵儿，心里小黑雀儿

【释义】 嘴上像抹了蜜一样，说的话直往人心里送，心里却在盘算怎样算计人。形容人表里不一，表面让人感觉很友好，实则城府很深，背地里做一些坏事情。与口蜜腹剑、嘴甜心苦、腹黑等词同义。

嘴一份，手一份

【释义】嘴一份，即口才好，能说会道，无论什么事都能说得头头是道；手一份，即手快，干活利索，从不怠慢。形容某人能力强。

嘴拙得和个棉裤腰样

【释义】20世纪70年代以前，人们还都是穿大裆棉裤，裤腰又厚又大，显得笨重。形容某个人嘴笨拙，不会说话。

坐不住金銮殿

【释义】金銮殿，皇帝举行大典的地方。皇帝坐稳金銮殿，就是坐稳皇位，坐稳江山。形容有的人不沉稳，不能担当大任，即使给他一个高位也坐不住；也形容人遇到一点事就紧张，走来走去，不能安静地坐下。

做官掉了印，要饭掉了棍

【释义】印，官印，是做官的凭证。棍，打狗棍，讨饭的人都会带一根打狗棍，遇到人家养了狗，棍子可做防身用。做官的把印丢了，要饭的把打狗棍扔了。形容心不在焉，办事不稳，至关紧要的东西都能丢失。

做棉袄上了花，盖房子上了笆

【释义】做棉袄絮上棉花，再纫起来就可以了；盖房子上好了屋笆，再把瓦覆上就行了。形容事情进入收尾阶段，比喻胜利在望。

做人留一线，日后好相见

【释义】山不转水转，人总有再相见的时候。意思是为人处世要多宽容忍让，留有余地，不可把话说死，不可把事做绝，要给自己留条后路。世事无常，即使是有过恩怨，也不可过早地给某人某事下定论，免得日后遇到变故，把自己的退路堵死了。

做烧火棍的料

【释义】胶东农村从前的燃料主要以山草、庄稼秸秆为主，烧火的时候需要不时拨弄锅底下的柴草，以使其燃烧充分，这时候就需要一样东西，那就是烧火棍。烧火棍太不起眼多不被人们重视，所以人们打趣某人不能成大才时，会说“也就是个做烧火棍的料”。有的人过于自谦，也会用这句话来自嘲，说：“我天生就是个烧火棍的料。”言外之意，是成不了大才。尽管烧火棍看似不起眼，但少了它还真不行。如果一时间找不到烧火棍，这时就只好临时把手伸到灶膛里拨弄草，弄一手灰不说，还可能灼烫了手，因而又有俗话说“烧火棍短也强似手拨拉”，所以，一根小小的烧火棍的作用也不可小觑。烧火棍与人们的生活关系密切，人们也动辄拿它来说事，如说某人家里很贫困，会说“家里穷得连个烧火棍都没有”。

【第二部分】

歇后语

八仙桌子将媳妇——少轿（教）

【释义】 将，娶的意思。过去娶媳妇的时候，新娘子都坐轿子，用八仙桌子抬新媳妇就是没轿子。用来说某人没有礼貌，缺少教养。

扳不倒坐席——不是那个稳当客

【释义】 扳不倒，是一种纸与泥合壁的玩具，头轻脚重，底部分呈半圆形。把它按倒下，因重力作用，几度仰合，终又立起，俗称“扳不倒”，多数地方将这一玩具做成儿童模样，也有的作为老翁形象，则名“不倒翁”。所以，“扳不倒”留给人们的最深印象，就是摇摆不定坐不稳的样子。而被邀赴宴，是隆重的事情，在宴席上必得有礼有节，才能称得上是稳重，若行为如“扳不倒”一样轻浮，就会惹人笑话。因此，遇到不放心某人去做某一件事的时候，人们会摇摇头说：“他呀，‘扳不倒’坐席——不是那个稳当客！”

扳着脚丫子亲嘴——不知香臭

【释义】 脚的味道必定难闻，亲吻本来是很美好的事情，却亲了脚，自然是不知香臭。

帮忙的扣筛子——什么当干

【释义】 栖霞地方有习俗，结婚时，新娘子的轿到了，要把筛牲口草的筛子扣到轿顶上，这活儿应该是当公公的扣，结果被来给婚礼帮忙的一个人给扣了，而且还说“干什么也是干”。岂不知这不是他该做的事情，意思是连什么当干什么不当干都不知道，做了不该做的事情还不觉得自己做错了。

抱着元宝跳海——舍命不舍财

【释义】 没有什么比生命更宝贵的了，可是有的人在生命受到威胁的时候，还没忘了带上钱财。形容有的人太过爱财，宁可不要命也不能不要钱。引申义是面对选择，不知道什么是最重要的，含贬义。

背着孩子推碾——添人不添劲

【释义】 碾子是机械化粮食加工普及前农村主要的加工工具之一，推碾子是很吃力的活计，最好是由多人一起完成。背着孩子推碾子，看起来多了个人，但实际上一点用处都没有，背孩子的人由于负重增加，反而比原来更累。常用来形容工作中有的人在团队里充人数却不干活，工作效率得不到提高。

辫子上缆秤砣——下坠

【释义】 缆，系。秤砣重自然下坠，坠在辫子上，会使人不能自如行走。这里的“下坠”，是扯后腿的意思。

饽饽往肉里滚——好上加好

【释义】 饽饽，胶东方言，指用小麦面粉经发酵做成的面食。在困难年代，饽饽和肉都不是普通人家能吃得起的饭食，又有饽饽又有肉，形容越好就越好，好东西都到一起了。

C

茶壶里煮饺子——肚里有拿不出来

【释义】 茶壶口小肚子大，用茶壶煮饺子，即使能放进去，但饺子在煮的过程中体积会增大，因此煮熟后不容易拿出来。形容有的人一肚子才华，却不善于表达，常常让旁边人为他干着急。

裁缝掉了剪子——就剩下尺（吃）了

【释义】 剪子和尺子是裁缝做衣服必备的两样工具，现在剪子丢了，只剩下尺子了。形容某人只知道吃，别的什么都不想，含有讽刺和鄙夷的意味。

穇子换大米——三升（声）不抵一升（声）

【释义】 百年之前，穇子是胶东地方常见的粮食。这种作物产量不是很高，但是耐干旱，耐瘠薄，什么年景都有收获。它还有一样好处，就是耐储存，放在囤子里多年不坏。䅟子的缺点是粗糙，做成米饭算是下等的食物。䅟子与大米相比，很明显大米价贵䅟子价贱，买三升䅟子不抵买一升大米的钱。形容人的语懒或语贵。别人对你说了许多话，你却很少回话。

长虫吃疥疤子——歹毒

【释义】长虫，即蛇。疥疤子，特指蟾蜍；歹，方音，“吃”的意思。人们认为蟾蜍有毒，吃毒，所以说“歹毒”，有厉害、狠毒的意思。同义的还有“小鸡吃蝎子——歹毒”。

长虫戴草帽——混充细高挑儿

【释义】细高挑儿，指身躯瘦长苗条的人。意思是蛇身子细长，想戴上帽子充人。用来说有的人用一些手段，使劲想让自己看起来瘦些。

长虫钻竹筒——回不过头来

【释义】蛇钻进竹筒里，因为竹筒又直又细，所以说回不过头来。用来说有的人选择了某条道路或者做错了事情，没有办法再回头，无法补救。

唱戏的腿抽筋——下不了台

【释义】戏台高出地面很多，唱戏的腿若出了问题，自己是真的下不了台。比喻人处境尴尬和难堪，收不了场。

车轱辘搿眼镜——对眼了

【释义】搿，方音读gā，搿合，结交的意思。车轱辘和眼镜虽然都是圆的，但车轱辘大，眼镜小，原本配不到一起去，但却能搿合在一起，只能说是看对眼了。常用来说爱情和友情，其实不论是什么关系，当事人双方觉得合适就行。与“情人眼里出西施”“王八看绿豆——对眼了”同义。

城门楼里的家雀——吓唬出来了

【释义】家雀，即麻雀。过去的县城一般都有城门，城门上建“城门楼子”，檐下有麻雀安家。城门处每天人来车往，声响很大，这些麻雀已经习惯了大动静，见惯不怪，不至于像别处的麻雀一受惊吓就四散飞逃。形容经历了大场面，遇事不慌的人。意思是见过世面，历经磨炼，积累了丰富的经验，不怕你搞阴险的把戏。

秤钩挂腚上——自己称自己

【释义】自己称自己，即自己评价自己。引申义是自己夸自己，自己表扬自己。

吃地瓜用接碟——摆穷谱

【释义】接碟，接放食物或残渣的碟子，一般吃比较高级的酒席才会摆接碟。吃地瓜没有必要摆接碟，用来说有的人不切实际穷讲究，摆穷谱。这句歇后语还有另外一种表达：吃地瓜用接碟——讲究，某个人追求生活品质，大气排场上档次，人们会以“吃地瓜用接碟——讲究”，加以赞叹、羡慕或讽刺。

臭豆腐抹香油——外香里臭

【释义】臭豆腐是臭的，香油是香的，外面是香的，可里面还是臭的。意思是外表怎么遮掩也挡不住其本质。形容有的人名声在外，在外面风光无限，得到许多赞誉，可是在熟悉他的人群中名声却很差，因为外面的人不了解他的实质，而熟悉他的知道他究竟是怎样一个人。

出了冰窖进蒸笼——忽冷忽热

【释义】冰窖和蒸笼，冷热两重天。形容有的人情绪不稳定，时冷时热。

出窑的砖——定型了

【释义】砖块经过制坯、晾晒、烧制等程序而成，出窑时便定型了，形状和大小都不再发生变化。形容人的性格或事件的性质已经确定，难以改变。

吹喇叭抬轿——各有各的调

【释义】结婚时吹喇叭和抬轿子的是两拨不同的人，乐班子有自己的曲调，抬轿的也有自己的节奏，他们之间互不影响。形容各人做好各人的即可，各司其职，各负其责。

刺猬皮缝口袋——没有扛（抗）

【释义】刺猬皮上全是刺，缝成口袋装了东西，可是因为有刺，没有办法扛在肩上。意思是对某件事情扛不住，受不了。

D

打牛腚的货——没出息

【释义】打牛腚，即放牛。人们认为放牛是很累很脏很低级的营生，因此当有的孩子不好好读书，父母就会说："你想回去打牛腚吗？"意思是人没出息，只能放牛。

打破砂锅——璺（问）到底

【释义】"器破而未离谓之璺"，陶器或瓷器受创，出现一条裂缝，俗称为"璺"。璺有大有小，有一种极细的璺，粗心的人难以察觉，小心使用甚至不见其透水，叫"惊璺"，仿佛是人，遇到了劫难，身体没有重伤，心神却受了打击。砂锅是砂器中常见的一种。砂锅有韧性儿，轻微的磕磕碰碰损坏不了它，万一打破，有了一条璺儿，它并不向横里枝蔓，只沿着裂璺一直向下发展，直到器物的底儿。砂器一旦有璺，必定到底，而且砂器是不能修复的，璺到底之后只能弃旧换新。生活中碰到什么人抓住一件事情不放，追问不已，评论者就会说他是"打破砂锅——璺（问）到底"。也形容遇到爱管事的人，你是怎么也躲不过他的，就像砂器的璺儿一样，一旦出现，只有到底，无可挽回。

打着灯笼拾粪——找屎（死）

【释义】粪即屎。胶东一带烟台、牟平、栖霞等地平翘舌音不分，会把"屎"读成"死"。

大伯子背兄弟媳妇过河——吃力不讨好

【释义】封建时代，男女之间授受不亲，妇人不能与丈夫之外的其他男人有接触，即使是公公或大伯子哥（丈夫的哥哥）也不行，甚至话都不可多说。所以假设是弟媳妇要过河，大伯子也不能背，不仅不能背，还要主动避嫌。也说“公公背儿媳妇过河——出力不讨好”。

大闺女上轿——头一回

【释义】大闺女，未婚女子。上轿，上花轿。姑娘家结婚上花轿，是从未经历过的事情，比喻第一次做某件事情。

大年三十打了个兔子——有它也过年，无它也过年

【释义】大年三十，到了一年的最后一天了，家家都备下了丰盛的美食，这时忽又打到一只兔子，加到年节食品当中，自然是好事情，但比较之下，并不因为有了它而显得怎样的气派。意思是无关紧要，用来形容人，则带有明显轻蔑的意味。

大年五更死了个驴——不好也得说好

【释义】阴历正月初一，俗称大年初一，这一天家家五更天就早早起床拜年。过年是欢乐的日子，也是吉庆的日子。穿新衣，吃好饭，互相拜年。人们见面，拱手作揖，互道“发财”“过年过得好”。俗信这一天晴天或大雪，新的一年必定五谷丰登。又相信这一天过得欢欢乐乐，则新的一年就会万事如意，处处顺心。因此大家都特别留心，务必在这一天里，不做不吉利的事，不说不吉利的话，一旦发生了不吉利的事，也都有传统的破解方法。事有巧合，大年五更起来一看，栏里的驴子死了。一头牲口是不小的一笔财产，且又死在这个人人希图吉利的时候，主人心中忽被阴影笼罩，是不可避免的。但耳听全村过年爆竹声，主人明白，不能将自家的不幸昭示众人，只能将这事先放一边，打起精神来过大年初一。见人问好，一样地流畅，有人问好，连答“好好好”，内心里有怎样的尴尬，只有当事人心里明白。生活中也会有这样的事情，明明吃了亏，碍于某人的面子或某时的形势，无法诉说自己的不幸，自嘲说：“大年五更死了个

驴——不好也得说好。"

大喜子妈妈吃面——没有数

【释义】 胶东地方以手擀面为待客和日常美食，但困难年代，普通面条也不能可着肚子吃，尤其是女性，吃得多了会让人笑话。因此，责人办事不周，或者是行为违背了规矩，都会说："哈，你可真是大喜子妈妈吃面！"

戴雨笠亲嘴——差得远

【释义】 雨笠，也叫斗笠、苇笠，一种遮挡阳光和避雨的编结帽，常以材质区别品名。因为要遮雨或遮阳，因此有很宽的边沿。戴着这样的帽子亲嘴自然是够不着。

当鳖的命——走着走着就团团了

【释义】 鳖经常会把头和四肢缩进壳里成一团。意思是动辄停滞不前。形容人畏缩不前，没出息。

得了金马驹还想它娘——穷心不满

【释义】 高陵镇唐家夼村，地处牟平城西南约 30 里的金马山下。传说，村子里有一位淘金的王老汉，偶然的机遇，他在村子南边的山上挖出了一匹小金马驹。他心里想，有了金马驹必定有它娘，于是便带领村里人，在发现金马驹的地方一个劲往下挖。他们"叮当、叮当"整整挖了一年，终于在山神的帮助下挖出了金马驹它娘，大伙从此都过上了富裕日子，此山也因此得名金马山，且沿用至今。同时，还产生了"得了金马驹还想它娘——穷心不满"这句歇后语。日常生活中，人们时常会引用这个歇后语，多数时候是取其贬义，用来形容某人得寸进尺、贪婪无度、欲壑难填等。

地瓜面烙"火烧"——没有个好干粮

【释义】 火烧是一种用面做的饼，也称"杠子头"，火烧以硬、有咬头、耐储存而负盛名。正常的火烧是用小麦面粉制作的，若用地瓜面做，地瓜面没有筋力，做出来呈灰黑色，品相不好，口感也不好。这话一般用来鄙视人品差、心眼坏的人。

地头上种䅟子——挡驴嘴的货

【释义】 䅟子也叫“鸡爪子谷”，虽粗劣难咽，但在粮食产量低的年代，也是人们日常的吃食。胶东的山地或临近河边的水淹地或海边的盐碱田，种不了玉米、大豆，但可以种䅟子，䅟子耐盐、抗碱、不怕涝，一场大水过后，三五天的工夫，䅟子就又郁郁葱葱了。除了土质差的土地，在农田靠近路边的地头上，通常也会种点䅟子。一是收获时节，可以用䅟子捆玉米秸秆；更重要的是防止牲口吃庄稼。牲口经过地边时，常会瞅空拽上几口庄稼吃，唯独不敢吃䅟子，因为䅟子的叶芒带刺，牲口的舌头受不了，所以有歇后语“地头上种䅟子——挡驴嘴的货”。比喻用一定的代价抵挡侵扰，也暗含贬低之义，意思是所言对象价值不大。

碟子里洗澡——水浅

【释义】 洗澡自然需要水多，而碟子本为盛饭菜所用，再大的碟子也洗不了澡，前一句用来说使用工具不当，后一句说事情不那么复杂。

豆虫尾巴——自撅（觉）着

【释义】 豆虫的尾部翘着一根针状的尾巴，这是它的自然特征。用谐音形容人的自我感觉良好。

豆腐掉在灰里——吹不得打不得

【释义】 鲜豆腐水分大，糯软易碎，沾染上灰尘不好清洗。用来说对某人赞扬也不好，批评也不好，左右为难，比喻事情不好办。

豆芽搓绳儿——毛儿嫩

【释义】 搓绳子需使用结实有韧性的稻草、苘麻等，豆芽又细又嫩又脆，根本不能用来搓绳子。比喻青年人年轻不老道。

二帮轿夫子——在后边

【释义】 轿夫子，抬轿的人。新娘子结婚坐花轿，有习俗讲脚不能沾地，轿子也不能落地。抬轿是个力气活，赶上路远，更是辛苦，于是要准备两班人马，路上两拨人肩倒肩轮换，就可以让轿子不落地。一帮人抬，一帮人就在后面跟着。日常用来说有的人做事不主动，总落在后面。

二尺布缝个大褂——不够襟（斤）

【释义】 大褂一般身长过膝。本义是用两尺布来做大褂，还不够做个前襟。谐音来形容物品量少，斤两不够，也用来形容人的级别不够。

二嫚子她婆——俩名

【释义】 过去，有的人家女孩子连名字也没有，家里的长辈称年轻的女子为嫚儿、嫚子。一个在家里排行老二的女子或结婚后做了人家二儿子媳妇的女子，都可以被称作“二嫚”。同样，这位“二嫚子她婆”的两个名字，一个是她自己原有的名字（或排行），一个是别人依着媳妇叫的“二嫚子她婆”。用来说两个名字实际上指的是同一个人。

二门口的神——靠后

【释义】 门神一般贴在大门上。对于民居来说，大门是出入房子的总出口，也是彰显房屋主人地位与财富的主要部位。标准的四合院，大门之内还有二门，从外面根本看不到二门，其位置自然不如大门重要。用来说人如果没有地位，也不会受人重视。

二十个鸡蛋两把——各是各码

【释义】 乡间的妇女们数鸡蛋不论个，而是论把，十个为一把。意思是论“个”和论“把”是两种计量方式，尽管“二十个”与“两把”是一样的，但对于乡间的妇女来说，她们只认“把”。用来说事情都是一码归一码，不能混为一谈。

二十一天不出鸡——坏蛋

【释义】 过去民间自己在家用母鸡孵化小鸡，孵化的周期为 21 天左右，正常情况是到时间小鸡们就会陆续出壳，如果 21 天了还没动静，那就是鸡蛋坏了，于是说是“坏蛋”，比喻品行不良或做坏事的人。

F

发急出北门——活够了

【释义】 早年间，牟平县城东西南北四个方位各建有一门，东为玄武门（后改为集庆门），南为顺正门，西为奉恩门，北为镇海门。平日里，只有东西南三门通行，北门只有在官府要问斩犯人的时候才打开。在相当长的一段时间里，牟平府衙的法场就设在北城门外。久而久之，民间就产生了“急着出北门——活够了”这句歇后语。当一个人对另一个人说狠话的时候，就会把这句话搬出来。

飞机上挂暖瓶——高水瓶（平）

【释义】 暖瓶，也叫暖水瓶。飞机上自然不可能挂暖瓶，形容某人水平高，可用来表扬人，也可用来讽刺人。

G

干疮吃鼻子——不要脸了

【释义】 干疮，是过去老辈子人经常得的一种病，生在面部的比较多，严重的鼻子都烂掉了。形容人脸皮厚。

岗山的和尚——耙（罢）了

【释义】 岗山是位于栖、招、莱三县市交界处官道乡西北侧的一个小山峰，海拔 193.9 米。传说唐太宗东征时，怀念阵亡的将士，便在此地修建了庙宇。后历经唐、宋、元、明四朝 800 余年，兴盛时期僧人达 800 多人，曾是胶东半岛潍坊以东地区的佛教中心。后因不法和尚殃及百姓被用耙刑处决了，留下了“岗山的和尚——耙了”的典故。每逢人们自己或不想叫别人做事情，都会把手一摆说："岗山的和尚——罢啦（耙了）。"

耕地不用犁犋——耠（豁）上了

【释义】 犁犋，胶东方言，即耕地的犁。耠，耠子，用来翻松土壤的轻便农具。形容某人脸皮厚这里是说用"耠"代替了犁犋。

狗撵鸭巴子——呱呱叫

【释义】 鸭巴子，即鸭子。狗撵鸭子，鸭子吓得扑着翅膀呱呱叫着逃，这是很有动感的一幅乡村风情画。歇后语用鸭子的叫声谐音比喻赞赏之意。

狗皮挂在墙上——不像画（话）

【释义】 用年画点缀居室，是装饰品也是欣赏品。春节贴年画的习俗在城乡一直很普遍，浓墨重彩的年画给千家万户增添了许多兴旺欢乐的喜庆气氛，"有钱没钱，买画过年"，但大家贴的画都是赏心悦目，饱含祝福新年吉祥喜庆之意。狗皮自然不像画，形容不好的状态、错误的行为等。

狗皮袜子——没反正

【释义】 人常说："寒从脚下生"。旧时冬季服装简陋，保得脚下暖，十分重要，棉鞋、棉靴、大毡窝子都是常见的冬装。在机织的"洋袜子"之前，纳底的布袜子很流行。与布袜子并行的，还有狗皮袜子，用狗皮制作，有高高的袜筒，穿起来十分暖和。狗皮袜子多不另做布面，一面是光的皮板，一面是毛皮。穿着的时候，有人喜欢毛朝里，有人喜欢毛朝外，朝里朝外皆无不可。"狗皮袜子——没反正"形容经常改变主意、是非不分明人。有谁被公认为"狗皮袜子"，其形象就是入了不光彩的"另类"。

狗掀门帘——全凭嘴

【释义】 狗掀门帘只能用嘴拱开。形容有的人只会说好听的，没有实干精神。

狗咬马虎——两下怕

【释义】马虎，指狼。胶东地方的民间故事中，说到狼的时候，总是忌讳对其直呼其名，而是找一种不知道是什么动物的名称来代替，其中用得最多的就是“马虎”和“马猴”。都是用两个动物的合体来称呼，正因为不知道是什么样子，对孩子而言，就更加显得怪异吓人。意思是狗也怕狼，狼也怕狗。形容两个实力相当的对手，互相之间都心存顾忌。

姑姑侄女搬嫁妆——各顾各的

【释义】过去孩子多，老大与老小能相差 20 岁左右，这样就导致了侄女（侄子）与最小的姑姑（叔叔）岁数相当，甚至还要大上个一两岁，因此姑姑和侄女同时出嫁的现象很常见。遇到这样的情况，自然是各人搬各人的嫁妆，只能各顾各了。

刮风带棘子——连讽带刺

【释义】风原本已经很凌厉，再带上有刺的棘子，造成伤害的程度加重。用谐音形容有的人说话总是夹枪带棒，有讽刺意味。

寡妇拾孩子——得找人

【释义】拾，生的意思。寡妇要想生孩子，需改嫁。用来说有的事情是自己做不了的。

锅台后抱驴驹——一窝不如一窝

【释义】抱，生的意思。锅台后空间狭窄，驴生产不可能在这样的地方。一般用来说这家人一代不如一代，或某些事办得一件不如一件。

H

蛤蟆垫桌子腿——干鼓气

【释义】鼓气，生气的意思。有一种气蛤蟆，在遇到侵害或危险的时候，会鼓起肚子，越动它越鼓，民间叫它“气鼓子”，说它越生气越鼓。若是把它垫到桌子腿下，它动弹不得，只能干鼓气。形容某人受了委屈，只能自己生闷气。

海蜇包饺子——不成丸（玩）意儿

【释义】海蜇包饺子不光不能成丸，还都化成了水。骂人话，意思是某人不是好人。

海蜇过河——随大流

【释义】海蜇漂浮在海面上，看似随水而动。意思是得过且过，也说“海蜇过河——随流蹚”。

喝凉水拉肚子——灌（惯）的

【释义】喝了不干净的凉水或个人肠胃受不得寒凉物质刺激，常会拉肚子。胶东方言中说喝了一肚子水也叫“灌”了一肚子水，取谐音义，意思是某某的什么毛病是惯出来的。

和尚庙里借梳子——找错门了

【释义】和尚没有头发自然用不着梳子，跟和尚借梳子肯定没有，所以说找错地方了。

和尚向姑子讨孩子——谁也没咒念

【释义】没咒念，即没办法。和尚与道姑都是出家人，都不可能有孩子，所以说没咒念。

黑老哇子叫——没好声

【释义】黑老哇子，乌鸦。没好声，声音不好听，不吉利。因乌鸦通身全黑，叫声又不好听，民间觉得听到乌鸦叫很丧气。

黑老哇子跳猪身上——还嫌猪黑

【释义】乌鸦跳到黑猪的身上，嫌弃猪黑，岂不知两个一样黑。用来说有些人光看别人黑，不见自己黑。比喻只看见别人的缺点，看不到自己的毛病。

黑瞎子掰苞米——赶着掰赶着掉

【释义】 黑瞎子，黑熊。苞米，玉米。熊不可能像人一样会收纳，于是掰一穗扔一穗，到最后手里还是只有一穗玉米。形容收获甚微，白忙活了。

黑瞎子掉井里——熊到底了

【释义】 黑熊，俗称黑瞎子。熊，除了指动物，作为形容词还有无能、懦弱的意思。无论人和动物都有可能掉到井底，这里用“熊”的谐音形容人过于老实。

黑瞎子挡水沟——熊堵（赌）

【释义】 熊很是壮实，也力大无比，有成语“虎背熊腰”。如果熊真的堵住了水沟，真是堵得严实。用来说赌博的恶习。

黑瞎子拉油碾——出力不讨好

【释义】 油碾是打油时加工油坯的工具，较一般的石碾更笨重，拉油碾是出大力的工作，本应受到嘉奖的。但黑瞎子不分好歹，不管有料无料，乱拉一通，弄坏了碾子，把事情搞得一团糟，这样的出力自然不会讨好的。生活中也有这样的事，一个人，本想出力做好一件事，不料帮了倒忙，这时他便和乱拉油碾的黑瞎子一样，白出了力气，还要受人埋怨。

猴儿拉车——龇牙

【释义】 对于拉车这种重活，猴子做起来肯定会十分吃力，表现出龇牙咧嘴的样子。

后老婆打孩子——打一下是一下

【释义】 指后妈心狠，打前妻的孩子是真打。用来说事情不掺水分，实实在在去做。

后老婆脸，三九天——说翻就翻

【释义】 有道是“冷在三九”，三九天是最冷的时候，滴水成冰，翻动天就是雪，快得令人猝不及防。用“三九天”来比喻后妈的脸，可谓冷矣。形容某人脾气大，翻脸快。

后老婆使锅叉打孩子——一下就是两下子

【释义】 锅叉，过去农村用来架在锅里熥饭用的锅梁子，有两个分叉。用这种锅叉打在孩子身上，打一下就会出现两道伤痕。所以说“一下就是两下子”，说明后妈的心狠。形容事半功倍。

胡家庄的柞椤——不叫柞椤叫胡柞（胡作）

【释义】 胡家庄是牟平区大窑街道的一个村子，他们村的山岚有很多柞椤树（柞树）。某年，老爷爷带着孙儿们到山上砍柞椤，这期间，那些年轻人砍得乱七八糟，老爷爷就呵斥他们：“你们这不是砍柞椤，分明是胡作！”在牟平方言里，“胡作”就是胡来或蛮干的意思。后来，有人就把这句话里的“胡作”，和胡家庄的柞树巧妙联系起来，就产生了这条风趣的歇后语。当某人营生干得不像样子的时候，别人就会批评他：“看看你干的活儿，纯属‘胡家庄的柞椤——不叫柞椤叫胡柞（胡作）’。”

葫芦瓢捞汤——汤水不漏

【释义】 胶东称面条为汤，捞面条应该用笊篱捞，把水沥去。用葫芦瓢，就会连面带水一起舀。形容人办事极为周全，各方面都能兼顾到。

花生油炒长果——自己炒自己

【释义】 胶东莱阳、栖霞、招远等地称花生为长果、长生果。也就是说花生和长果是一个东西。花生油从花生出，用花生油炒花生，当然是自己炒自己。可以是“炒作”自己，也可以“炒”自己的鱿鱼。

黄瓜打驴——去了一大截子

【释义】 黄瓜脆而易断，用它打驴，黄瓜一定会折断，只剩下打驴者拿在手里的一截。意思是事情要做成功，还需要一段过程。形容某事过去一半，或约有一半的损失。同义还有“黄瓜打驴——去了一半儿”“黄瓜打驴——干脆”。

黄鼠狼去了尾巴——一根好毛也没有了

【释义】黄鼠狼，也称“臊鼠狼”“鼠狼”。黄鼠狼的皮可制裘衣，毛可制笔，无论制裘制笔，最佳处都在那一条金黄色的大尾巴。笔中有“狼毫”一类，其原料即取自黄鼠狼，据说，真正好笔，关键处用的是黄鼠狼尾尖上的几根毫毛。若黄鼠狼去了尾巴，则为制笔匠所不取。一个人，有许多毛病，但同时有几手超人的技艺，众人还可以容他，若放弃了那几手技艺，不再做下去，人们便说:“唉！黄鼠狼去了尾巴——一根好毛也没有了！”

J

鸡蛋勾“瓦楼”——何用?

【释义】瓦楼，即海螺。勾，兑合在一起。海螺和鸡蛋的味道都很鲜美，两者只用一种就已经很鲜美，根本不用再加其他食材。意思是浪费或多此一举。

鸡蛋晃汤——啰唆多

【释义】鸡蛋晃汤，是把鸡蛋打散淋到汤里，胶东人将汤里的蛋花叫“鸡蛋啰唆”。形容某人话多，或者说了很多话但都说不到点子上，不贴正题也不凝练。

家雀吃黄豆——粮呛（踉跄）

【释义】家雀，即麻雀。对于麻雀来说，黄豆显得太大。比喻两者比例相差悬殊，或者事情难以做到，可能性太小。

家雀跟着“檐蝙蝠”飞——熬了眼遭了罪

【释义】家雀，即麻雀；“檐蝙蝠”即蝙蝠。麻雀夜里有雀盲症，民间叫“雀目眼”，一遇光就呆若木鸡，束手就擒，所以有调皮的男孩子晚上用手电筒照麻雀。蝙蝠的习性是夜间行动觅食。所以两种不同习性的动物不可能有同样的行为，如果非要一样，肯定有一方要受罪。形容不是同类的人不要一起做事，与“道不同不相为谋”义近。

家雀头包“箍扎”——净嘴

【释义】 箍扎，胶东地方指称饺子。麻雀原本就很小，肉不多，麻雀头除了嘴更没有肉了。用来说有的人不干实事，就是嘴会说，嘴能说。

见了丈母娘叫大嫂——没话说了

【释义】 现在，女婿还没结婚，就开始称准岳母为“妈”，结了婚更是叫得亲。过去，胶东地方的姑爷称岳母多不叫“妈”，而是叫“亲妈”“大娘”“婶子”等，结婚前这样叫，结婚后也一直延续，并不改口。但无论叫什么，叫“大嫂”是不对的。一个非常具有喜剧性的场景就是，女婿见了丈母娘，不知道说什么，但也不能冷场，总要说点什么，结果一紧张，就叫错了。形容见了丈母娘的紧张、尴尬。也说“见了丈母娘叫大嫂——没话找话说”。

姜旺庄的石头——揍臼（舅）子

【释义】 舅子，妻子的哥哥或弟弟。莱阳姜旺庄一带出产的石头多被当地人用来加工石臼。生活中，丈夫欺负了妻子，娘家人就会出面，一般都是舅子揍姐夫或妹夫，因此这句歇后语中谐音揍舅子，也就是过过嘴瘾，无论大舅子小舅子估计都是揍不得的。

鸡窝里抓鸡——手拿把拤

【释义】 在外面抓鸡不太好抓，但到鸡窝里抓鸡，那就很容易很稳妥。用来说做事情胸有成竹，非常有把握。

疥疤子跳高——肚朝上

【释义】 肚朝上，有个特殊的含义就是指死亡。疥疤子跳高落下来的时候往往是肚皮朝上，像死了一样，要挣扎半天才能翻过身来。因此这句也是对“死亡”的隐晦说法。

疥疤子跳脚背上——不咬人膈应人

【释义】 疥疤子，疥蛤蟆。疥蛤蟆虽不咬人，但它们是冷血动物，人的皮肤接触到它们会有很明显的触觉反应，一旦跳到脚背上会令人不舒服或害怕。比喻某些人或事令人讨厌，且大多是故意为之。

井底的蛤蟆——没见天儿

【释义】井底的蛤蟆只能见到井口那样大的一块天，哪里知道外面的天空有多辽阔。用来说有的人没见过世面，或者说人胸怀小、小气等，含讽刺意。是“坐井观天”的另一种表达。

韭菜爆锅——混葱（充）

【释义】炒菜一般开始用葱爆锅，要用韭菜也是最后放。烟台地方舌尖前音和舌尖后音不分，“充”读作“葱”，因此这个歇后语用谐音形容人装模作样或用一种事物冒充另外一种事物。

K

扛着犁犋上西天——经（耕）过大地

【释义】犁犋，即犁。胶东方言中，“耕”读作“经”音。去西天为取经，所以有了这样的谐音歇后语，“耕过大地”，可谓气魄宏大。

扛着牌坊卖猪肉——好大架子

【释义】卖猪肉的摊子不用多大，而规制再小的牌坊也是架构高大，扛着木牌坊做肉案子，架子的确不小。比喻人架子大。

空棺材下圹——墓（目）中无人

【释义】圹，墓穴。将空棺材放到了墓穴里，用谐音形容有些人心高气傲，目中无人。

快刀切水豆腐——两面光

【释义】豆腐原本好切，加上刀快，自然切得两面光。用来说有的人处事圆滑，老练成熟，两面讨好。

昆嵛山戴帽——不是下雨就是尿尿

【释义】昆嵛山山系横亘牟平、文登、乳山交界处，方圆百里，山峰林立，是著名的国家森林公园。周边居住的人看到昆嵛山的某个山顶有云气笼罩，就知道要下雨了。有山的地方，会阻挡气流，加上植被茂密，会较早出现一些气象变化的表征，所以这一类的歇后语特别多，换个当地的山名即可，如“林寺山戴帽儿，下雨下一小瓢儿”。

L

拉屎鼓断帽子系——各使一道劲

【释义】 大便应该是往下使劲，结果有人却向上使劲把帽子带鼓断了。比喻做事情各有各的方法，不能混为一谈。也说“拉屎挣断帽子带——劲使得不是地方”。

拦庙住——没有个好道士

【释义】 拦庙，自己去找庙，自己要求被收留的意思。意思是道行高的人会被寺庙争相请去，没有名声的就得自己找地方。形容做事情自己求上门的多是没有才华的人或者品行不好的人，有贬义。

老虎拉车——谁赶（敢）

【释义】 拉车的一般都是牛、马、驴、骡子等。老虎能不能拉车不知道，即使能拉也没人敢赶车。

老将出马——一个顶俩

【释义】 上了年岁的人，经验丰富，做事老练，一个人能顶得上两个。原意是战场上用兵打仗。现用于各种场合，对有一定经验的人表示夸赞。

老妈子抱孩子——人家的

【释义】 老妈子，保姆。保姆抱的孩子是东家的。形容有的人现在手中拥有的那些东西，并不属于自己。

老马家的牌位——东倒西趄

【释义】 金代全真七子之一马钰（马丹阳），是金天会年间进士。在其事业鼎盛时期，好多马姓人家纷纷与其连宗，致使马氏宗祠供列的牌位越来越多。马钰死后，其家族日渐式微，宗祠无人管理，致使牌位七零八落，供桌也缺角掉腿，故有“老马家的牌位——东倒西趄”一说。形容家具破败或物品摆放乱七八糟的现象。

老母鸡下蛋——认死窝

【释义】 母鸡下蛋一般有固定的地方，所以给它换了窝它会不适应，它只认自己的老窝。用来说有的人认死理，不知变通。

老母猪打仗——光使嘴

【释义】 母猪嘴格外长，所以有这样的说法。一是指双方只打嘴仗不动手；二指有的人自己不去做，就会指使别人。

老泥家的孩子——一色

【释义】 胶东有“倪”姓，“倪”与“泥”，胶东方言都读作mí。泥孩子，指泥娃娃。一样用泥做的娃娃，颜色都一样。意思是事物没有差别。也说“老泥家的孩子——顺色了”。

老婆儿糊窗——一样一张

【释义】“老婆”二字，在鲁东各地因读音不同，所指称的对象大不相同，其区别十分细微。可以是男人称自家妻子，也可以指称所有的女性。这里的“老婆儿”指上了年岁的女人。过去，胶东民居的窗户，多为棂样式，有小棂窗、大棂窗、百格窗、大格子窗数种，用纸糊在棂子间遮挡。糊窗的用纸，讲究些的，是市上卖的专用糊窗纸，雪白而柔韧，好看也耐用，自然价钱也高一点。老婆儿不舍得或无钱去买，就把平时不论做什么事剩下的纸张，但凡够得糊一棂两棂窗的，都细心地积攒、压平，好好地放起来。到糊窗的日子，不用去买现成的糊窗纸，就用她积得的纸，一棂一棂地糊上去，糊成以后，各色各样。形容办事不求精美，胡乱凑合配套的物事。打牌时如果自家的牌不成对不成顺，也会自嘲打趣一句：“老婆儿糊窗——一样一张”。

老鼠尾巴——一百棒子也打不粗

【释义】老鼠的尾巴原本就细，别说一百棒子就是一千棒子也打不粗。一百，非实指，泛指多。用来说有的人不可救药，无论怎样也改变不了其本性。

老鼠钻在风匣内——两头受气

【释义】风匣，有的地方叫“风箱”，是炊事的得力助手，结构堪称巧妙。木制长方箱体，在右侧下方正中作出风口，连通火管至灶膛；前后两端下方各设小方孔，在箱内竖置方板，比箱体略小，四面边沿扎勒鸡毛，使其缝隙不透风，又可以灵活拉动，是为“风板”；风板上装两根拉杆，通出箱外，连接把手，做成拉柄。使用时，手握拉柄，向外拉，风板前行，在鼓风的同时，关闭了前面的风门，后面的风门因箱外的压力而自动打开；向箱内推送拉杆，风板随之后移，在鼓风的同时，后面的风门关闭，前面的风门打开。如此反复拉与推，不断向灶膛内送风助燃，用起来顺心顺手。若老鼠顶开风门进入箱内，风门随之落下，它便无处可逃，送风口处是燃火的灶膛，万万去不得，留在箱内，待主人使用风箱时，推也受气，拉也受气，处境难堪之极，以此喻人，形容某人在甲乙双方都受到冷遇，受到责骂，一时毫无办法。

老头抽烟——也吸（许）也不吸（许）

【释义】旧时，乡间的每个村庄，差不多都有一处或几处男人们聚集的公共场所，或者是关帝庙，或者是祠堂。冬季，村中的老汉们常带着一个小板凳到这里来晒太阳，俗称为“晒阳阳”。或说年景，或论古事，有时竟是半晌无语，只看眼前过往的行人。无论有语无语，每个老汉都有一套标配，那就是一套烟具：一杆烟袋，一个盛烟末的荷包，一个火镰，几块燧石，另有一个火绒管子。要吸烟时，将烟袋伸到荷包里，装一锅子烟出来，取一点火绒按实，衔在嘴里，然后，拿出燧石，使近烟锅，用火镰一敲，即有火星迸出，一下，两下，准就落在了火绒上，稳稳当当地，烟就吸着了。老汉们无语时，各自吸着烟，被太阳晒得痒痒的，微微地闭着眼睛，似睡非睡，朦胧之间，口中的烟袋将熄不熄，谁也说不清他是吸着呢还是忘了吸……胶东方言“吸”与“许”同音。有人宣称某事已成定局，另一个人认为未必如此，就回他这一句，意思是结局还在两可之间。

凉锅贴饼子——出溜到底了

【释义】饼子，这里指玉米饼子，胶东有一道很美味的贴饼子，鱼锅、菜锅都可以贴饼子，菜、饭一锅出。贴饼子要有技术，还要掌握火候，也就是锅的温度要刚刚好，凉锅根本就贴不住饼子，所以饼子就会往锅底出溜。引申义有二：一是有的人不求上进，没出息；二是生产、威信等下降到最低点。

量着肚子吃过药——心中有数

【释义】过药，指泻药。泻药不能多吃，所以须有数。做任何事情亦然，都须有数，过犹不及。

搂草打兔子——捎带着

【释义】以山草、秸秆为燃料的时代，胶东地区的农村，每年秋后开山让人们打草拾草。没有了野草遮挡，秋冬季节出来觅食的野兔就容易被发现，于是经常有人在打草搂草的时候赶巧也能打到野兔，因此人们把不是刻意而为，顺便就可以一举两得的事情叫作搂草打兔子——捎带着，也说“搂草打兔子——两当一”。

碌碡打碾——石打石（实打实）

【释义】碌碡和碾子都是过去常用的农具，皆为石质，谐音形容双方都是实在人，以诚相待。

乱葬岗发河水——惯（灌）了鬼儿了

【释义】旧日，乱葬岗是专为夭折的幼儿设置的“墓”地，实则那里并没有坟墓。旧俗，小孩不满三岁死去，是不能进祖坟的，也不能埋葬，照迷信的说法，这孩子到阳世间来的时间太短，死去之后可以很快地返回阴间，重新转生。若将他们葬了，便把魂儿留在了人间，反而耽误了转生的时间。因此村头设一块叫作“乱葬岗”的地方，无论谁家的孩子夭折，都只用一点谷草或破席卷裹，丢弃在乱葬岗内，任风吹日晒，任狗狼吞食。乱葬岗内留下了许多幼童的尸骨，到盛夏时，磷火流动，人们便称其为“鬼火”。“惯了鬼”意思是对某些做了坏事的人不予警诫，下一次他还会再来，所以是惯不得的。遇到某人做坏事，一而再，再而三，人们就会说这句话，这便是下了决心非要管教那被“惯”的某人的先声。

罗锅上山——前紧后松

【释义】 用驼背者的形象来说事，意思是事情或形势开始紧一阵子，到后面就松懈了。

罗锅子上山——钱（前）紧

【释义】 罗锅，驼背。用驼背人的体貌特征，谐音钱不够花。也说“锅腰子上山”。

驴尾巴掉到磨眼里——该研（然）

【释义】 驴尾巴掉进石磨的磨眼里，注定会被磨成细粉。然，这样。该然，应该是这样。胶东方言里没有普通话 r 声母，“然”发成“研”的音，以谐音形容某件事情天生注定如此。

M

麻袋片缝龙袍——不是那块料

【释义】 缝制龙袍需用上好的织锦，无论从材质还是手工上都是精益求精的上品，不可能用粗劣的麻袋片。形容某个人在做某件事上根本不合适，不是那个材料。

卖盆的摆摊——一套一套地

【释义】 用泥陶制的瓦盆，是旧时民间常见的家庭日用品。套，是指烧制时要将大小瓦盆一套一套地摞起来，运输和店家卖时也是一套一套摞着，可以节省空间，方便搬运。一套，也指几个盆从大到小依次套在一起，家庭常常成套购买，一般是四五个盆作为一套。形容人口才好，说起话来滔滔不绝，头头是道。尤其指讲话系统性很强，连贯而富有逻辑。

猫咬了个猪尿脬——空欢喜

【释义】过去，农村杀了猪，常把猪尿脬处理干净后，给小孩吹起来当球玩。猫咬去还以为是什么好东西，很快就会抓破，不只污秽，且里面什么都没有。也说“狗咬猪尿脬——空欢喜”，形容把不好的东西当成宝，或者心存希望，结果却是空欢喜一场。

门缝看人——把人瞧扁了

【释义】门缝太小，看人看不完整，所以说把人看扁了。比喻瞧不起人。

门框子脱墼——大大方方

【释义】胶东称土坯为墼，过去自制土坯建房、盘炕、盘锅灶等使用，加麦草和泥，放在墼挂子（制墼的长方形木框）里，脱去墼挂子即制成土坯。根据需要，墼挂子有大有小，规格不一，一般最大的是盘炕用的炕面子墼，约为 30 × 40 厘米，门框子自然比这个大多了，因此，说谁不小气、不计较、出手大方，就会说这句话。

面缸里出耗子——“面面的”

【释义】面缸里出来的老鼠，身上会粘了面。面，胶东话也用作形容词，意思是一个人没脾气好说话，常用来比喻性格内向的人。有的人平时看着不显山露水，但有时也能做出令人吃惊的事，让人另眼相看。

磨道上的驴——听喝

【释义】喝，呵斥。过去，驴子是人们生产、生活中的得力帮手，搬运、拉车，甚至推磨、压碾也都有驴来参加。为了让它专心拉磨，还把驴眼睛捂起来，看不到周边的环境，防止它转蒙，也防止它偷吃粮食。上了架的驴被局限在磨道上，又被戴上了“眼捂”，它没有任何别的选择，只能一圈一圈走着循环的路。稍有懈怠或差池，主人就会吆喝甚至斥打。因此，上了磨道的驴，只能听吆喝听呵斥。比喻人一旦上了套，就不得自由。

磨道上找驴蹄印——故意找事

【释义】从前，家庭加工粮食主要靠碾、磨、臼等，经常会用毛驴拉磨，因此，在磨道里找驴蹄印自然是现成的，凭这就说驴被人家偷了，自然是故意找事。义同“鸡蛋里挑骨头”。

木匠打老婆——有数

【释义】木匠做活计，必用的工具之一就是尺子。做任何器物都必须按尺寸，用尺子量过才知道是否精准，也就是说木匠做活是心里有数的，即使是打老婆。用来说一些人做事情心中有数，很靠谱。也说“木匠打老婆——带尺寸”。

N

拿着报纸上坟——糊弄鬼

【释义】上坟的纸钱是用专门的黄表纸，用纸凿子在上面打上钱印，即为纸钱。迷信认为，上坟烧纸是为给去世的人送纸钱，因此不是什么纸都可以，报纸更不行。形容有的人做事不认真不踏实，纯是糊弄。

南园的眉豆——（紫角）自觉的

【释义】扁豆，因其形状极像眉毛，被人们形象地称为眉豆。眉豆适应性强，在胶东农村广泛种植，人们在门旁或墙角种上一棵，到秋天，繁茂的藤蔓就爬上门楼爬上墙头，结出一串串的豆荚，有绿白、浅绿、粉红或紫红等色，人们就用这紫红的一种来说人，对那些能力不大却过于自信，或者自我感觉良好的人，便会说一句，他就是“南园的眉豆——（紫角）自觉的”，不屑之意溢于言表。

年轻人力气是外财——使了了再来

【释义】年轻人，身体好，体力恢复快，累过后休息一下很快就能复原。意思是年轻人不要怕吃苦，做事情不要惜力。

鲇鱼炖茄子——恣死老爷子

【释义】 恣，舒服，高兴。饮食也需搭配，有的食材搭配起来格外味道鲜美。意思是老年人多牙齿不好，不能吃硬东西，鲇鱼炖茄子这道菜糯软鲜香，老年人尤其喜欢吃。形容特别高兴。

碾砣碰碾盘——石（实）打石（实）

【释义】 石碾是过去乡村加工粮食的主要工具之一，是靠碾砣在碾盘上滚动使谷物等破碎或去皮。因为都是石质，所以说石打石，以“石”谐“实”，形容说话、做事非常实在，毫无虚假，或指事物真实可信。

娘俩出门子——各顾各

【释义】 娘俩出门子，指娘改嫁和女儿出嫁赶一起了，只能各自顾自己这边。这样的现象生活中有，但概率不大。意思是在关乎自己终身大事的紧要当口，即使亲人也以自我为先。形容遇到事情，每个人都只顾自己。含贬义。

尿罐子挂在酒榨上——不是盛酒的家什

【释义】 过去民间酿酒很普遍，用的是很古老的发酵滤渣的工艺，最后一道工序叫作收酒。收酒时用一个粗重的木架床，下面放着酒坛和酒罐，用以接酒，这木架叫酒槽，也叫酒床，更多的地方则称它为酒榨子。美酒若用尿罐来盛，实在是不雅。这里所讽喻的，是将自己摆错了位置的人。

尿罐子镶金边——嘴儿好

【释义】 尿罐子口即使镶上了金边也还是个尿罐子，只剩下一个带金边的嘴儿了。形容有一类人就是一张嘴好，特别会说话，用嘴就能哄得人高兴。

P

屁股上安弹簧——坐不住

【释义】 屁股上若安了弹簧，坐下时必然弹起来，不可能坐住。比喻有的人不能长时间安静地做事情。

破豁子吹灯——一溜斜（邪）风

【释义】 破豁子，胶东方言，指兔唇的人。因为双唇闭合不紧，吹灯的时候嘴会漏风，不容易把灯吹灭，所以说吹出来的风是斜的，形容某人做事不严密，比如将需要排列的东西排得不整齐等。

Q

骑驴看唱本——走着瞧

【释义】 读书人骑在驴上看唱本，边走边看。取注解部分的“走着瞧”，意思是两方剑拔弩张，有朝一日找到时机就会报复对方，带有威胁的口气。

骑着毛驴打着伞——乐在其中

【释义】 毛驴食量小，便于饲养，又性情温顺，最适合骑用。在曾经很长的一段时期里，驴子是很常用的交通工具，可以说就是当时的出租车了。靠赶驴送客的人，名为“赶驴脚”“赶脚的”或“脚夫”，在城里成为一种职业。试想，有人给牵着毛驴，自己骑在上面，不使腿脚受累，手里打着伞，不受烈日暴晒，这样的感觉真的是美滋滋的。用“乐在其中”形容做某件事情从中得到的快乐感觉。

墙上挂门帘——没有门儿

【释义】 困难年代，有的家庭做不起房门，只能挂一门帘来遮挡。歇后语中的“没有门儿”，意思是没有门路、办法，形容事情根本不可能做成。

擎着别人的孩子打捞捞——不知深浅

【释义】 擎，高举。打捞捞，方言，把婴幼儿举过头顶再放下的动作。大人有时候为了逗孩子玩，会连续把孩子举高再放下，这是比较危险的动作，一旦失手就会造成意外。若是自己的孩子，自己心里有数，会很谨慎小心，但不可以对别人的孩子做这种危险的动作，一是不熟悉孩子的情况，二是孩子的父母也不会同意，因而说不知道深浅。用来说有的人不熟悉情况就贸然说一些话或者做一些事情。

苘秸打狼——两头害怕

【释义】 苘，一种麻类植物，去皮后，秆又细又长又白，用它打狼，人害怕一打就断；狼从来没见这东西，也怕被打到。形容事情让人首鼠两端，两下为难。

曲蛇拱道——歪歪扭扭的

【释义】 曲蛇，即蚯蚓。蚯蚓身体柔软，在土里的行走轨迹弯弯曲曲。因此生活中需要走直线而走不直的时候，如做针线、犁地等，人们就会说："和曲蛇拱道一样。"

瘸子参军——精神在

【释义】 当兵要行军打仗，需要体格健全结实的人。腿脚有残疾的人不符合参军条件，却踊跃报名参军，说明精神可嘉。意思是人无论做什么都需要有精气神。

S

三十里撵个蚂蚱——不为肉，也为口吃

【释义】 蚂蚱很小，肉更少，为了吃个蚂蚱却能追出去很远。形容有的人为了美味不怕费尽周折，引申义是就算只有一点利益也要去争。

三岁长胡子——小老样

【释义】 男孩子进入青春期才开始长胡须。一般说，三岁的孩子不会长胡须，如果真的长了，原本是个小孩子，却有了大人的身体特征，真的是又小又老，所以才说“小老样”。多用来打趣戏谑人，一般用来说人可爱，有点昵称的味道。

三眼枪打兔子——没有准儿

【释义】 三眼枪，也许应当算是一件乐器。旧时富家人出大殡，送

灵的队伍中有庞大的鼓吹班子，除了常规乐器，还有一人或二人手持三眼枪。铁制，一个圆的枪筒，作“品”字形三个枪眼，枪眼下部，各横穿引火孔，整个枪筒的下方，作铁裤，镶一条高高的举柄，施放时，在三个枪眼内塞火药，引火孔内装燃芯，点着燃芯后高举半空，接连发出“嗵、嗵、嗵”三声巨响，增加悲壮的气氛。这种三眼枪，只在乐队中使用，并不能算是通常意义上的枪支。若用它当猎枪去打野兔，且不说无枪把无枪托，因而不便把握，更因为它只有引芯没有扳机，等点了引芯发火，野兔早不知跑到什么地方去了。形容那些办事极不稳妥的人。“没准儿”是一种讽刺的说法，实际上是根本没希望。

扫帚顶门——净是杈（岔）

【释义】 扫帚顶不了门，只是拿来说事。扫帚杈多，比喻事情的头绪多。也说“扫帚顶门——头绪多。”

臊水狼子上门楼儿——晕道道的

【释义】 臊水狼子，黄鼠狼的俗称。黄鼠狼一般喜欢住在洞穴或树林里，不擅长爬高，因此说上了门楼会发晕。

砂锅掂蒜——一锤子的买卖

【释义】 掂，捣。砂锅易碎，用来捣蒜，一下子就交代了。形容事情只有一次。

沙拉窝栽葱——好大的（白）辈儿

【释义】 沙拉窝，胶东方言，指沙质土壤。葱白儿，胶东方言读作葱beir。沙地栽葱埋得深，因此葱白就长。用谐音来形容某人辈分大。

山草驴变蚂蚱——一辈不如一辈

【释义】 山草驴是对笨棘颈螽的俗称，其体形硕大，性情凶猛。蚂蚱跟它比起来有些弱小。说山草驴成蚂蚱了，是说一代不如一代。意思是某个家族的后代不如前辈；也用来慨叹后代子孙不争气，让老一代人失望。

山猫子叫门——送肉来了

【释义】山猫子就是人人皆知的野兔。野兔在胶东很常见，也叫山兔子，肉质鲜美。野兔在秋天吃得膘肥体壮，冬天时最肥，赶上冬闲，过去农村人冬季打围套野兔的特别多，但猎兔子并不容易。于是，对不用费事，主动送上门的美差，人们就会说山猫子叫门——送肉来了。

山猫子上大道——混充高丽马

【释义】栖霞人称野兔为叫山猫子，韩国的高丽马是最小的马，但再小也比野兔大得多，意思是混充某人（物），含讥讽意味。

绱鞋不用锥子——针（真）好

【释义】绱，把鞋帮和鞋底缝合到一起。做鞋子没有不用锥子的，因为鞋底很厚，针刺不透，所以，一般要先用锥子刺穿，然后针再顺着锥子刺穿的孔走线。“针好”谐音“真好”，用来夸赞别人。

圣人门前念《三字经》——不自量力

【释义】《三字经》是最简单的蒙学读物，而圣人饱读诗书，在其面前念《三字经》，自然是不自量力。义同“关公面前耍大刀”“班门弄斧”。

屎壳郎打哈欠——干张臭口

【释义】屎壳郎以粪便为食，尽管本身不臭，但由于整天处在粪堆里，于是人们一直把屎壳郎与臭味联系在一起，既然人们认为屎壳郎是臭的，自然它们的口也臭。常用作骂人语。

属鳖的——三年爬不到河沿

【释义】鳖行动缓慢，形容人性子慢，行动迟缓，做事磨叽效率低。

属啜啜虾的——越拉越紧紧

【释义】紧紧，方言，缩的意思。胶东沿海盛产多种海螺。啜啜，是人们对钉螺的一种俗称，因常用啜吸的方法来吮食其肉而得名。螺壳里常会住进寄居蟹（虾），它们把螺肉吃了之后将螺壳占为己有，作为自己的房子，因此人们给它们一个名字叫“白住房”，可能是其形状更接近于虾的样子，人就称这些寄居的客人为“啜啜虾”。这些寄居蟹缩在螺壳里，听见动静就缩进去，要拉它出来是万万不能的，越拉越缩，即使扯断它的触须甚至身体，也不会出来。于是就有了这句歇后语，形容人过于腼腆羞涩不愿出人头地，民间常以此指称那些上不得台面的人，甚至有没出息、不识抬举的意思。

属猴子的——顺竿儿爬

【释义】 猴子善攀爬。过去有猴戏，耍猴子的人会训练猴子按照他的指令做爬竿上架等动作，以取悦观众为自己赚钱。猴子有不从的时候就会受到鞭打，慑于主人的淫威，猴子只能顺从，按照要求表演。形容那些迎合别人心意说话或行事的人。生活中这种没有主见，只会随声附和，盲目追随他人的人并不少见。多用贬义，也说“属猴子的——给个竿儿就往上爬”。

属鸡的——记吃不记打

【释义】 鸡有个特点，记得哪里有吃的就总往那里去，赶走又来，甚至被打后一会又来，令人不胜其烦，于是就有了这句话。形容人不长记性，不接受教训，只记得好处而忘了受罪的时候。

属驴的——牵着不走，打着倒退

【释义】 人们认为驴的脾气倔，越赶越不走，不光不往前走，还越打越向后退。形容有的人脾气倔且怪异。

属皮猴子的——不打不转转

【释义】 皮猴子，就是用松木做的陀螺。打陀螺是民间常见的游戏，男孩子喜欢玩，用鞭子抽打，使其打转，冬天在冰上玩最过瘾。比喻某些人不知道自己找活干，你支使到哪，他就干到哪儿。

属算盘子珠的——不拨弄不动弹

【释义】 算盘珠靠人拨拉才动，形容人懒到极致，得靠外力才会动一下。同类说法还有“属算盘珠的——拨拉一下动一下”。

属小猪的——扯着谁的腿谁叫唤

【释义】 过去农村几乎家家喂猪。买主去买小猪崽的时候，小猪们满圈乱窜，被捉住腿的拼命嚎叫，而其他的猪崽则只顾自己逃命。人也一样，世间的悲欢并不相通，事情摊在谁身上谁才知道，没有亲身体验的不会知道。形容立场不同、所处环境不同、遭遇不同的人，很难了解对方的感受，比喻不牵扯到自己的利益就不会有所触动。

属猪八戒的——倒打一耙

【释义】 猪八戒以钉耙为武器，常用回身倒打一耙的绝技战胜对手。形容本来自己没理，却强词夺理，反咬人一口。

水缸里说话——瓮声瓮气

【释义】 水缸又称瓮，水缸里说话就是在瓮里说话，所以说瓮声瓮气。形容声音粗大低沉。

孙悟空他妈报喜——一肚子猴

【释义】 报喜，指怀孕。孙悟空是猴子，他妈自然也是猴子。人们认为猴子非常聪明，“一肚子猴”形容很聪明也很精明，一肚子心眼儿，有的是鬼点子。也说“孙悟空他妈怀孕——一肚子猴儿”。

T

躺在扁担上睡觉——想得宽

【释义】 再宽的扁担能有多宽，所以在扁担上想感受宽是不可能的。躺在扁担上睡觉并不现实，形容理想与现实相距甚远。

剃头挑子——一头热

【释义】 剃头挑子，从前串乡为人剃头的匠人所挑的担子，一头是工具箱，一头是一个铜质的面盆，面盆下生着火盆，用来温水为主顾洗头。形容一个人一厢情愿地对另一个人好，而对方却冷冰冰地对待他。

铁匠铺里的料——挨打的货

【释义】 铁匠根据用户需求将材料烧到一定温度后，打制成人们需要的各种器具。不打不成器，铁匠铺里的材料都是经过千锤百炼之后方可成器。形容有的人天性顽劣或因做坏事常被人教训。

铁锨打苍蝇——扑（谱）不小

【释义】 铁锨打苍蝇，明显是大材小用。所以说用来扑打苍蝇的这个"扑"大。形容人摆谱。

秃子头上的虱子——明摆着

【释义】 虱子是附着在肌体毛发上的寄生虫。头虱常藏在头发下面，表面上看不见，设若没有了头发，虱子自然无所遁藏。形容事情很清楚很明显，毋庸置疑。

土地佬放屁——神气

【释义】 土地庙每个村都有，但规模形制很小，甚至随意几块石头搭个龛也能作土地庙，庙小神自然也不大，但无论大小总是神，因此，民间看谁为了很小的一点事就在人前张扬，有人会说："嗬！土地佬放屁——神气啦！"

土地佬拄胡秸——坏了拐啦

【释义】 土地佬即土地神，也叫土地爷。从前，几乎每一个村庄都有一个土地庙，庙里供着土地爷和土地奶奶，村里死了人，先要到土地庙里送魂，名之为"报庙"。胡秸，即高粱的秸秆，胶东称高粱为胡秫，因此称高粱秸为胡秸。高粱秸自然做不了拐杖，将胡秸当拐杖，一定是拐杖坏了。形容某件事情办糟了。

W

湾里养鱼——越养越紧紧

【释义】"紧紧"有紧缩、缩小义，在湾里养鱼，不光养不大，还会越养越小。意思是水域太小，会限制鱼的生长。小水湾注定养不了大鱼，成才也不能囿于小的环境。用在培养孩子身上，让孩子去经历大风大浪，方能视野开阔，眼界高远，有风有浪，孩子才可能起身跳跃，完成蜕变；而风平浪静，可能会让孩子贪恋于一方的安逸，永远不知道大海的样子。

桅杆上插鸡毛——好大的掸（胆）子

【释义】掸子日常除尘用，用鸡毛绑就，长不过五六十厘米。若插在桅杆上委实是太大，形容人胆大。也说“电线杆子绑鸡毛”“旗杆上插鸡毛”。

为条缰绳买匹马——赔本买卖

【释义】缰绳自然比不了马的价值，应该是为马配缰绳，现在倒过来，形容赔本了。

瓮里窑的驴——外驮缸（缰）

【释义】缰，当地人读 gāng。驮缸，谐音缰。瓮里窑，是栖霞瓮留张、瓮留范、南瓮、北瓮等村的通称，这一带的村庄都有烧窑的传统。传说瓮里窑的驴拉车时不走直道，而是往旁边使劲。用驴向外运输驮缸，比喻胳膊肘往外拐，帮别人使劲。

五月端午的猴儿——搐（出）上了

【释义】端午节，为辟邪祈福，人们在门楣上挂艾蒿、桃枝、铃铛麦，贴剪纸和挂布猴子，布猴大多是孙悟空的造型。孙悟空一路降妖除魔保唐僧西天取经，让他为自家看守着门户，自然是可以挡住一切邪魔。挂布猴的作用主要是驱灾辟邪，所以并不在意制作者的女红手艺是否好，因而多加工粗糙，不求精美，有猴子的轮廓即可，这也便有了这句歇后语：五月端午的猴儿——搐（出）上了。“搐”是一种缝纫工艺，指用手工缝制，方言有“揪聚”在一起的意思。“搐”在这里谐音“出”，“出上了”，即能出脸、脸皮厚的意思，是熟悉的人之间用于开玩笑的话，如果用来说不熟悉的人，就有些不敬了，往往会引起误会。山野中的真猴子一般瘦而灵活精干，民间说某人瘦常会说像个瘦猴儿一样，也会调侃“长得像端午节揞的猴儿似的”，甚是形象。

武大郎卖海蜇——人熊货也埋汰

【释义】 埋汰，不好的意思，指没本事，能力差。武大郎是《水浒传》里的人物形象，是懦弱无能的代表；海蜇，即水母，水生无脊椎动物，捕捞上来后瘫软无力。人们将武大郎与海产品组合到一起，意思是他们具有同类的特质，形容人能力不济。也说“武大郎贩海蜇——人熊货也熊”。

X

瞎汉养了个白公——没有眼看

【释义】 白公，有白化病的人。没有眼看，意思有二：一是“瞎汉”眼睛看不见；二是有白化病的人跟正常人不太一样，有些人觉得不好看，所以说没法看。

瞎子掰苞米——认了垄了

【释义】 盲人掰苞米，只能顺着田垄走。形容有些人做事情不懂得变通，只会按部就班地干，有一条道走到黑的意思。

瞎子点灯——白费蜡

【释义】 盲人原本看不见，点了灯也看不见，所以点灯对他们是没有用的。意思是浪费东西或浪费了某个机会，也形容做了无用功。

下过雨送伞——空头人情

【释义】 下过雨再送伞已经没用了，意思是已经过了别人需要帮助的时候再去帮忙，解决不了实际问题。

小辫挂秤砣——打腰（要）

【释义】 打要，胶东方言，有重要、风光、吃香或吃得开的意思。把秤砣挂在长辫子梢上，随着人的走动，秤砣会打到腰部。生活中，说起某人势头正猛、职务很吃香等就会用到这个歇后语。

小老鼠扛木锨——大头在后边

【释义】木锨与老鼠的大小对比明显，老鼠若要扛木锨只能拖木锨的一端，所以说大头在后边。形容事情刚刚开始，大动作或大成果还在后面。

蝎子掉进磨眼里——一折（蜇）一磨

【释义】蝎子本性会蜇敌人，可是掉进磨眼里被“磨”了。谐音“折磨”，意思是双重的磨难。

蟹子过河——创起眼了

【释义】创，竖立。螃蟹的眼睛很特殊，它们的眼睛是长在柄上的，柄的基部有可以灵活运转的关节，使得这一长形的柄既可以竖起，又可以倒下。竖起时，像安上了两个瞭望哨，可以眼观六路；倒下时，甚至可以连柄一起藏在眼窝之中，毫不碍事。蟹子过河，自然要精力集中，全力以赴，所以说眼睛竖起来了。形容人到了关键时刻，能打起精神来。

心口窝长草——心荒（慌）

【释义】长草就是荒芜。心口长草了，用谐音形容心里的忐忑、紧张。

新粪篓子盛饽饽——能吃可不好看

【释义】篓子是居家常用工具，种类很多，举凡饭篓子、菜篓子、草篓子、粪篓子等，材质不同，工艺不同，用途也分明，一般都有专用，各是各码，不能随便混用。过去，胶东中西部的人家走亲戚用篓子，装上自家蒸的饽饽，上面盖上包袱或毛巾，就可以走亲戚出门了。这出门篓子因为要见人待客，最讲究，需干净体面，工艺也格外精致些，一般是白条篓子，专门用来出门，平时也好生保管。而粪篓子则不必好看，结实耐用即可，一般用不去皮的棉槐条或随便什么条子编成。因用途不雅，人们也并不珍惜，泥里来土里去，随性磕摔，随地乱放。在人们意识中，粪篓子只能是粪篓子，用它来装饽饽，太不雅观了，即使是新的也不行。所以说“新粪篓子盛饽饽——能吃可不好看”，意思是人与人交往中，一定要保持最基本的礼节，从形式上给对方以应有的尊重，一旦有违这些形式，就要被人挑理了。

星石泊的石硼——天上掉的

【释义】 牟平星石泊村，因村东有一排石硼，被公认为星石陨落，兼之地处平泊，故得名星石泊。这块陨石呈长条形，落地时已断为三截，一条田间小路从中间穿过。它的面积大约20平方米，最高处约有两米，表面看上去与普通的岩石没有什么区别，只是与四周一马平川的地势显得格格不入。就因为这块星石，还产生了“星石泊的石硼——天上掉的”这样一句歇后语。当某人得到一笔意外之财时，大伙就会拿这句歇后语来说事，和“天上掉馅饼”的意思差不多。

Y

鸭巴子吃面条——嘴挑

【释义】 鸭巴子，即鸭子。嘴挑，指吃东西挑剔。形容有的人这样不吃那样不吃，不好伺候。

鸭巴子打鸡——叭叭叭（罢罢罢）

【释义】 鸭子的嘴巴很硬，啄在哪里都是叭叭叭地响。形容某件事情就那样罢了，算了，不计较了。

鸭巴子和鸡亲嘴——口大口小

【释义】 鸭子嘴大鸡嘴小，形容有权势的人说话，无理也是有理，无权无势的人说话，有理也是无理。

鸭子过河——随大流

【释义】 一群鸭子到了河边，都呱呱叫着争先恐后跳进河里，没有一只会留在岸上。形容有的人通常会顺着多数人说话或办事，也作“随大溜”。

羊群中跳出个驴来——混充大个的

【释义】驴比羊高大许多，羊群里出来头驴，很是显眼。形容爱在人前显示自己有本事或有才华。

腰上绑扁担——横行

【释义】扁担长，横绑在腰上走路，多宽的路也不觉宽了。形容某人极为霸道。

一层布做衣裳——反正都是里（理）

【释义】夹衣需用两层布，外面的一层叫“表”，里面的一层叫“里”，只有一层布就反正都可以说是“里”，谐音“理”。形容有的人遇事总是站在自己的立场上，自己从来都没错，错都是别人的，理都是自己的，哪怕无理也能搅三分。

一箭射个兔子——没有影了

【释义】动若脱兔，兔子以行动敏捷著称，意思是说箭朝着兔子射了出去，可再看时并不见兔子在哪里。形容某些人爱吹牛，说话没有影；或答应别人的事没有办成。

一跤磕到十字路口去了——划拉不够了

【释义】旧时丧葬习俗，人死后第三天晚上，举行“送盘缠”的仪式，打点死者的灵魂上路，到另一个世界去。举行仪式的当天下午，先在村外十字路口处布置场地，用麦麸或细沙在地上撒画一座城池，俗谓之“撒城”，城门向西。入夜，在沙城中摆放“纸活”，坐东向西，是一个模仿生人的居室，名为“暖宫”，内陈床铺被褥，样子颇为华丽。“暖宫”之前，女轿男马，再向前，尽都是金银财宝，有金山、银山、钱柜、钱囤，更有亲友邻居送来的金箔、银箔、黄表、锞子等。仪式开始，请和尚作乐、诵经，之后点燃“纸活”，亲人哭祭，其时火光冲天，良久才熄灭，留下的纸灰，十天半月不能尽除。形容贪心的人，遇到了可以得点财物的机会，不顾一切，不择手段，心中所想的，就只有一个“多多益善”。

旁观者看了他这种下作相，觉得恶心，便说：“你看他，一跤磕到十字路口——划拉不够了。”言外之意是，贪心使他连活人的钱财与死鬼的纸灰都分不清了。

一张纸画了个鼻子——好大的一张脸

【释义】一张纸上画一个鼻子，不管纸大纸小，鼻子都不小，鼻子这样大，脸自然小不了。形容某人架子很大，能摆谱。

医生叫门——找病

【释义】一般是病人上门找医生看病，反过来就不正常了。“找病”的意思是挑毛病，故意引起争端。

月一黑天没有月朦儿——年年如此

【释义】月一，指阴历每月初一。月一黑天，即初一夜里。月朦儿，方音，称月亮。每月初一新月时的月相肉眼无法看到，所以说没有月亮，月月如此，年年也如此。形容人或事的状态一直不曾改变。

Z

灶王老爷吃糖瓜——手拿把抃

【释义】手拿把抃，手拿把稳的意思。传统习俗，每年阴历腊月二十三要辞灶，也就是祭灶神，送一家之主灶王爷上西天，向玉皇大帝禀报这一家人一年当中的善行或恶行；玉皇大帝根据灶王爷禀报，决定这一家人来年应得的吉凶祸福，再交给灶王爷安排实施。谁家不希望一年甚至一辈子平平安安的？于是人们就给灶王爷供奉又黏又甜的糖瓜，希望他吃了以后能嘴甜，为自己家多说好话，让他“上天言好事，下界保平安”。用来说某件事情非常有把握，一切都在掌握之中。

灶王爷吃鸡屎——窝囊神

【释义】灶王爷是灶神，意思有三：一是灶神吃鸡屎心里觉得不痛快而窝囊；二是无论级别大小也是神，神吃鸡屎，也太没能力没本事了；三是胶东方言里“窝囊”还有糟蹋、埋汰、恶心的意思。三种意思在这句话里都解释得通，语言之妙矣！

灶王爷上西天——报喜不报忧

【释义】胶东地方的腊月二十三是辞灶日，灶王爷上天去向玉皇大帝汇报各家各户一年来的善恶是非。人们希望他上天去给自己家多说好话，以求来年老天爷保佑一切平安吉祥，所以叫“报喜不报忧”。用来说有的人只拣成绩和优点说，不说问题和矛盾，不根据实际情况如实汇报。

针尖对麦芒——一对刺儿头

【释义】针尖和麦芒都有芒刺。用来说两个人都不是善茬，都是刁蛮不好对付的人。

正月十五贴门神——晚了半个月了

【释义】春联、门神等是在大年三十贴的，作用是祈福禳灾。如果正月十五贴，时间就不对了，正好晚了半个月。用来说某人抓不住时机，错过了最佳时间，而且所做事情已经没有了价值。

知了尿尿——一阵儿

【释义】知了尿尿的量很少，这里用来特指下雨的雨量少时间短，就像知了尿尿一样。

猪八戒夹半刀火纸——混充读书人

【释义】猪八戒夹着半刀烧钱纸，就充起读书人了。火纸，指祭奠死人时烧的纸钱。火纸不是书本，猪八戒也不是读书的料。用来说有的人擅长装模作样。

猪八戒啃猪蹄——自己吃自己

【释义】猪八戒本身就是猪，啃的是自己的蹄子，所以说是自己吃自己。形容自己伤害自己，或自己人伤害自己人。

猪八戒摔耙子——不伺猴（候）了

【释义】 用《西游记》中的人物来说事，猪八戒和孙悟空是师兄弟，民间称悟空为“孙猴子”。猪八戒摔耙子的意思是不干了，用谐音形容某人因为某种原因撂挑子，不配合原来的领导或搭档。

猪八戒照镜子——里外不是人

【释义】 里外，指镜子的里外，引申说表里。八戒是猪，照镜子自然照出来的也不是人。形容做事情得罪了两方面。

猪尿脬打人不疼——恼人心

【释义】 猪尿脬是猪储尿的器官，属污秽之物。过去有人把它处理干净后吹起来给孩子当球玩。处理得再干净，人们心里也犯忌。若用这个打人，有侮辱人的意思，虽不疼，却让人心里气恼、不痛快。

主角没出场——好戏在后头

【释义】 主角，这里指戏曲演出中的主要角色，主角在唱腔或演技上大都出类拔萃、技高一筹，人们看戏也往往就是为了看某个角儿的演出。戏曲演出时，一般先是配角出场，为主角出场作铺垫。所以说，主角没出场，意味着好戏还没有开场。比喻人们对精彩的、令人注目的事情的期待。

砖头刻戳儿——不是那块料

【释义】 戳儿，印章。刻印章一般需用专用的印石，如寿山石、青田石等，对印石的材质和质地有较高的要求。砖头粗糙，用来刻印章自是不妥。形容某个人不适合做某件事情。

【第三部分】

谣谚

A

安乐庄安乐庄，一亩麦子晃口汤，要想吃顿饼，还得不留种

【释义】 安乐庄村是栖霞市官道镇的一个自然村，因那里的土地瘠薄，加之以前生产力水平低下，粮食产量低。一亩地收获的麦子只能够喝顿面汤，若想吃顿饼，那就连种子都留不下了。一句谣谚成为时代的真实记录。

B

八个饽饽一只鸡，光棍今天要娶妻，千万要拿一张席

【释义】 胶东土炕上要铺席子，新席子一般过年和家里办喜事时铺。过去福山的婚俗中，不光新房里要铺新席，迎亲时男方要带八个饽饽、一只鸡，还必须给女方家买一张席带上，意思是因为媳妇小时候给岳母家尿坏了一张席，送席子是新郎对新娘家的感恩与补偿，并有新娘子必须在新席上换衣服才能出嫁的说法。

八月凉，九月温，十月里还有个小阳春。冬至月刚要冷，腊月就打春

【释义】 阴历的八月末，秋分以后天开始变凉。九月过了重阳节，天气会明显转凉，而进入阴历十月，常常就会降下初雪，只是这个时候气温仍不稳定，还会有反复，即使是到了十月，也会有温暖的阳光照耀着大地的时刻，尤其是中午的时候，会给人以春天般的感觉。只是这样的天气一般比较短暂，常常是昙花一现，因称“小”阳春。冬至节在阴历十一月，民间认为自冬至日起“进九”，才开始九九八十一天的真正的冬天。立春常在五九尾或者六九头，“九”还未尽，又迎来了立春节气。这首季节谣表达了希望永远都在，充满乐观主义精神。即使条件环境再差，也仍有希望在，如同连阴雨之后总会有雨过天晴的灿烂阳光，正所谓风雨过后见彩虹。这句谣谚说的时候不一定全说，人们常取其中的几句做俗语用。

报谷鹰叫，鲅鱼到；马兰花开，黄花鱼来

【释义】 布谷鸟叫的时候，就来了鲅鱼汛；马兰花开了，就可以捕黄

花鱼了。万物应时而生，布谷鸟和马兰花都是具有春天表征的动植物，意思是春天到了，鱼汛起了，渔民们就该丰收了。看来是节令物候的谣谚，其中充满了对生活的美好希望。

兵不离营，马不离站，尼姑、和尚不离寺院

【释义】部队离不开军营，骡马一定是在驿站里，尼姑、和尚在寺庙和庵堂中。意思是人和物都应该在该在的地方。

不怕慢，就怕站；站一站，二里半

【释义】站，停的意思。二里半，非确指。本义是赶路的时候，不怕慢，就怕停下，一停下，看似一会儿的工夫，就比别人差了一大截子。形容做任何事情不能半途停止，只要长期坚持，必能成功，而玩物丧志，错失良机，则可能功败垂成。也说“不怕慢，就怕站，不怕晚，就怕懒”。

不骑马，不摔跤；不打水，不掉筲

【释义】筲，即水桶。过去农村主要饮用井水，从井里打水，稍有不慎，水桶就会掉到井里。骑马从马上掉下来，打水把筲掉井里，这都是常有的事情。意思是事情不做就不会出现不好的后果，但有些事情必须要做，所以不能因噎废食，还是需掌握技巧，总结经验，吸取教训，谨慎小心，尽量避免事故的发生。

菜能吃，糠能吃，气不能吃；金能让，银能让，理不能让

【释义】可以吃糠咽菜，但不能受别人的气；金钱上可以让步，但道理不能让。意思是生活上可以苦一点，但在原则问题上要坚持底线。形容人要有骨气和勇气，有些事情可以忍让，有些事情必须据理力争，绝不让步。

C

草门楼，瓦门楼，一家一个死活头

【释义】草门楼，指贫寒人家；瓦门楼，指富贵人家。从住房的建筑

可以准确看出一户人家的身份地位和经济实力。从前，普通百姓的房子屋顶、门楼用草苫，有钱人家才住得起砖瓦房，所谓“青堂瓦舍”。这里用门楼的材质来指代贫富的差距。“死头”“活头”，即是死法、活法，意思是穷人有穷人的死法和活法，富人有富人的死法和活法，其实就是各家都有自家的为人处世之道，都有自己的生活方式，无论是贫是富，一年都是 365 天，一天都是 24 小时。所以，根据自己的情况，不攀不比，过好自己的日子就是。

馋老婆，巴清明；粕粸溜，就芽葱

【释义】 巴，巴望、盼望。粸溜，用玉米面、熟地瓜等（有条件的再加上适量的白面），做出来的类似于发糕的食品。俗话说“女人的清明男人的年”，意思是清明时节女人可以外出踏青、荡秋千等，难得娱乐一下，加上清明时节有粸溜吃，越冬的葱也发出了新芽，正好可以拿来佐食。粸溜本是粗粮细作的一种吃法，并不高级，用不着馋，但这样的生活对于过去的女人来说，就觉得是美好，从中可见时代和生活水平的差异。

昌山的鸡，发坊的梨，张家灌的秀才多其驴

【释义】 昌山、发坊、张家灌，是今莱阳市照旺庄镇境内的一些地名。从字面上不难看出，这句谣谚说的是这几个村庄的“特产”。昌山自古以鸡出名，发坊以梨为特产，张家灌村则是出秀才。张家灌村历史上曾出过 3 名进士、5 名举人和贡生、20 多名秀才。过去驴是民间最常见的畜力，数量多，因此，“张家灌的秀才——多其驴”意思是这里确实出人才，强调数量多，并无贬义。形容村庄文脉昌盛，胶东有不少村庄都有此殊荣。

长木匠，短铁匠，不长不短是石匠

【释义】 说的是工匠师傅们在下料的时候一般遵循的原则。木工下料要充分，留有余地；铁具有很好的延展性，在下料的时候手艺高超的老铁匠都是掌握“宁少勿多”的原则；石匠则用料需要大小合适，严丝合缝。形容无论做什么都有自己的原则。同义俗语还有“木匠不怕长，铁匠不怕短”。

吃不穷，穿不穷，打算不到一辈子穷

【释义】这句话里的“吃”和“穿”，意思是最基本的消费，“打算”指家庭收支计划，就是理财。农村人通常把这些说成是“会过日子”，不但包括节俭，更重要的是会挣钱、会支出、会分配，这才是重点。形容住家过日子要有长远眼光，有长远打算。

吃大米，穿缎子，不如摊个好汉子

【释义】吃大米，穿缎子，意思是生活富足。汉子，指男人，特指丈夫。过去都是男人养家，因此生活条件优越，都是因为有一个好丈夫，所以说女人选丈夫很重要。

吃鱼上火，吃肉生痰，吃萝卜白菜，百病不犯

【释义】吃鱼多了会上火，吃肉多了容易生痰，吃萝卜白菜，什么毛病也不会有。说的是大鱼大肉含有大量的蛋白质和脂肪，大量食用后容易导致人体营养过剩，从而导致出现相关的疾病表现。这里有饮食文化，也有养生经，其中也蕴含生活的哲理，美味不可多用，任何事情都有度，过犹不及。锦衣玉食的生活未必就好，粗茶淡饭也有利于身体健康；好东西未必适合每个人，需看是否适合自己的身体状况。

初一生，初二长，初三初四看月亮

【释义】初一的时候，月球位于地球和太阳之间，以黑暗面朝向地球，且与太阳几乎同时出没，尽管我们在地面上见不到，但月相已经有了，犹如新生一般，这就是朔月。新月一天天逐渐长大，等到初三初四就能明显看到弯弯的月亮了。这里用月亮的盈亏变化来说希望永远都在，就像月亮亏了盈，盈了亏。

春争日，夏争时，庄稼宜早不宜迟

【释义】春天要抓紧播种，夏收时节要争分夺秒与老天爷抢时间，意思是农业生产要根据农时来播种管理，切不可误了农时。农业生产如此，其他也一样，引申义是要珍惜时间。

打了春，别欢起，还有四十天的冷天气

【释义】 打春，指立春节气。欢起，这里读轻声，胶东方言，高兴的意思。意思是到了立春节气也不要高兴，还要冷上四十多天。立春是我国二十四节气中的第一个，虽说是立春，但只是天文意义上的立春，气候层面的春天还远远没有到来。根据我国气温变化，春天的萌动在每年 3 月中旬以后，也就是接近春分前后。形容有些事情不能高兴得太早，而是要看实际情况。

打是亲，骂是爱，不打不骂是祸害

【释义】 这里的打骂不是真正的打骂，是指亲近的人之间打打闹闹。一般用来指夫妻或家人之间打情骂俏和疯闹，以增加生活情趣。不打不骂，指不沟通。夫妻间磕磕碰碰在所难免，意见不一致时，发生点争执，甚至有点小打小闹都正常，沟通好之后就会和好如初，可能还加深了彼此间的感情。而不打不骂，不吵不闹，遇事双方都闷在心里，时间长了反而会出问题，就真成“祸害”了。也说“打是亲，骂是爱，不打不骂不自在害”。

打一千，骂一万，忘不了清明吃干饭

【释义】 清明是二十四节气之一，作为节气，清明首先是跟农耕关系密切。“清明”一词的含义是气清景明，此时气温升高，雨量增多，是开始春耕春种的时候了，因而有“清明前后，点瓜种豆”“清明耕一半，谷雨种一半”的农谚。胶东农村还说这天是“驴生日”，用高粱米粥、小米饭、豆饼或干饭喂马、牛、骡、驴等大牲畜。以前，耕地播种主要靠牛、马、驴及一些大的畜力，农人说它们虽是哑巴畜类，也都通人性，把它们当作朋友，对其爱护有加。虽说平时会打骂它们以达到役使需要，这时候也要给它们一点犒赏。因为春播春种即将开始，正是这些大牲畜们出力的时候。所以清明这天早晨，胶东地方吃高粱米稠粥，人们会在饭熟后先盛一碗喂这些大型牲畜驴以示犒赏，并有俗语说“打一千骂一万，忘不了清明吃干饭”。孩子不听话的时候，有时父母也拿这话来说孩子，意思是再

怎么打再怎么骂，心里归根结底还是疼爱孩子。

大麸重，二麸轻，三麸上去一溜儿风

【释义】第一遍的麸子最沉，第二遍的麸子就轻了一些，第三遍的麸子扬起来的话一阵风就吹走了。过去家庭加工粮食主要靠石碾和石磨，以推磨为例，为了多出面粉，推完一遍，用细面罗把面罗一下，留在罗里的就是麸子，这一遍的麸子最粗最重，因为上面还有粮食，于是将这些麦麸再上磨磨一遍，再罗，第二遍的麸子又轻了一点，再上磨磨一遍，三罗，再剩下的就是第三遍麸子，这时候的麸子就只剩下皮了，特别轻。这句谣谚是旧时日子艰难的写照。

大高个，门前站，不奏营生也好看；地板球，满地滚，干了活惹人恨

【释义】奏营生，胶东方言，做事情、干活的意思。地板球，指代个子矮小的人。意思是个子高的人，站在门口，不干活看着也好看；个头矮小的人，一直在忙碌，可是干了活也不招人待见。形容外表形象好的人会格外招人喜欢。这句话对矮个人有一定的蔑视，含有侮辱性。爱美之心人皆有之，但人的“美丑”不仅仅是由外貌来决定的。

大鱼吃小鱼，小鱼吃虾，虾吃渍涝泥

【释义】大鱼以小鱼为食物，小鱼以虾为食物，虾以长在渍泥中的藻类或浮游生物为食物。意思是生物间的捕食关系是一个食物链，说明各物种之间的生存关系，即弱肉强食。动植物界如此，人类社会也如此。

灯不拨不亮，木不钻不透，话不说不明

【释义】油灯或蜡烛的灯芯不拨挑，灯就不亮，木头不钻，就不可能穿透，话不说，别人就不会明白你的真实意思。前两者都是物理现象，重在最后一句。话说不清楚有可能会引起误会，更何况是不说，所以说有需求要明确表达出来，对方才明白，不要等着别人去猜，而且说话一定要有透明度，不可含糊不清，这样人与人之间才能沟通顺畅。

地瓜饼子，咸菜梗子，不吃挺着

【释义】 生活困难的年代，胶东地方的人家一日三餐的主食就是地瓜和玉米饼子，菜主要是咸菜。这些食物若是一直吃，肯定腻烦，但那时没有别的可吃，只能吃这些，不想吃就得挨饿。现在生活富足，衣食无忧的人们体会不到天天吃不饱肚子的那种滋味，“地瓜和玉米饼子”也成了健康食品，广受人们的青睐。

东洋的女人，西洋的楼，福山的大厨压全球

【释义】 福山烹饪历史悠久，是鲁菜的重要发祥地之一。从明清时候起，就有不少福山厨师在全国和世界各地从事烹饪和餐饮业，将中国的美食文化带到了海内外，广受赞誉，因而才有这句话。日本妇女的顺从、欧美的西式建筑举世闻名，将福山的厨师与这两者并提，证明了福山厨师和福山菜在国际上的声誉。

冬在头，卖了被置头牛；冬在腰，冻死猫；冬在尾，冻死鬼

【释义】 意思是冬至如果在阴历的冬月（十一月）月初，那么这个冬天就会很暖和，农民们可把棉被卖了置办牛好耕地；冬至如果在月中，就会很冷，连流浪的猫都能冻死；如果在月末呢，就更冷，能把鬼冻死。还有“冬至在月头，大寒年夜交；冬至在月中，天寒也无霜；冬至在月尾，大寒正二月”，总结出冬至在不同的日期里，最冷时间出现得不一样。千百年来，劳动人民总结摸索出许多冬至有关节气的一些农谚，像“冬至无雨一冬晴”，意思是如果冬至这天晴朗，那么整个冬天就会干旱无雪。

多吃饭，少开口，不招冤家少对头

【释义】 社交场合多人一起吃饭时，要多吃饭，尽量少说话或不说话，因为话说多了会无意中得罪人。形容人要谨言慎行，免得祸从口出。

E

二月二，吃年糕，壮筋强骨不闪腰

【释义】 胶东地方有过年蒸年糕的习俗，寓意“年年高”。日子艰难

的年代，人们会把过年的糕留出一碗，二月二切块用油煎来吃，使全家人再享受一次过年的滋味。这个时候的年糕已经放了一个月，非常硬，以此来希望一家人身体康健，腰板、筋骨跟这年糕一样结实。

二月二，龙抬头，大囤满，小囤流

【释义】阴历二月初二，俗谓龙抬头节，也称青龙节或春龙节、龙头节，胶东一带多称为二月二。从节令上说，此时正值惊蛰前后，春回大地，万物复苏，传说中的龙也从沉睡中醒来，所以二月二就有了“龙抬头”的说法。“二月二，龙抬头”，与我国的农耕传统密切相关。中国民间传说中，龙管治水，能够行云布雨，而水与农事密切相关，雨水少了旱，雨水多了涝，最好是雨水合适，才能旱涝保丰收。二月二与农事相关的习俗主要有引龙和打灰囤等。引龙是用草木灰从村里的井边或门外一直引到自家水缸前；打灰囤，也叫“填仓”，即农家早起掏出锅底的灰在门口“打灰囤”，用草灰画成各种粮囤的形状，并在囤的外面画上梯子的形状，意思是粮囤又高又满，需要踩着梯子才能取粮，以求这一年五谷丰登。打囤过程中就念叨这句“二月二，龙抬头，大囤满，小囤流”。农民也会根据天气来预测收成，当日天晴无风叫“收囤”。胶东还有地方在打囤前不开鸡窝，在“囤”中间放一点玉米等粮食，用瓦片扣一扣，等太阳升起来后，再将鸡鸭等家禽放出来，根据家禽啄食的情况预测某种粮食的收成。一年之计在于春，人们用这些民俗事象表达了百姓对土地的希望，希望在一年农时之初，借“龙”这一古老的中华图腾形式为人们带来风调雨顺，带来丰收富裕。

F

房不连脊，地不连边，井水不犯河水

【释义】房子不相邻，土地也不接界。两家相距甚远，就像井水与河水两不相干，互不侵犯。民间因为房相邻、地接界惹起的官司有很多。意思是双方隔得远了，没有接触，就应该不会有什么纠葛，不会产生纠纷。形容与对方划清界限。

放手心怕飞了，放头顶怕跌了，放嘴里怕化了

【释义】放在手心里捂着怕飞了，放在头顶上怕掉下来，放在嘴里含着又怕化了。形容对自己心爱的人或物的珍惜和爱护，多用于父母对待孩子，或是男女对象之间。

父母是只虎，爱谁谁受苦；父母是条龙，向谁谁受穷

【释义】兄弟姐妹之中，有的家庭里父母会过分偏爱某一个孩子，吃好的穿好的，不舍得孩子吃一点苦，各种的娇惯极易把这个孩子培养成一个懒散、刁蛮甚至没有生活能力的人。父母不可能陪伴子女一辈子，到头来还是需要个人自立自强。一旦离了父母的庇护，被疼爱的这个孩子就会吃不少苦头，一切都要从头开始。因此说，父母对孩子过度溺爱、放纵，看似是爱，实则是害。

G

干干亲，拿水儿淋，一时不淋断了亲

【释义】这里说的“水”，是指礼物、钱财等。意思是干亲之间，一时不走动就会断了来往。生活条件和医疗条件都差的年代，孩子夭折的特别多。在农村，为了让孩子“好养”，父母就给孩子多认干爹、干娘，希望能护佑孩子健康平安长大。这样的干亲与世亲不同，没有血缘做纽带，只能靠多走动来维系。也说“干亲干亲，离水断根”。

跟着龙，腾云驾雾；跟着泥里狗子，钻一辈子渍涝泥

【释义】泥里狗子，泥鳅。渍涝泥，淤泥。跟什么人在一起，自己的行为举止也就会受到对方的影响。意思是跟什么人学，就能学成什么样子。用来警示年轻人要学好，选择伙伴和朋友很重要。与“近朱者赤，近墨者黑”同义。

公鸡头，母鸡头，不在这头，在那头

【释义】过去农村儿童在做游戏时常将孩子们分成两支队伍对垒。如何将众多孩子分组，有人想跟某人在一起，有人不想跟某人在一起。

于是常用这种方法来“点将”，说完这四句话，到谁那里谁就出列。循环往复地“点”，直到人数点够。出列的孩子自然组成一队。这个方法看似公平，但有些聪明的大孩子头儿也会耍点小诡计，自己随意决定每一次从哪里开始点起，用这种方法把自己这边不想要的人剔除，选到自己需要的人。

狗怕蹲，狼怕站，人怕揭短

【释义】遇到狗咬，做蹲下抓石头状，就会把它吓跑了；遇到狼断道，不要慌张，直直地站着和它直视，它就会胆怯而退；一个人无论多么嚣张和强势，可你一旦掌控了他的丑闻，他自然就会畏你三分。意思是不管何物都有软肋，只要充分利用好这一点，就会立于不败之地。

姑舅亲，辈辈亲，打断骨头连着筋

【释义】姑舅亲，指父亲的姊妹家和母亲的兄弟家，意思是与姑母家和舅舅家这种关系的亲戚最亲，一家人骨肉相连，利害相关，即使产生矛盾，也难以割断亲情。形容亲情等关系非常牢固。

观里的升，毕郭的斗，岗山的轴条好编篓

【释义】升、斗、篓都是过去盛装粮食的器具。观里、毕郭（现属招远）、岗山都是栖霞的地名，三地相距不远。意思是这三个地方的条编产品好。

闺女哭妈妈，真心真意；媳妇哭婆婆，浪声浪气

【释义】母亲去世，女儿哭自己的妈妈是真的悲痛，而媳妇哭自己的婆婆，有的则并不是真哭，是做给人看的，哭声中就有了故意装假的成分，所以说是虚情假意。两相对比，明显可见女儿与媳妇的差异。

H

合房漏，合马瘦，合爹合妈，谁见了谁够

【释义】合住的房子容易漏雨，合养的马容易瘦，孩子多了都不愿

意伺候父母。意思是共同做一件事情，就有了攀比和推诿，都觉得不应该是自己一个人的事情。结果导致都不修房子，房子漏了；都不喂马，马瘦了；连自己的父母也觉得不该孝顺了。

糊涂天，糊涂地，糊涂老的没法治

【释义】老的，指父母。这里的“糊涂”，不是指因衰老等生理原因引起的“糊涂”，而是指有的老人性格固执、偏袒、处世不公等问题，由此也搞得家庭不和，甚至反目成仇，老人也得不到子女应有的尊重。作为儿女，不好直接顶撞父母，因为那是自己的老人，可是老人的行为实在令人生气上火。遇到这样的父母，让儿女很为难，因此，为人父母，对待子女尽量做到一视同仁，不能在处理家务事上偏着这个向着那个，人为地制造矛盾。一个家庭需要一个明智、清醒的当家人，一个单位亦然。

会打扮，打扮十七八；不会打扮，打扮屎疙瘩

【释义】“人是衣裳马是鞍”“穿衣戴帽，各人所好”，这都是很常用的与服饰有关的俗语。可是乡村人还会说一句“会打扮，打扮十七八；不会打扮，打扮屎疙瘩”。意思是小孩子有衣服穿即可，不必给小孩子买很多的新衣服，尤其是婴儿期，因为小孩子总在襁褓中，只随时换尿布即可，给这样的孩子买新衣裤纯属浪费。而到了十七八岁，也就到了所谓“女大十八变”的时候了，过了青春期这个酸涩青葱的年代，女孩子会出落得如花似玉，男孩子也会像茁壮的小树苗一样矗立在你面前。而在古时候，也到了谈婚论嫁的年龄，这个时候才是真正应该打扮的时候了。这句俗语是困难年代的印记，也是勤俭节约的好习惯。

活到老，学到老，八十岁还学巧

【释义】虽然也有俗话“人过五十不学艺”，但实际上我们一生所学甚少，应该在尽可能的情况下多充实一下自己。意思是人一辈子都有学习的需要，永远不要停止学习的脚步，知识无限，学无止境。

叽叽鬼儿，不长肉，三年长个羊屎豆

【释义】叽叽鬼儿，能计较的人。讽刺那些善于斤斤计较的人，因为太过计较反而害了自己，比如说长不高。孩子们之间打闹时，会用来“攻击”小心眼的伙伴，并无恶意。虽说是小孩玩笑话，但生活中确实如此，过于算计的人确实反而失去更多，如此，就有了“聪明反被聪明误”的意蕴。

金哇哇，银哇哇，不如我的泥哇哇

【释义】从前，农村儿童最喜欢玩的游戏应该就是泥巴了，用湿泥做成各种玩具玩耍，最常见的是摔“哇哇响”，即用湿泥捏成一个泥碗形状，用手托起泥碗，举过头顶，碗口朝上，然后用力向下翻转，朝平地或石台上或墙面猛然摔去，泥碗内的空气受到急剧冲压，胀破了碗底而发出清脆的声响——“嘭”，然后从对手那里揪了泥来补自己“碗”的窟窿，以赢取对方的泥巴。摔“哇哇响”时，孩子们就会自然地念叨这句“金哇哇，银哇哇，不如我的泥哇哇”，童趣之余也蕴含“敝帚自珍”之意。

加吉头，鲅鱼尾，火鳓肚子，鲐鱼嘴

【释义】意思是加吉鱼的头部、鲅鱼的尾部、火鳓鱼的肚子、鲐鱼的嘴部的味道最为鲜美。这是胶东半岛沿海地区人们常念叨的一句话。前两个基本没有争议，后两个多有异文，烟台长岛的人说是“火鳓肚子，鲐鱼嘴”，福山人说是“鲐鱼肚子，鲐鱼嘴”，龙口人说是“刀鱼肚子，鲐鱼嘴”，而青岛、威海的居民则会说是“刀鱼肚子，鲳鲳嘴”。实际上这是胶东沿海过去鱼类资源丰富的体现，也表现出这些地方的人们生活精致讲究。试想，在不靠海的地方，哪管是什么鱼的什么部位，总之都不认识，所有的鱼就只有一个名字，那就是“鱼”。

嫁鸡随鸡，嫁狗随狗，嫁个毛驴跟着走

【释义】旧时的婚姻奉行“父母之命，媒妁之言”，女子嫁什么人自

己根本无法掌控，父母让你嫁给谁就是谁；结婚后又以夫权为尊，女方处于依附地位，一切唯丈夫的意愿、需要、身份是从。这种传统观念如今早已改观。也说“嫁鸡随鸡，嫁狗随狗，嫁个猴子满山走”。

俊配俊，丑配丑，破筐配个破油篓

【释义】意思是交朋友或找对象的时候，长相和条件相差不能太多，否则就不般配。有不要高攀的意思，与“门当户对”同义。

K

炕上没有撒尿的，死了没有穿孝的；炕上没有拉屎的，死了没有烧纸的

【释义】胶东习俗，人死后过完三个周年便不再祭祀，但在清明节、中元节、十月朔三个大的冥节仍要祭奠，其中清明和十月朔相对应。清明节上坟，后人要给先祖的坟墓上培土、压坟头纸。培土是给去世的先人修坟整理房屋，经过秋冬季的风雪剥蚀及山里动物破坏，有些坟墓会出现毁坏，培土修坟，是保证在雨季到来，不至于漏雨。压坟头纸，是在坟头上压单片的白纸，代表单衣，清明上坟是给先人送单衣。十月朔也叫寒衣节，要到坟上压双层纸，是给先祖换棉衣。于是清明节有后人上坟的墓会修葺一新，鲜花、花圈环绕，没有人扫墓的坟头还是衰草丛生，一片荒寂。路过的人看到哪丘坟无人清理，坟头上无纸，就会说，这是家里没人了。比喻有后代不愁没人上坟烧纸钱。所以，胶东人在炕上哄孩子，孩子拉了、尿了是常有的事，孩子便溺不恼反喜，表现了人们重视香火传承，担心年老后有没有人给自己养老送终。

L

狼有狼群，狗有狗党，粪坑里净是屎壳郎

【释义】狼和狗都是群居动物，有群居的习惯，因此说“狼有狼群，狗有狗党”。屎壳郎天生就以屎为食物，因此会聚集在粪坑里。意思很直白，就是用来表达贬义的“物以类聚”。

老道老道，山上住庙。不会念经，光会睡觉。庙倒了，老道也跑了

【释义】 这段谣谚说了一个小故事，山上的庙里住着一个不会念经只会睡觉的老道，这样的庙自然不会有人来烧香，最终连庙都无法修葺而坍塌，老道也只好另寻他路。通过老道的故事，告诉人们一个浅显的道理：人不能无所事事，更不能坐吃山空。创业难，守业更难。

老婆妻，老婆妻，十句话，九句依

【释义】 婚后的生活中，夫妻之间通常是打打闹闹一辈子。到了晚年，双方的契合度基本磨合出来了，变成一种牢固的相处模式。此时的夫妻情感平静如水，清澈而透明，对对方了如指掌，多了理解、包容和尊重，情感形式无限接近，心心相印，谁也离不开谁。这种情况下，老婆妻（老伴）的话自然就十句话九句都依了。

冷粉坊，热糖坊，不冷不热住油坊

【释义】 粉坊，料不用加温，漏粉后还需要冷却，所以冷；做糖需要熬糖稀，所以说热；油坊要炒料，需加温但不高，干活的人在里边不冷不热。

礼治君子，法治小人，鞭杆治驴

【释义】 每个人的性格、学识、素养、环境千差万别，社会约束他们的方式也不是千篇一律。对于那些谦谦君子，讲清楚道理就行了；对于普通百姓，就用制度来约束；对于那些顽劣的刁民，必须用法律制裁。而对于那些懒驴、倔驴、尥蹶子的驴，只有用鞭杆对付才行。这些不同类型的角色，时刻都有人轮番登台扮演。由此，这则令人警醒的格言，必将长久地传承下去。

两姨亲，不算亲，死了姨娘断了根

【释义】 两姨亲，说的是姨表亲之间的血缘关系，常与姑舅亲相对照而言，认为姑舅亲要比姨表亲关系亲密。妈妈的姐妹嫁到了外姓人家里，

而妈妈的兄弟一直在姥爷家里，因此，人们认为姨表亲之间的血缘关系相对较远，亲密度也会随着时间的推移而减弱。

亮天的觉，半夜的妻，难舍又难离

【释义】有的人爱睡回笼觉，觉得亮天的觉格外香甜；夫妻恩爱，半夜正是酣眠之时。两者在人们看来都是美好的时刻，所以才难舍难离。

六十年的房，三十年的墙，三年的水塘，当年的炕

【释义】种粮食离不开粪肥，20 世纪六七十年代的时候化肥使用还不普及，为了提高产量，普遍攒农家肥。过去农村普通人家的房子都是土坯建的，墙壁和土炕也都是土坯垒成。土坯房一般到 60 年就住不了了，墙壁到 30 年也容易坍塌，土炕要一年一打。一般水塘时间长了会有淤泥，需要清理。这些废土和淤泥都是种田的肥源。

龙生龙，凤生凤，好种才有好收成

【释义】比喻有什么样的父母，就会生出什么样的子女，强调基因的重要。生活中，确实有子女的性格会随父母，但是我们也应该知道，遗传固然重要，后天父母的思想行为影响和教育对于子女也同样重要。也说“龙生龙，凤生凤，老鼠生来会打洞”。

驴耳朵长，马耳朵短，骡子耳朵听满疃

【释义】疃，指村子；满疃，全村。意思是人耳朵尖，乐意道听途说，传播关心一些不该关心的事情。比喻某人就爱打听事，传瞎话。将人比作牲畜，有骂人的意味。

M

猫恋腥，狗恋食，小孩儿喜欢笑脸皮

【释义】猫喜食鱼虾等带腥味的食物，狗也贪恋好吃的，小孩子则喜欢看笑脸。意思是很小的孩子也会看脸色，喜欢看到大人对自己笑。其实不只是小孩子，谁都喜欢看到别人对自己微笑。意思是不要给人冷脸看，

对人要和颜悦色。

猫养的猫亲，狗养的狗亲，不养的不亲

【释义】 意思是猫和狗都知道亲自己的孩子。只要是自己身上掉下的肉，自然会疼爱有加，人畜一样，概莫能外，而不生不养的体会不到这种情感。

毛狗草，一大墩，各人养的各人亲

【释义】 毛狗草，即狗尾巴草。一大墩，形容多。亲，就是爱。意思是再多的孩子也不嫌多，各人生养的各人都亲。形容父母爱孩子是天性，每个父母都喜爱自己的孩子。

毛蓝裤子，毛蓝袄，各人都说各人的好

【释义】 毛蓝，深蓝色。从前的民间染坊，利用天然颜料，能够染各色布料，但最常见的是利用靛蓝，染深浅不同的蓝色布匹。将蓝布放入靛缸内浸染，第一次染出的是浅蓝色，俗称为“月白”；第二次再染，出缸的是深蓝，俗称为“老蓝”“毛蓝”。袄，指上衣。同样颜色的布做成的上衣和裤子，却都认为是自己的好。意思是一样的东西偏要说自己的好，如有的孩子在外面打架，家长知道后，双方都指责是对方不好，说自己的孩子没错。形容有的人护短，只看到自己的优点，看不到自己的缺点。别人不能批评他家的人，有错也是没错。

没吃过䅟子粑粑，不知道粗细；没上过高山，不知道平地

【释义】 粑粑，饼子。意思是没有䅟子做的饼子，就不知道什么是粗粮，什么是细粮；没有攀登过高山，就不知道高山和平地的差异。过去䅟子的加工主要是上石磨推，用大磨眼儿粗粗地流下来，用簸箕扇出最粗粝的那一部分，接下去再用小磨眼儿细细地磨一遍。磨好后用最粗的马尾罗罗面，罗下的面粉用来烀䅟子粑粑，罗上的糠皮用来喂猪和鸡鸭。由于米糠筛分不细，烀出来的粑粑入口发涩，稍一咀嚼就会发出“唰唰”的声响，吞咽时则会刺得嗓子眼痒痒，因此有了这句俗语。说的是凡事需有比较和参照，方知优劣，没有经历过去日子的艰难，就不知

道今天生活的幸福。这句话里前句为起兴，后句为俗语所要表达的真正意义。

面条省，煿饼费，饺子菜是白缀

【释义】煿，烙。胶东地方虽属于麦作文化区，但在生产力水平低下的年代，白面所做成的食品还是很稀有，人们只在来人待客或节日里才能吃上。面条、饼和饺子是我们现在居家饮食中很常见的食品，但过去人们却还要比较它们哪一种更节省。吃面条有卤汤就行，不必炒菜；煿饼吃费油，还要有菜或汤佐食；吃饺子除了用面，还要有肉有馅。比较下来，还是吃面条最省，这些艰难日子里的饮食经，饱含着生活的艰辛与无奈。

母鸡愁，猪撒欢，不下也得翻翻天

【释义】母鸡没有精神，猪在圈里乱跑，这都是要下雨的征兆，即使不下雨也会变天。常用来说正常情况下出现了一些异象，说明某件事情要发生变化了。

N

南湾一个鳖，杀了两碗血。你看见了吗？俺听见人家说

【释义】村边上都有几个水塘，俗名称作“湾”，这些“湾”，既有利于大雨天调节暴涨的河水，在平日又能储水，方便洗衣洗物，“南湾”“北湾”是人人都熟知的地方。这些常年积水的“湾”，年长日久便有鱼鳖生长于其中。对于鳖，多会有些神异的传说，但传说只是传说，叉鳖吃鳖的也大有人在，大家都知道，杀鳖不像杀猪杀羊，甚至也不像杀鸡，并没有多少鲜血。有了这常识之后，听谁说杀鳖得了两碗血，便知那是没杀过鳖的人的胡说，连小孩子也会笑话他。这段歌谣就是一段讽刺此事的歌词。孩子们在一起玩耍，遇到一个说话无实据的，大家会不约而同地拍手唱起那歌谣儿来羞他。因为有这样的背景，听到某些并无根据的传闻时，乡民中常见如下问答：“真的吗？”“恐怕是‘南湾一个鳖’。”

你骑骏马我骑驴，回头看看推车汉，比上不足比下有余

【释义】骑小毛驴的觉得自己不如前面骑高头大马的，可往后看看还有步行推车的，心里就感觉平衡了，觉得自己这样就行。每个人的一生都不是一帆风顺的，不要认为自己过的日子不如别人，当你回头看时，还有人比你过着更艰难的日子。一是说人与人之间不要攀比，要知足常乐，比上不足比下有余就行。二是说容易满足的人，没有什么进取心，在生活和工作中容易“躺平”。这段谣谚也作“他骑马，我骑驴，向前一看我不如；再看后面推车走，吱呀吱呀出大力；比前不足，比后有余”。

娘想儿，常又常；儿想娘，忽地旁

【释义】如果孩子与母亲不在一起，做母亲的想念孩子，是经常性的，时时刻刻挂在心上；孩子也想念母亲，却是偶尔会想起，然后很快就忘了，做别的事情去了。意思是孩子对母亲的想念远不及母亲对孩子那样长久和频繁。也说“娘想儿，常又常；儿想娘，筷子长”，再长的筷子能有多长？更加形象地表达出，可能就是吃饭的时候孩子才会想起母亲做的美味。同义的还有“娘想儿，常又常；儿想娘，只一场”。

Q

骑着骡子跨着马，不是亲戚也往家拉；拐着篓子拉着棍，你是亲戚也不认

【释义】骑骡子跨马，指有势力的人；拐着篓子拉着棍，指要饭的穷人。碰到有钱人，恨不能拉到自己家里去；碰到自己的穷亲戚，跟不认识一样。比喻人势利眼，趋炎附势，嫌贫爱富。

骑着驴，拄着棍，舒服一阵是一阵

【释义】是一种比喻的说法，因为骑着驴是没法拄拐棍的。强调的是“舒服一阵是一阵”，表示一种自在悠闲享受生活的状态，也用来批评这样一种人：整天浑浑噩噩，得过且过，“今日有酒今日醉，不管明日是和非”，是没有远大理想和追求目标的人。

前老婆，后汉子；牛蹄子，两瓣子

【释义】 意思是半路夫妻再怎么好也不如原配夫妻。再婚的家庭，虽然生活在一起，但两人却各自有各自的想法，很难真正地交心，就像牛蹄子一样，永远都是两瓣，是不可能聚拢在一起的。友情也是同样，形容感情都是最初培养得牢固，半路插进来往往会有二心。也说“前老婆，后汉子，好也是两瓣子”。

穷干净，富摭摭，邋胡家里出太太

【释义】 摭摭，方言，将东西到处乱放乱塞的意思。邋胡，方言，邋遢的意思。是说不富裕的人家家里没有东西显得干净，富有的人家家里东西多往往乱堆乱放，从比较脏乱的人家出来的女儿往往还做了富家太太。调侃那些有洁癖的人，也有为自家的脏乱找借口的嫌疑。其实凡事有个度，人还是要讲卫生，不可以将自己的生活环境搞得太邋遢。

穷汉三件宝：丑妻、薄地、破棉袄

【释义】 对于生活条件差的男人而言，丑妻、薄地、破棉袄，这三样就是他的宝贝。妻子相貌虽不美，但有了妻子就有了一个温暖的家；土地虽不肥沃，却可以解决一家人的温饱；棉袄虽破旧，却可以防寒保暖。这三样就能够维持一个人最基本的生存状态，与“两亩地，一头牛，老婆孩子热炕头”一样，是过去年代里农民的理想生活。

穷跑江南，富跑京，死逼梁山下关东

【释义】 关东，山海关以外，指东三省。意思是家贫去往江南经商，有钱人去京城，实在没有办法才像逼上梁山一样地闯了关东。过去胶东人有不少人闯关东，大多是为生活所迫。

穷乍富，挺腰腆肚；富乍穷，寸步难行

【释义】 贫寒的人突然暴富，走起路的姿势都不同了，腰杆直起来了，肚子也腆起来了；而过惯了富贵生活的有钱人，突然一下子变成穷人，就会感觉寸步难行，所谓“由俭入奢易，由奢入俭难”，过惯了好日

子的人，大多数都很难适应身无分文的日子。

R

人多了乱，龙多了旱，媳妇多了婆婆做饭

【释义】人多了无人管理必然会混乱；龙多了旱，是从民间俗信而来，民间认为龙掌管行云布雨，老黄历上每年都会写“几”龙治水，俗信“龙多雨少，龙少雨多”，意思是若是一龙治水，则雨水多；若是九龙治水，则会少雨。而媳妇多了，相互攀比推诿，谁也不出头，最后只好婆婆做饭了。引申义是如果权、责、利不分明，人浮于事，什么事也做不成。义同“一个和尚挑水吃，两个和尚抬水吃，三个和尚没水吃”。也说“人多懒，龙多旱，母鸡多了不下蛋。儿郎多了爹上山，媳妇多了婆做饭”。

人老奸，驴老滑，兔子老了鹰难拿

【释义】“人老奸”是说人年轻的时候少不更事，大多单纯莽撞；而年纪越大，经历的事情越多，明白的道理也越多，在工作、生活、人情世故方面就会变得圆滑世故。“驴老滑”是说驴年岁大了，体力会下降，也会偷懒了，人说“懒驴上磨屎尿多”。兔子年轻时没有经验，被鹰追了就一股劲地瞎跑，容易被鹰抓住；老兔子经验丰富，所以不会一直跑直线，而是专门钻灌木林和荆棘丛，这样便很容易逃脱。总之，这句俗语是说，无论是人还是动物，都需要锤炼，经历的事情越多，经验越丰富。

人生在世三样美，娶亲，抱子，喝凉水

【释义】娶亲、抱子自然是人间美事，喝凉水，意思是炎夏酷暑天，喝一瓢刚从井里打上的凉水的那种爽快与过瘾，并不是说喝凉水是一种好生活。人生的目标各不相同，这三样美是民间百姓的一种生活理想，虽然要求不高，但也不容易实现。

人要脸，树要皮；疥疤子不长毛儿，天老爷也没法儿治

【释义】人要脸，因为有自尊有羞耻之心，否则无法在熟悉的圈子中

立足；树要皮，因为没皮就会死亡。常理说，人都该知道要脸，可是生活中就有的人不在乎自己的尊严，就像蛤蟆皮上没有毛发，本性如此，谁也改变不了他。比喻有的人无可救药。

人走时气，马走膘，兔子不走时气，遇着老老雕

【释义】 时气，时运、运气。老老雕，即鹰。人走运时事事如意，马走运则膘肥体壮精神抖擞；兔子不走运的时候，出来就能遇到老鹰。说明人走运不走运，结果迥异。运气好时一顺百顺，运气不好就会处处有挫折。也说“人走时运马走膘，瘸驴单走窟窿桥”。

S

沙里沙，好馇渣；大人吃，孩子抓

【释义】 “沙里沙”，学名“鹅不食草”。渣，古称“半菽”，以蔬菜、野菜掺豆粕煮成的食品，各地又有“豆沫子”“小豆腐”等名称，胶东地方称“渣”，做渣叫“馇渣”。因为掺了豆子，渣吃来格外鲜美，大人孩子都喜欢吃，是很有特色的胶东美食。

山鸦鹊，尾巴长，娶了媳妇忘了娘

【释义】 鸦鹊，指喜鹊。这原本是一首歌谣的前三句：“山鸦鹊，尾巴长，娶了媳妇忘了娘。把娘丢到山沟里，媳妇背到炕头上。蒸饽饽，熬鸡汤，不吃不吃又端上。娘在山沟饿肚皮，整天两眼泪汪汪。”平时人们一般不全段吟唱，多只用这三句，拿来作一般俗语用。各地民间都有这首《山鸦鹊》的歌谣，异文很多，都是说的儿子娶了媳妇之后不孝顺不奉养爹娘，可见孝敬养老历来是一个社会问题。

上了妈家的堐，就把懒筋儿长；过了婆家的沟，就把懒筋儿抽

【释义】 堐，土坡。胶东地貌以丘陵为主，坡路沟夼较多，过去公路少，徒步走路常常要翻山越岭。意思是一位出嫁的女子，回娘家的时候，刚走上妈妈家的那个坡，心就变得懒散起来，因为回到妈妈家有妈妈的疼

爱，不用像在婆婆家那样辛苦劳作；而一旦跨过到婆婆家的那道沟，一下子就紧张起来，告诉自己要勤快起来了，因为作为一个媳妇，婆婆家里一大家子都等着她照料，一大堆的活计都等着她做。两相对照，很形象地刻画出过去年代的女人在娘家和在婆家的状态与处境，在妈妈家是掌上明珠，在婆婆家当牛做马。

十家亲戚九家穷，带累这家光着腚；十家亲戚九家富，帮着这家穿棉裤

【释义】 个人的贫富会连累到自己的亲戚。意思是众人帮一人好帮，一人帮众人难帮。也说“十家亲戚九家穷，带得这家过不红；十家亲戚九家富，带得这家开当铺”。

十来岁顽皮，二十来岁痴，三十来岁知高低

【释义】 说的是人生不同阶段的状态。十来岁的时候未谙世事，只知道淘气顽皮；二十多岁的时候对世界认识肤浅，还很单纯有些傻；到三十多岁，经历得多了，就知道高低深浅了。人生就是这样，经历会让人成熟，我们要从经历中吸取经验或教训，丰富自己的人生。

是个碗儿大其盅，当了和尚会念经儿，当了婆婆会弄声儿

【释义】 是个碗就比小酒盅大，做了和尚就会念经，当了婆婆就会指使儿媳儿干活，干不好还会摆出长辈的威严加以训斥。和尚念经是其修行的一种方式，而旧时代的女人做了婆婆就会役使甚至虐待媳妇，延续自己婆婆当年对自己的样子来对待媳妇。形容人在什么位置上就会以特定的身份做他觉得应该做的事情，有“在其位谋其政”的意思，也含有无师自通，到了时候自然就会的意味。

守着早的没有晚的，守着勤的没有懒的，守着扬排的没有攒的

【释义】 扬排，铺张浪费。守着能起早的就起不晚，守着勤快的人就没有偷懒的，守着能铺排的就攒不下钱来。意思是身边的人和周围环境影响着人的思维和行动，因此，选择什么样的人做朋友，选择什么样的生活

环境或圈子很重要。

要了十五，要十六，要了十七十八还不够

【释义】农村过了正月十五年才算真正过完，可是有的人过完十五还不想干活，还想继续玩。用来讽刺懒惰的人，过了年长时间不愿干活。

T

天长，长不过五月；天短，短不过十月

【释义】天长、天短，指白昼长短，我们知道北半球白昼时间最长的是夏至日，最短的是冬至日，也就是6月22和12月22日前后。民间习惯拿阴历来说事，所以这里的“五月”和“十月”都指的是阴历。白昼时间最长的时候是在阴历五月，最短的时间是在阴历十月。形容所有的事物都在变化，不能用一成不变的观点来看待问题，物极必反，不要看最糟糕的状态，而是要充满希望地等待时机。

天上下雨地下滑，自己跌倒自己爬；亲戚朋友拉一把，酒还酒来茶还茶

【释义】人生不如意十之八九，人都有遇到沟沟坎坎的时候，亲戚朋友在自己最艰难的时候帮了自己，要有感恩之心，永远不能忘记，有朝一日等到自己有了能力，要记得回报人家当初的相助。

天上下雨地下湿，自己挣了自己吃；天上下雨地下滑，自己磕倒自己爬

【释义】两句的前半句都是起兴，说的是自然现象，重点说的是后面，意思是人要经济独立，不能指望依赖别人；遭受挫折和失败后要自己振作起来，从哪里跌倒的再从哪里爬起来。

W

外有搂钱笆，家有盛钱匣，不怕笆掉齿，就怕匣掉底

【释义】男人再能挣钱，还需女人会过日子；反之，用现在的话说，

如果摊了个“败家娘们”，再多的钱财也会消耗殆尽。耙有齿才能归拢，匣有底方可盛装，耙子和匣子本是普通的家常器物，用在此处形象贴切。

小叭狗，坐蒲团，养活闺女不上算。女婿来了打鸡蛋，外甥来了给压腰钱

【释义】 不上算，不合算。胶东人待客热情，通常客人进门，先上茶水、点心，叫“喝点水”“烧水喝”，或者说先“垫补垫补”，以示热情。进门就先打荷包鸡蛋是最郑重最高级的礼遇，未婚女婿第一次上门和新婚后首次登门的女婿都是这种规格，所谓“女婿迈进腿，鸡蛋堵住嘴”。献茶、敬烟之后，热腾腾的荷包蛋也端上来了，荷包蛋必是双数，人们喜欢成双成对，四个、六个或八个，一般由老丈人作陪，家里鸡蛋不宽裕的时候，老丈人碗里的鸡蛋会比女婿还少两个。外甥过年来拜年要给压腰钱，尽管自家的孙子孙女也给，但给的是自家人，认为外甥是外姓人，是给了外人。这段谣谚在过去体现了重男轻女的观念，现在多用来与闺女一家人开玩笑。

小儿子，大孙子，老人家的命根子

【释义】 在一些重男轻女或者多子家庭中，父母和爷爷奶奶往往对最小的儿子和第一个孙子特别偏爱。最小的儿子因为是最后一个，大的已经长大，于是父母便对最小的儿子格外宠溺；民间有早抱孙子的观念，所以，爷爷奶奶对第一个大孙子就格外宠爱。这种现象现在已经大为改观，孩子少了，男女都一样。

小孩儿小孩儿，你别馋，过了腊八就是年

【释义】 腊八是腊月的第一个节日。生活困难的年代，日子过得尤其慢，小孩子们特别盼过年，腊月就显得尤为漫长，也就有了俗语说：“小孩儿小孩儿，你别馋，过了腊八就是年。”歌谣里唱：“腊八粥，喝几天，哩哩啦啦二十三。”时间上，腊八节是一个标志，那就是年关的临近。腊八节拉开了春节的序幕，从这天起，年的脚步就快了。形容事情有了盼头，

希望就在不远处。

笑话人，钩钩心，和兔子搭连襟

【释义】 说笑话别人的人长了一颗钩钩心，和兔子搭连襟，则是随嘴押韵而成。孩子们之间的童言童语，碰到有的小伙伴笑话人，就会说起来。意思是人不应该笑话别人，你笑话别人，可能隔天你也会因为同样的事情被人笑话。

新三年，旧三年，补补缝缝又三年

【释义】 日子艰难的时候，不能常买新衣服，衣服旧了也得照穿，破了补补接着穿。孩子多的人家，小的孩子一般只有过年才有新衣服，平时都是接哥哥姐姐的旧衣服穿。后来人们每逢说到日子艰难或要节俭的时候都会说这句话。

杏子伤人，桃子饱人，李树底下埋死人

【释义】 杏子、桃子、李子都是美味的水果，可是这些水果都不宜多吃，因其水分和果酸含量多，吃多了会刺激胃酸的分泌，损伤脾胃。这是根据水果的食性总结出来的生活经验。意在告诫人们不可因为好吃就贪嘴多食，否则会害了自己。

Y

眼皮薄，腚沟深，棉花拘拘夹半斤

【释义】 眼皮薄，指贪心眼馋。棉花拘拘，是过去纺线时将棉花捏在一起的长型穗子。棉花做的拘拘都能夹半斤，是形容其腚沟之深。意思是某人贪心眼馋别人的东西，自己却极其吝啬，自己的东西不会给别人一点儿。

燕子低飞，蛇过道，庄稼佬儿拔艾蒿

【释义】 拔艾蒿，是拔起艾蒿来观察。拔起艾蒿，如果看到艾蒿的根部有白色新芽生出，表示天会有雨。这句话中的三种动植物的表征都是下

雨前大自然的征兆，是人们智慧和经验的总结。

一把饽饽，一把草，扬得兔子满山跑

【释义】胶东农村上梁时会扬小饽饽，在斗里面装有小饽饽、糖果、炒花生，甚至还有铜钱、硬币、秆草等，提到屋脊上，一边念喜歌一边向围观的人群扬小饽饽。围观的人会到处去抢拾这些吃食。喜歌可以唱好几段，有的念喜歌的人唱完该唱的正词儿后也会恶作剧，跟下边的人开玩笑，因为是喜庆的日子，又互相熟悉，所以开了玩笑大家也不会在意。

一钉金，二钉银，三钉个聚宝盆

【释义】胶东新婚这天有让公公钉门帘的习俗。新娘子进门后，公公取出新门帘挂上。钉门帘的时候说这三句话，求个好彩头，意思是希望新婚夫妻生活殷实富足，一般重复三遍。

一回生，两回熟，三回四回做师傅

【释义】说的是做事情，第一次觉得手生，第二次就熟练多了，做得多了，掌握了技术，就可以做别人的师傅了，也就是熟能生巧。无论做什么事情，不能纸上谈兵，只要去做，就会发现并不像想象的那样难。常用来鼓励新手克服紧张畏难情绪，大胆尝试。

一迈金，二迈银，三迈迈个聚宝盆

【释义】迈，跨。胶东有新婚日让小男童跨新婚夫妇枕头的习俗，这三句话是迈枕头时的歌谣。意思是祈孕，希望新人早生贵子，一般重复三遍。

有伴有，穷伴穷，鸭巴子伴个晃荡腚

【释义】鸭巴子，即鸭子。富有的人可以成为伙伴，穷人只和穷人在一起，鸭子走路左右摇摆屁股随着晃动，所以找个“晃荡腚”。意思是同类人找同类人，义同“物以类聚，人以群分”。

有钱不住东厢房，冬不暖，夏不凉

【释义】 四合院由正房、倒座和东西厢房组成。东厢房面西，冬天，早晨见不到阳光，寒冷的西北风还会从门里吹进来；夏日骄阳似火，午后的温度又极高，西山日头会烤得东厢房如同火炉一般，民间称之为“西晒”。因此相比其他的房屋，住起来最不舒适。

鱼搿鱼，虾搿虾，王八搿个鳖亲家

【释义】 搿，方言，搿合，结交、交往的意思。王八，乌龟。比喻同类的人总是聚在一起，物以类聚，人以群分。多用于贬义。

Z

早擀擀，午捞捞，晚包包

【释义】 栖霞地方过生日这天的食谱，早晨吃手擀面，中午捞大米干饭，晚上包饺子。生活艰难的年代，借着生日可改善一下生活。

指着人家的衣，冻着自己的皮；指着人家的食，饿得肝肠儿细

【释义】 指着，指望。指望穿别人的衣服，肯定要挨冻；指望吃别人的饭，肯定要挨饿。意思是什么时候也不能依靠别人，自强自立才是硬道理，才有尊严和骨气。

【后　记】

在《乡音不改——胶东乡言村语笔记》的后记中，我曾提到过自己做俗语的源起。如果从2006年6月我的第一篇俗语论文《从汉语俗语透视胶东民俗事象》(《烟台师范学院学报》2006年第2期）算起，我做俗语研究已有17年的时间了。其间不断搜集整理，2017年年初，我开始动笔写作胶东乡言村语笔记，并在公众号上发表。同年3月27日，《烟台晚报》的“烟台街·街语巷话”栏目开始连续刊登，每周一篇，主要写那些有明显文化背景和俗语事象的条目，被师友们所关注。2019年10月，我选了其中100条，在时任鲁东大学副校长亢世勇的推介和文学院的支持下，由商务印书馆以《乡音不改——胶东乡言村语笔记》为书名结集出版。

拙著出版后，得到了很多师友的关注和鼓励，这给了我继续搜集整理俗语的动力。俗语虽然在民间使用频率很高，但经常会有这样的情况，问起使用者俗语是什么意思，对方往往说不出个子丑寅卯来，于是问的人只能凭想当然去理解。20世纪七八十年代后出生的人更是不懂，加上音转问题，使方音与原文有了差异，更造成了意义上的变化甚至误读或讹传。例如，“小嫚儿脚扎煞着”，有位朋友说一直以为是“小猫脚”，看了我写的才知道原来如此。因而，如何用相对准确和通俗易懂的语言对这些俗语进行释义，非常具有现实意义，也让我对搜集整理俗语愈加有一种紧迫感。

2019年7月15日，接到山东省民俗学会秘书长朱振华老师的通知，参加《中国民间文学大系出版工程·俗语卷·山东卷》启动会。2020年3月，我开始参与山东俗语卷的编写工作，继续搜集整理，其间发现民间俗语数不胜数，同义的俗语就有许多，一条俗语常能牵出一串相关联的俗语，但不是每一条俗语都能找到它产生的语源与背景，也并不是所有的俗语都适合像《乡音不改——胶东乡言村语笔记》里那样写成单篇散文或解释得非常详尽，只需解释意义就好。因此，我有了个想法，按照俗语卷的编写体例，对俗语只作释义。

2021年，我申报了鲁东大学“声速输入法”基金语言文字研究课题（SSYB202118），对胶东俗语做专题研究，也开始正式整理这本书稿。在完成课题过程中，胶东的民间语言研究者给予了我很大的支持。牟平的刘甲凡、高承柱，栖霞的隋建国，蓬莱的于新武，莱阳的李雪峰，乳山的辛明路，龙口的连永升，海阳的姜顺海，福山的韩月湖等师友都给我莫大的帮助。本书原本定名为《胶东俗语释义》，2023年6月，在好友推介下，中国财政经济出版社高进水副总编辑看过样稿后，建议用《日用而不觉——胶东俗语中蕴涵的生存发展智慧》作为书名，给予书稿以高层次的概括。感谢高进水副总编辑和苏小珺编辑的严谨负责，感谢亢世勇校长和郭世忠总经理的大力支持。是师友们的关爱，才有拙著的顺利出版。付梓之际，再次深深感恩怀念山曼先生，先生的《齐鲁乡语谭》永远是我学习的模本。

语言是思想的载体，仅从拙著所收录的这些俗语中便可感受到俗语所包含的浓郁的生活性、哲理性和趣味性，见识到乡言村语中的大学问，领略到民间语言中的大智慧。搜集得越多，越感受到民间语言的妙不可言，看似通俗直白的俗语，尽显洗尽铅华后的自然真实。

赵树理在《语言小谈》中说："广大群众就是话海，其中有很多的天才和专业家（即以说话为业务的人），他们每天每时都说着能为我们所欣赏的话。我们只要每天在这些人群中生活，那些好话和那些好的说话风度、气魄就会填满我们的记忆。"这句话用来说俗语格外恰当，俗语也同其他民间语言一样，浩如烟海，可以说根本收集不完。因而，本书的收录仅为俗语沧海之一粟，拙作在俗语的选录和释义上也难免有偏颇之处，恳请方家批评指正。

兰玲

2023年10月29日